契約法 第**3**版

セカンドステージ債権法 I

野澤正充

日本評論社

した商品・完成物に対して、本来的ないし無条件に「担保責任」を負うからである。そのことは、具体的には、一般の債務不履行責任（415条1項）とは異なり、売主・請負人が免責されることのない、追完請求権（562条・559条により請負に準用）および代金減額請求権（563条・559条により請負に準用）に表れる（伝統的には、解除権についても、売主・請負人には不可抗力免責が認められなかった）。そうだとすれば、売主・請負人の契約不適合責任については、「担保責任」という用語が適切であろう（法制審議会民法〔債権関係〕部会第97回部会議事録37頁以下も参照）。

＊　　　　＊　　　　＊

　民法（債権関係）の改正による「契約不適合責任の創設」によって、本書の当初に目指した「セカンドステージ」は、もはや現実のものとなった。その意味では、本書の「セカンドステージ」という看板を、そろそろ下ろす時期が来ているのかもしれない。

　今回の改訂に際しても、日本評論社の柴田英輔氏にご助力をいただいた。心からお礼を申し上げたい。

　2020年3月

野澤正充

第2版　はしがき

　本書の初版は、セカンドステージ債権法の第1巻として、2009年1月に刊行された。この間、インターネット上のあるブログでは、本書について、「内容が面白い」ものの「網羅性に欠ける」との評価もあった。そこで、この第2版では、民法（債権関係）の改正を契機に、「内容の面白」さはそのままに、「網羅性」を意識して、より丁寧な基本書となるように、全面的に書き改めた。

＊　　　　＊　　　　＊

　本書の初版では、「瑕疵担保責任と債務不履行責任」の節において、瑕疵担保責任の本質が危険負担の法理にあること（危険負担説）を提唱した。わが国では、長い間、瑕疵担保責任をめぐっては、「特定物のドグマ」（＝瑕疵ある特定物の履行は瑕疵のない履行である）を前提とする法定責任説と、それを否定する債務不履行責任説とが対立してきた。それゆえ、それと異なる視点を提示する本書の見解は、学界では必ずしも受け容れられてはいない。しかし、瑕疵担保責任の本質が危険負担の法理であると考えることによって、現行民法の規定や構造がより明快になるとともに、ウィーン売買条約の規律も容易に理解できる。そして、何よりも、民法（債権関係）の改正による契約不適合責任の規律に最も近い見解は、現行民法の解釈論の中では、本書の見解であった。この第2版では、「瑕疵担保責任から契約不適合責任へ」と改め、さらにこの問題を掘り下げている。

　ところで、本書の見解（危険負担説）への学界からの言及としては、次の二つがあった。

　一つは、危険負担的代金減額請求権説（加藤雅信）との類似性である。そし

目次　xv

第2部　契約法各論───────────105

第1章　贈与 ·· 107

第1節　贈与の成立 ·· 107
　　1　意義　107
　　2　書面によらない贈与の解除　108

第2節　贈与の効力 ·· 110

第3節　特殊な贈与 ·· 111
　　1　負担付贈与　111
　　2　定期贈与　112
　　3　死因贈与　112

第2章　売買 ·· 113

第1節　売買の総則規定 ···································· 113
　　1　意義　113
　　2　売買の予約　114
　　　(1)意義　(2)担保的機能──付・買戻し
　　3　手付　116
　　　(1)意義　(2)手付の認定──解約手付の原則　(3)解約手付による解除

第2節　売買契約の効力一般 ································ 122
　　1　基本的効力　122
　　　(1)売主の義務　(2)買主の義務
　　2　売主の契約不適合責任（担保責任）　124

第3節　契約不適合責任の創設 ····························· 126
　　1　旧法下における理解　126
　　　(1)法定責任説──旧法下の通説的見解　(2)債務不履行責任説　(3)国際的動向の進展

xvi　目次

　　　2　新法の概要　128
　　　3　ウィーン売買条約との関係　129
　　　　　(1)ウィーン売買条約の規律　(2)規律の異同　(3)旧法体系との関係　(4)残され
　　　　　た問題——不特定物の売買と目的の「特定」

　第4節　売主の契約不適合責任——各論 ……………………………… 135

　　　1　契約不適合責任（562条以下）　135
　　　　　(1)要件　(2)効果　(3)契約不適合責任と錯誤
　　　2　他人の権利の売買　149
　　　　　(1)民法（債権関係）の改正による規律　(2)契約不適合責任の内容
　　　3　数量に関する契約不適合　151
　　　　　(1)数量の不適合の意義　(2)損害賠償の範囲　(3)数量超過の場合
　　　4　用益的権利・担保権・債権　156
　　　　　(1)用益的権利・担保権　(2)買主の費用償還請求権　(3)競売における担保責任
　　　　　(4)債権
　　　5　その他の規定　158
　　　　　(1)契約不適合責任と同時履行　(2)担保責任免責特約　(3)目的物の滅失等につ
　　　　　いての危険の移転——新設規定

第3章　消費貸借・利息 ……………………………………………… 161

　第1節　消費貸借 …………………………………………………………… 161

　　　1　意義——信用の供与　161
　　　2　成立——要物契約性　162
　　　　　(1)要物契約　(2)旧法における要物性の緩和　(3)諾成的消費貸借　(4)判例によ
　　　　　る修正　(5)民法（債権関係）の改正
　　　3　消費貸借の効力　165
　　　　　(1)貸主の引渡義務　(2)借主の義務　(3)消費貸借の終了　(4)準消費貸借の効力

　第2節　金銭の消費貸借と利息 ………………………………………… 168

　　　1　利息債権の意義　168
　　　2　利息制限法と出資法による規制　169
　　　3　貸金業法の制定　170
　　　4　「みなし弁済」と支払の任意性　172

xiv　目次

    2　債務者主義・債権者主義　68

    3　民法における危険負担の規定　70
      (1)概説——旧法から新法へ　(2)債権者主義の修正　(3)民法(債権関係)の改正

    4　その他の危険負担　74
      (1)請負契約　(2)雇用契約　(3)契約の解除——裏返しの危険負担?

第6章　契約の解除 ………………………………………………… 76

第1節　解除の意義・機能 ……………………………………………… 76

    1　意義　76

    2　契約総則の解除と類似する制度　77

    3　債務不履行による解除の機能　78

第2節　債務不履行解除の要件 ………………………………………… 79

    1　債務者の帰責性の要否　79
      (1)旧法下における理解　(2)帰責事由を不要とする見解　(3)民法(債権関係)
      の改正

    2　履行遅滞等による解除の要件　83
      (1)履行期の経過　(2)相当の期間を定めた催告　(3)一部の債務不履行(i)——
      付随的義務　(4)一部の債務不履行(ii)——いわゆる複合的契約

    3　履行不能・不完全履行による解除　89
      (1)履行不能における解除の意義　(2)不完全履行による解除

第3節　解除権の行使とその効果 ……………………………………… 90

    1　行使方法　90
      (1)解除の意思表示　(2)解除権者と解除の相手方

    2　解除の効果　93
      (1)解除の法的構成　(2)原状回復の範囲　(3)解除と第三者

    3　解除権の消滅　101

目次　xiii

第4章　契約の成立 ……………………………………49

第1節　契約の成立の態様 ………………………………49

第2節　意思表示の効力発生時期 ………………………50

   1　問題の所在　50

   2　発信主義・到達主義　51

   3　到達主義の要件　52

第3節　申込みと承諾による契約の成立 …………………53

   1　申込みの意思表示　53

     (1)意義　(2)申込みの撤回

   2　承諾の意思表示　55

     (1)意義　(2)承諾の発信主義（旧法）

第4節　懸賞広告 …………………………………………57

   1　意義・法的性質　57

     (1)意義　(2)法的性質

   2　懸賞広告の効力　58

     (1)撤回　(2)効力

   3　優等懸賞広告　59

     (1)要件　(2)効果——優等者の判定

第5章　契約の効力——同時履行の抗弁・危険負担 ………60

第1節　双務契約の意義 …………………………………60

第2節　同時履行の抗弁 …………………………………61

   1　意義　61

   2　同時履行の抗弁の要件　63

     (1)双務契約の当事者間に債務が存在すること　(2)相手方の債務が弁済期にあること　(3)相手方がその債務の履行を提供しないこと

   3　同時履行の抗弁の効果　66

     (1)引換給付判決——権利抗弁　(2)その他の効果

第3節　危険負担 …………………………………………67

   1　適用領域——後発的不能　67

xviii　目次

　　　2　賃借人の交替　215
　　　　(1)賃借権の譲渡・賃借物の転貸の意義　(2)承諾(許可)のない譲渡・転貸の効
　　　　力　(3)適法な転貸の効果

　第5節　賃貸借の存続期間・終了 ·· 222
　　　1　存続期間——民法の規定　222
　　　　(1)契約によって期間を定める場合　(2)契約に期間の定めがない場合
　　　2　存続期間——借地借家法による修正　223
　　　　(1)借地権の存続期間と更新　(2)借地上の建物の滅失　(3)建物賃貸借の存続期
　　　　間と更新
　　　3　賃貸借の終了　230
　　　　(1)通常の終了原因　(2)特別な終了原因

第6章　雇用 ·· 235

　第1節　雇用の意義 ·· 235
　　　1　請負・委任・寄託との区別　235
　　　2　労働法による規律　236

　第2節　雇用の効力 ·· 237
　　　1　労働者の義務　237
　　　2　使用者の義務　238

　第3節　雇用の終了 ·· 239
　　　1　期間の定めのある雇用の解除　239
　　　　(1)民法の規律　(2)労働法による修正
　　　2　期間の定めのない雇用の解約の申入れ　240
　　　　(1)民法の規律　(2)労働法による修正
　　　3　その他の終了原因　241

第7章　請負 ·· 242

　第1節　請負の意義 ·· 242
　　　1　意義　242
　　　2　製作物供給契約　242
　　　　(1)問題の所在　(2)製作物供給契約の法的性質　(3)動産売買先取特権の適否
　　　　(4)請負報酬債権への物上代位　(5)まとめ

目次　xvii

第4章　使用貸借 ……………………………………………… 176

第1節　使用貸借の意義・成立 ……………………………… 176
1　意義　176
2　成立　177

第2節　使用貸借の効力・終了 ……………………………… 179
1　効力——当事者の権利義務　179
　(1)貸主の義務　(2)借主の義務
2　終了　181
　(1)一定の事実の発生による終了　(2)解除による終了

第5章　賃貸借 ………………………………………………… 182

第1節　賃貸借の意義——民法と特別法 ………………… 182
1　意義　182
2　債権としての賃借権——地上権との対比　183
　(1)沿革　(2)第三者対抗力　(3)権利の譲渡性　(4)権利の存続期間
3　特別法による賃借権の保護　185
4　借地借家法の適用領域　187
　(1)対象　(2)定期借地権　(3)定期借家権

第2節　賃貸借の成立 ………………………………………… 191
　(1)成立要件　(2)敷金・権利金の支払

第3節　賃貸借の効力 ………………………………………… 193
1　当事者の権利義務　193
　(1)賃貸人の義務　(2)賃借人の権利義務　(3)サブリースと借地借家法32条の
　適否
2　賃借権の対外的効力　204

第4節　賃貸借における当事者の交替 …………………… 206
1　賃貸人の交替　206
　(1)借地借家権の対抗力——対抗要件　(2)賃貸人の地位の当然承継——対抗の
　効果　(3)賃貸人の地位の留保特約　(4)賃貸人の地位の移転の対抗要件　(5)賃
　借権に対抗要件がない場合——合意による賃貸人の地位の移転

xii　目次

　　　5　民法（債権関係）の改正　16
　　　　(1)定型約款の意義とその合意　(2)定型約款の内容の開示　(3)定型約款の変更

第2章　事情変更の原則・契約の相対的効力の原則 …………… 21

第1節　事情変更の原則 ……………………………………… 21
　　　1　意義　21
　　　2　要件・効果　22
　　　　(1)要件　(2)効果　(3)事情変更の原則に対する最高裁の立場

第2節　契約の相対的効力の原則 ………………………… 25
　　　1　意義・沿革　25
　　　2　例外——第三者のためにする契約（537条）　26
　　　　(1)意義　(2)第三者の権利の発生とその確定
　　　3　契約の第三者に対する効力　27
　　　　(1)問題の所在　(2)連鎖契約——請負と下請負　(3)約款の第三者効(i)——相
　　　殺予約　(4)約款の第三者効(ii)——運送契約　(5)まとめ

第3章　契約締結上の過失・情報提供義務 ……………………… 35

第1節　契約締結上の過失 …………………………………… 35
　　　1　意義　35
　　　2　契約の無効と契約締結上の過失　36
　　　　(1)旧法下の通説的見解　(2)通説的見解に対する批判とその評価　(3)民法（債
　　　権関係）の改正

第2節　契約交渉の不当破棄 ………………………………… 38
　　　1　最高裁の見解　38
　　　2　学説の展開——信義則上の義務の内容　40

第3節　情報提供義務（説明義務） ……………………… 41
　　　1　情報提供義務の意義・根拠　41
　　　2　合意の瑕疵によるアプローチ　42
　　　　(1)錯誤　(2)詐欺　(3)契約締結上の過失
　　　3　損害賠償によるアプローチ——不法行為　44

契約法　［セカンドステージ債権法Ⅰ］
目次

はしがき　i
凡例　xxii

第1部　契約法総論————————————————————1

第1章　契約の意義・契約自由の原則 ……………………………3

第1節　契約の意義・根拠 ……………………………………3
1　契約とは何か　3
2　契約の拘束力の根拠——私的自治の原則　4

第2節　契約自由の原則 ……………………………………4
1　二つの側面　4
2　契約自由の根拠　5
3　契約自由の限界　6

第3節　約款の意義とその拘束力 ……………………………8
1　約款の意義と問題点　8
2　約款の拘束力　9
3　約款の解釈　10
(1)契約の解釈との異同——客観的解釈　(2)判例の検討——客観的解釈の具体例　(3)その他の解釈準則
4　約款内容の規制　14
(1)司法的規制　(2)行政的規制　(3)立法的規制

初版　はしがき　ix

れている。例えば、本書は、読者のみなさんに通読してもらうことを想定し、コラムなどを置かず、すべてが文章で結ばれている。これは、答案がうまく書けない、どう書いたらよいのかわからないという読者に対して、「よい文章を読むことが、よい答案を書くための最も近道である」との考えの下に、一つの模範を示そうとしたことに基づく。もっとも、私自身の文章が模範的であるかどうかは、正直にいって、いささか心許ない。しかし、自分では、常に論理的でわかりやすい文章を書くように心がけてきたつもりである。

　本書を通読することによって、法律的なものの考え方と法律的な文章を書く力とを養っていただければ幸いである。

　最後に、連載の開始時から本書の完成まで、日本評論社の中野芳明氏には本当にお世話になった。同氏に対する感謝の念は尽きない。また、現在も「セカンドステージ債権法」は、法学セミナーへの連載が継続中であり、中野氏から引き継いだ柴田英輔氏にお世話になっている。毎回楽しく（？）原稿が書けるのも、このようなすばらしい担当者と、そして多くの読者の励ましのおかげである。みなさま、本当にいつもありがとうございます。

　2009 年 1 月

野澤正充

には、連載のねらいを、「民法を一通り学んだ人が、債権法全体をもう一度総復習するとともに、やや難しいテーマについて、議論を整理し、踏み込んだ解説を試み」、「教科書と重点講義の二兎を追うもの」とした。このねらいは、ある程度達成できているのではないかと自負している。

＊　　　　　＊　　　　　＊

　ところで、本書をまとめるに際して最も苦心した個所は、「瑕疵担保責任と債務不履行責任」の節である。この部分は、2006年9月号の連載では、瑕疵担保責任の規定が（不代替的）特定物の売買についてのみ適用されるとする、伝統的な法定責任説の立場からの説明がなされていた。しかし、本書では、それとは全く異なる危険負担の法理からのアプローチが採られている。その間には、この問題に関する私自身の研究が進展したという事情があり、その成果は、法律時報2008年7月号に私の組んだ特集にも現れている。ただし、その解釈は、全くのオリジナルなものであり、意表をつかれる読者もいることであろう（私自身は、推理小説のような謎解きのおもしろさも、みなさんに味わっていただければと考えている。）。しかし半面、本書によって初めて、大審院や最高裁の有名な判決（大判大正14・3・13民集4巻217頁―タービンポンプ事件・最判昭和36・12・15民集15巻11号2852頁―塩釜声の新聞社事件）の内容が理解できた！という読者も、相当数いるのではないだろうか。

　これは、私の解釈論ないし研究姿勢にもつながるものであるが、私自身は、学説よりも判例の理解を重視している。そして本書でも、できる限り、判例の原文を引用するようにし、最高裁の理由付けの言い回しそのものを、読者のみなさんが直接に学ぶことができるように配慮したつもりである。

　いうまでもなく、法律を学習するうえでは、条文の理解は当然のことながら、判例の理解が不可欠である。本書では、多くの判例を引用するとともに、特に重要な判例については、事案と判旨とを抜き出し、図も添えておいた。これらを十分に活用してほしいと考えている。

＊　　　　　＊　　　　　＊

　そのほかにも、本書では、従来の教科書とは異なる、さまざまな工夫がなさ

初版　はしがき

　本書は、法学セミナーに連載している「セカンドステージ債権法」の契約法の部分（2006 年 1 月号～2007 年 7 月号）に、大幅な加筆と訂正を行い、一書にまとめたものである。

　まず、連載のタイトルを「セカンドステージ」とした点から説明しよう。債権法の教科書には、定評のあるものが多く、内容的にもかなり充実している。しかし、債権総論と債権各論とを通して、共著ではなく、一人の研究者が書いた教科書となるとその数は限られる。その中で、コンパクトではあるが、特色のあるものとして、池田真朗教授の『スタートライン債権法』（日本評論社）がある。同書は、新学期に「大教室の後ろのドアを開けて」教壇に向かう教師が、四季折々の学生生活に配慮しつつ、2 年間にわたって債権法を講義するという設定で記されている。本書は、このようなすてきな入門書で心地よくスタートを切り、トラックを一周した学生が 2 周目に、あるいは予選を通過して本選に進むときに、用いられることを想定している。より具体的には、法科大学院の既修者コースの院生、および、そこに進もうとする未修者コースの院生と法学部生とを対象としている。

　もっとも、既修者コースの院生にとっては、教科書よりも優れた演習書が必要であるとの意見もあろう。そして私も、そのことを否定するつもりはない。しかし、民法の全体を繰り返し復習して、基本的な知識を身につけるとともに、重要な論点と判例をその趣旨から理解することは、法曹になろうとする者がまず第一に行わなければならないことであり、演習は、それと同時に並行して、またはその後に行っても遅くはない。日本評論社のホームページには、セカンドステージの連載に際しての、私からの「読者へのメッセージ」がある。そこ

て確かに、瑕疵担保責任が無過失責任であることの根拠を危険負担に求める点では、両見解は共通する。しかし、加藤教授は、代金減額請求権という効果を導くためにのみ危険負担の法理を援用したのに対して、私見は、瑕疵担保責任そのものが危険負担の法理に基づくものであるとした。その結果、より広く、法定責任説の「特定物のドグマ」と現行民法の危険負担の債権者主義（534条・483条）との関係を明らかにするとともに、これを否定して、所有権の移転ではなく引渡しを基準時とする瑕疵担保責任（契約不適合責任）の規律を導くことが可能となった。その詳細は、本文に委ねることとする。

　もう一つは、瑕疵担保責任が危険負担であるとすれば、危険負担の規律のほかに特別な規定（570条）を設ける必要がないのではないか、との批判である。しかし、瑕疵担保責任の特色は、「瑕疵」という危険が「隠れ」ていることにある。売買契約締結後における目的物の明らかな滅失・損傷については危険負担の規定で対処しうるが、「隠れた」損傷については、売主も買主もそれに気付かずに履行するため、特別の規律（代金の減額または解除、出訴期間の短期制限など）が必要となる。換言すれば、当事者には常に、目的物の性状についての錯誤があるといえよう。そして、この側面を強調したのが、本文に紹介した時的区分説（森田宏樹）であった。その元となったのは、ジャック・ゲスタン（Jacques Ghestin）教授の見解であるが、同教授がフランスにおける錯誤論の大家であることも無関係ではない。

　実は、比較法的には、瑕疵担保責任は、危険負担または錯誤によって説明され、この二つの側面があることは否定できない。しかし、ウィーン売買条約をはじめとするグローバル・スタンダードでは、瑕疵が隠れているか否かに関係なく、契約不適合は危険負担によって処理される。その結果、錯誤の側面は失われ、ルールとしては危険負担に一元化されたといえよう。そして、わが国の民法（債権関係）の改正も、このようなグローバル・スタンダードに従うものである。

　かつて、契約上の地位の移転に関する論文（1994—1995年。後に『契約譲渡の研究』〔弘文堂、2002年〕として公刊）を公表したとき、ある大家の先生から「突然変異のような考えだ」と言われたことがある。しかし、それから15年後のユニドロワ（UNIDROIT）国際商事契約原則（2010年）では、私見とほぼ同

じ規律が（私の論文とは無関係に）明文化された（9・3・1条以下）。複雑で精緻に構築された理論ではなく、物事の本質を捉えたシンプルな考えが、結局はグローバル・スタンダードになるのではないか、とも考えている。

＊　　　　＊　　　　＊

　今回の改訂に際しては、潮見佳男『民法（債権関係）改正法案の概要』（金融財政事情研究会、2016年）を参照した。また、日本評論社の柴田英輔氏と大東美妃氏にご助力をいただいた。心からお礼を申し上げたい。

　2017年2月

野澤正充

第3版 はしがき

　本書は、民法（債権関係）の改正に関する法律の施行（2020年4月1日）に
合わせて、本書第2版の記述を改めたものである。

＊　　　　＊　　　　＊

　当然のことではあるが、本書の対象領域においては、民法（債権関係）の改
正の影響が大きく、この第3版では、本書第2版の記述を、抜本的かつ全面的
に改めた。すなわち、改正前（「旧法」として表記した。）に関する記述は大幅に
削除し、改正法（「新法」として表記した。）の理解に必要不可欠な箇所について
のみ、旧法に触れた。また、新法の施行に合わせて、新法に関する記述を充実
させた。さらに、本書第2版までは比較的簡潔にまとめていた、請負や組合等
の記述も充実させた。したがって、本書は、契約法の教科書としては、少なく
とも本書の第2版と比較しても、かなり充実したものとなっている。是非、本
書を、民法の理解に役立てていただければ幸いである。

＊　　　　＊　　　　＊

　本書が「セカンドステージ」と銘打ったのは、自らの真摯な研究に基づき、
従来の教科書よりも一歩踏み込んだ解説を心がけることにあった。そして、そ
のことは、本書初版の「売買」の章における「第3節　瑕疵担保責任と債務不
履行責任」に端的に表れていた。すなわち、そこでは、瑕疵担保責任の法的性
質について、従来の法定責任説と債務不履行責任説とは「全く異なる危険負担
の法理からのアプローチが採られて」いた（初版　はしがき）。その背景には、
2006年の比較法学会のシンポジウム「債務不履行—売買の目的物に瑕疵があ

る場合における買主の救済」における、私の「フランス法」の報告がある（比較法研究68号〔2007年〕所収）。この報告を契機として問題に取り組んだ私は、多くの論文をまとめ、自らが編者となった『瑕疵担保責任と債務不履行責任』（日本評論社、2009年）の論考を本書初版の上記の箇所に充てた。その後、司法研修所の裁判官研修における私の講演をまとめた、「瑕疵担保責任の本質論とその将来における展望―現行民法の体系的理解と債権法改正に向けて」（司法研修所論集123号〔2013〕所収）は、本書第2版の「売買」の章の「第3節　瑕疵担保責任から契約不適合責任へ」の原案となっている。

　しかし、本書（第3版）では、上記の部分を全て削除し、「第3節　契約不適合責任の創設」を著した。その原論文は、「契約責任法の新たな展開―瑕疵担保責任から契約不適合責任へ」（NBL1107号〔2017年〕所収）であり、これは2017年10月の日本私法学会におけるワークショップでの報告原稿である。このワークショップは、急遽企画されたものであったが、コメンテーターに森田修教授と潮見佳男教授を迎え、山本敬三教授が司会をするという、報告者がかすむ豪華なメンバーであった。

　本書を読むに際して、各種国家試験のために勉強時間を短縮したいという方は、この「売買」の章の第3節を飛ばしても問題はない。しかし、さらに深く勉強しようという方には、この部分もお読みいただければ幸いである。そして、旧法の瑕疵担保責任から新法の契約不適合責任への移行に興味を抱かれた方には、本書第2版の「売買」の第3節をお読みいただきたい。

＊　　　　　＊　　　　　＊

　ところで、新法は、売買・請負等に関連して、「担保責任」という語を用いている（例えば、売買に関する565条・566条・568条・569条・572条、請負に関する636条・637条のほか、負担付贈与に関する551条2項）。しかし、旧法下における売主および請負人の担保責任を契約不適合責任とし、これを債務不履行責任に一元化する新法では、「担保責任」という語を用いない方が一貫する、とも解される（そこで本文では、原則として「契約不適合責任」という用語で統一した）。しかし、新法の下でも、「担保責任」という用語には、なお意義がある。というのは、売買・請負においては、売主・請負人が、買主・注文者に引き渡

目次　xix

第2節　請負の効力 ……………………………………………… 246

　　1　目的物の所有権の帰属　246
　　　(1)問題の所在　(2)判例の準則──請負人帰属説　(3)注文者帰属説とその問題点
　　2　請負人の報酬債権──注文者の義務　249
　　3　請負人の契約不適合責任　250
　　　(1)概説　(2)請負人の責任の内容　(3)請負に特有の規律　(4)不適合責任の権利の期間制限　(5)その他

第3節　請負の終了 ……………………………………………… 256

第8章　委任 ……………………………………………………… 258

第1節　委任の意義・成立 ……………………………………… 258

　　1　意義　258
　　2　成立・法的性質　259

第2節　委任の効力 ……………………………………………… 260

　　1　受任者の義務　260
　　　(1)事務処理義務　(2)付随的義務
　　2　委任者の義務　262
　　　(1)報酬支払義務　(2)その他の義務

第3節　委任の終了 ……………………………………………… 263

　　1　任意解除権　264
　　　(1)問題の所在　(2)判例の変遷　(3)若干の検討
　　2　死亡・破産手続および後見の開始　268
　　　(1)委任の終了事由　(2)当事者の死亡　(3)破産手続開始の決定　(4)後見開始の審判
　　3　委任の終了に際しての特別措置　270

第9章　寄託・消費寄託 ……………………………………… 271

第1節　寄託 ……………………………………………………… 271

　　1　寄託の意義　271

xx　目次

　　　2　寄託の効力　272
　　　　(1)受寄者の義務　(2)受託者の義務
　　　3　寄託の終了　273

　第2節　消費寄託・混合寄託……………………………………………274
　　　1　消費寄託　274
　　　　(1)旧法の規律　(2)民法（債権関係）の改正
　　　2　混合寄託　275

第10章　組合・終身定期金・和解 ……………………………277

　第1節　組合 ………………………………………………………277
　　　1　組合と組合契約　277
　　　2　社団と組合の区別　278
　　　3　組合の財産　280
　　　　(1)組合財産の共有　(2)組合の債権債務
　　　4　組合の業務執行　282
　　　　(1)対内的業務の執行——業務の決定と執行　(2)対外的業務の執行——組合の
　　　　代理
　　　5　組合員の変動　283
　　　　(1)加入・組合員の地位の移転　(2)脱退
　　　6　組合の解散・清算　286

　第2節　終身定期金 ………………………………………………286
　　　1　意義　286
　　　2　フランスにおける終身定期金契約　287

　第3節　和解 ………………………………………………………288
　　　1　意義　288
　　　2　要件　289
　　　3　効果　290
　　　　(1)和解の確定効　(2)錯誤との関係　(3)示談と後遺症

第11章　典型契約の意義 …………………………………………… 294

    1　典型契約・非典型契約　294

    2　典型契約の意義　295

事項索引　297

判例索引　302

凡例

文献

最判解説	『最高裁判所判例解説民事篇』（法曹会）
重判	ジュリスト臨時増刊『各年度重要判例解説』（有斐閣）
契約法大系	『契約法大系1〜7』（有斐閣、1962〜1965）
新版注民	『新版注釈民法』（有斐閣）16巻：幾代通＝広中俊雄編（1989）、14巻：柚木馨＝高木多喜男編、17巻：鈴木禄弥編（1993）、13巻：谷口知平＝五十嵐清編（1996）
梅・民法要義二、三	梅謙次郎『民法要義巻之二、三』（1896-7、復刻版、信山社、1992など）
岡松・註釈民法理由㊦	岡松参太郎『註釈民法理由下巻』（1899、復刻版、信山社、1991）
鳩山・債権法各論下	鳩山秀夫『増訂日本債権法各論下巻』（岩波書店、1933）
内田・Ⅱ	内田貴『民法Ⅱ債権各論［第3版］』（東京大学出版会、2011）
内田・Ⅲ	内田貴『民法Ⅲ債権総論・担保物権［第3版］』（東京大学出版会、2005）
奥田・債権総論	奥田昌道『債権総論［増補版］』（悠々社、1992）
加藤・不法行為	加藤一郎『不法行為［増補版］』（有斐閣、1974）
来栖・契約法	来栖三郎『契約法』（有斐閣、1974）
潮見・新債権総論Ⅰ	潮見佳男『新債権総論1』（信山社、2017）
潮見・契約各論Ⅰ	潮見佳男『契約各論1──総論・財産権移転型契約・信用供与型契約』（信山社、2002）
潮見・基本講義債権各論Ⅰ	潮見佳男『基本講義 債権各論1──契約法・事務管理・不当利得［第3版］』（新世社、2017）
潮見・概要	潮見佳男『民法（債権関係）改正法の概要』（金融財政事情研究会、2017）
四宮＝能見・民法総則	四宮和夫＝能見善久『民法総則［第8版］』（弘文堂、2010）
一問一答	筒井健夫・村松秀樹編『一問一答・民法（債権関係）改正』

凡例　xxiii

（商事法務、2018）

平井・債権総論	平井宜雄『債権総論［第2版］』（弘文堂、1994）
星野・Ⅳ	星野英一『民法概論Ⅳ契約』（良書普及会、1994）
山本・Ⅳ	山本敬三『民法講義Ⅳ-1』（有斐閣、2005）
我妻・Ⅰ	我妻栄『新訂民法総則（民法講義Ⅰ）』（岩波書店、1965）
我妻・Ⅳ	我妻栄『新訂債権総論（民法講義Ⅳ）』（岩波書店、1964）
我妻・V₁	我妻栄『債権各論上巻（民法講義V₁）』（岩波書店、1954）
我妻・V₂	我妻栄『債権各論中巻一（民法講義V₂)』（岩波書店、1957）
我妻・V₃	我妻栄『債権各論中巻二（民法講義V₃)』（岩波書店、1962）
百選Ⅱ	窪田充見・森田宏樹編『民法判例百選Ⅱ債権［第8版]』（有斐閣、2018）

判例集

民録	大審院民事判決録
大判民集	大審院民事判例集
民集	最高裁判所民事判例集
裁判集民事	最高裁判所裁判集民事
新聞	法律新聞
判時	判例時報
判タ	判例タイムズ
金法	金融法務事情
労判	労働判例

その他

→債権総論	野澤正充『債権総論──セカンドステージ債権法Ⅱ［第3版]』（日本評論社、2020）

第1部　契約法総論

第1章　契約の意義・契約自由の原則

第1節　契約の意義・根拠

1　契約とは何か

　近代社会は人と人との関係から構成され、その人と人との関係は契約によって成立する。そうだとすれば、「契約」は、社会の基本となる重要なものである。しかし、民法典には契約の定義がなく、また、契約がなぜ人と人との関係を規律するのかも明らかではない。もっとも、民法学では一般に、契約を、「互いに対立する複数の意思表示の合致によって成立する法律行為」であると定義している。しかし、この定義は、契約のほか、単独行為と合同行為とをまとめて「法律行為」と呼ぶ特定の立場（ドイツの法律行為論）からのものであることに注意を要する。しかも、意思「表示」の合致とする点において、意思主義ではなく、表示主義からの定義でもある。さらに、この定義は、両当事者の交渉過程を経て成立し、さまざまな効果（権利義務）を生じさせる契約の、ある一点を捉えたものにすぎず、契約の効果を含めていないという問題がある。そこで、合意（約束）のうち、法律によってその履行が保護されているものを契約という、とする見解が主張されている。この見解が指摘するように、契約は、単なる当事者の合意ではなく、その合意を基礎とした法律上の制度であるといえよう。

2 契約の拘束力の根拠——私的自治の原則

契約が当事者を拘束するのは、古くは神の力を背景としていた。すなわち、契約を守ることは神に対する従順であり、その違反は神に背くことになると考えられていた。しかし、近代では、契約が人を拘束するのは、それが自らの自由意思に基づくものだからである、と理解されている。つまり、私法関係を個人の意思によって自由に規律できるとする「私的自治（意思自治）の原則」が、契約の拘束力の根拠であるとされている。

この私的自治の原則は、権利能力の平等や所有権の絶対と並ぶ近代市民法の基本原理であるとともに、契約の自由、遺言の自由、社団設立の自由や過失責任主義を含む広範な原則である。

第2節　契約自由の原則

1 二つの側面

契約自由の原則とは何か。新法は、法律の専門家ではない国民一般にとって理解しやすい民法典とするために、「基本的なルールを明文化する」（一問一答1頁）という観点から、契約自由の原則を明文化した。すなわち、①「契約をするかどうかを自由に決定することができる」契約締結の自由（521条1項）、②「契約の内容を自由に決定することができる」契約内容決定の自由（同2項）、および、③契約の成立には、「書面の作成その他の方式を具備することを要しない」という方式の自由（522条2項）が規定された。このほか、契約自由の原則には、契約を締結する相手方を選択する自由（相手方選択の自由）も存在し、この自由は明文化されていない。しかし、新法は、相手方選択の自由を認めない趣旨ではなく、これは、「特定の相手方との間でその相手方と契約をするかどうかの自由と捉えることができる」から、①契約締結の自由に含ま

れる、との理解である（部会資料 75A1 頁）。

　結局、契約自由の原則とは、民法上は、契約には拘束がない、という意味での自由を認めるものである。

　しかし、この説明は、契約自由の原則の一つの側面を捉えたにすぎない。なぜなら、この原則は、結ばれた契約がその通りに実現することを国家（裁判所）が確保することをも含んでいるからである。これを契約当事者の側から見れば、契約の実現のために国家を利用することになる。半面、国家の側から見れば、一定の生活関係（特に経済関係）の形成を個人と個人の契約に任せていることを意味する。換言すれば、契約の自由は、国家が個人の生活関係の形成に不必要に介入することを抑制する、という側面をも有しているのである。

2　契約自由の根拠

　では、契約自由の原則はなぜ認められたのか。ここで注意を要するのは、この原則が自明のものではなく、自由主義の思想と、近代資本主義経済の政策とに由来する原則であるということである。すなわち、第一の側面は、封建的・職能団体的な拘束を打破し、個人の自由な活動によって経済社会を築きあげようとした近代市民階級の要請に基づくものである。また、第二の側面は、国民の経済活動に対する国家の介入を抑制し（夜警国家）、経済の繁栄は、市場における自由競争により、いわゆる「神の見えざる手」に導かれて予定調和的に確保されるとするレセ・フェール（laisser faire）の考え方に由来する。

　要するに、契約自由の原則とは、第一に、経済活動の自由を妨げる封建的・職能団体的な拘束を打破し、かつ、第二に、国家の経済活動への介入を抑制するために主張されたスローガンであるということになる。そうだとすれば、その前提となる自由主義的資本主義経済の矛盾が明らかになると、契約自由の原則も修正を余儀なくされる。

3 契約自由の限界

(1) 法令による制限

新法は、前述のように、契約自由の原則を明文化しつつ、その自由が無制限に認められるものではなく、法令による制限を留保している。

①契約締結の自由に関しては、「法令に特別の定めがある場合を除き」という留保が付されている（521条1項）。すなわち、当事者の一方が契約の締結を拒絶することができない旨が法律上定められている場合として、道路運送法13条、鉄道営業法6条、ガス事業法16条、水道法15条、電気事業法18条などがある。また、このような行政法規による供給者の契約締結義務のほかに、私法上も、借地借家法において、契約締結の強制が定められている（法定更新〔6条・28条〕、建物買取請求権〔13条〕、造作買取請求権〔33条〕）。

②契約内容決定の自由に関しては、公序良俗（90条）や強行規定に反する契約が無効とされるため、「法令の制限内において」という留保が付されている（521条2項）。

③方式の自由には、①と同じく、「法令に特別の定めがある場合を除き」という留保が付されている（522条2項）。これは、法律上、契約が成立するために一定の方式を備えることを要件とするもの（要式契約）があるからである。例えば、民法上は、保証契約に関する446条2項や465条の2第3項などがある。

ところで、上記のように、電気・水道・ガスなどの供給者には、契約締結義務が課されている。しかし、これに反した場合には、行政法上の罰則が科されるものの、私法上も契約の締結が強制されるか否かは明らかでなく、法令ごとに個別に判断する必要がある。そして、最高裁は、水道法15条1項に関して、「水道が国民にとって欠くことのできないものであることから」、市町村は、「給水契約の申込みに対して応ずべき義務があり、みだりにこれを拒否することは許されない」と判示した（最判平成11・1・21民集53巻1号13頁）。

また、需要者の契約締結の強制を認めるものとして、放送法64条1項に基づくNHKの受信契約がある。すなわち、「受信設備を設置した者は、協会と

その放送の受信についての契約をしなければならない」と定める放送法 64 条
1 項につき、最高裁は、同法が「受信設備設置者に対し受信契約の締結を強制
する旨を定めた規定であり、NHK からの受信契約の申込みに対して受信設備
設置者が承諾をしない場合には、NHK がその者に対して承諾の意思表示を命
ずる判決を求め、その判決の確定によって受信契約が成立する」ことを認めた
（最判平成 29・12・6 民集 71 巻 10 号 1817 頁）。

(2) 社会経済的な制約

　契約自由の原則が前提とする自由競争の考えは、経済的・社会的な強者によ
る弱者の支配を導くものであり、弱者にとって、契約の自由は事実上存在しな
い。ここにいう「強者」と「弱者」とは、大別すると次の二つに分けることが
できる。

　一つは、大企業、とりわけ独占的・寡占的な企業と、そこで働く労働者また
は消費者である一般大衆との関係である。このうち、労働者については、労働
運動を経て、団結権・団体交渉権・争議権が認められ、経営者と対等に労働契
約の内容を交渉できるようになるとともに、労働契約の最低基準が法律によっ
て定められた（労働法・社会法の領域）。また、消費者との関係では、独占禁止
法等により、企業間の公正な競争が図られる（経済法の領域）とともに、約款
の規制が問題となる。

　もう一つは、不動産の賃貸借契約や貸金業者の金銭の貸付（金銭消費貸借契
約）など、需要が多い割には供給が少なく、その結果、当事者の一方（貸主）
が強者になり、他方（借主）が弱者となる場合がある。この場合には、弱者を
保護するために、特別法により強行規定が置かれ、弱者に不利な特約は無効と
されることが多い（例えば、借地借家法 9 条・21 条・30 条、利息制限法 1 条・4 条
など）。

　このような、契約自由の名の下における強者による弱者の支配が大きな社会
問題となったのは、約款をめぐってである。

第3節　約款の意義とその拘束力

1　約款の意義と問題点

　約款とは、多数の取引を画一的に処理するために事業者が用いる、あらかじめ定型化された契約条項である。このような約款は、私たちの身の回りにおいて非常に多く存在する。例えば、電気・ガス・水道などの生活必需品の供給契約や、交通機関・通信機関の利用契約、さらには、銀行との預金契約や保険契約などにも、すべて約款が用いられている。すなわち、ここに挙げた契約のように、顧客が大衆であり、相手方が大企業であるという場合には、企業の側に、大量の契約を迅速かつ正確に処理する必要が生じる。そこで、企業があらかじめ画一的に定めた契約条項を顧客に提示し、顧客はその契約を一括して承認する、という方法が採られる。つまり、顧客と企業との間には、契約に関して事前の交渉もなく、その内容は企業が一方的に決定するものであり、顧客の側には契約の内容を決定する自由はない。しかも、顧客が企業の提示した契約条項を適当でないと考えたとしても、その目的物は、電気やガス、交通機関などの生活に不可欠の物やサービスであるため、契約をしないというわけにもゆかず、約款に従わざるをえない。

　それゆえ、フランスの学者は、約款を、企業の一方的に提示した契約に顧客がくっついてゆくという意味で、「付合契約（contrat d'adhésion）」と呼んでいる。また、ドイツでは、用いられる契約条項に着目して、「普通契約条款（Allgemeine Geschäftsbedingungen）」と呼ぶ。いずれも同じ意味であり、ここではわが国で一般に用いられている「約款」という語を使用する。

　約款それ自体は、企業にとっても、また顧客にとっても合理的である。なぜなら、両当事者ともに、多数の同種の契約につき、個別に交渉することは事実上不可能だからである。しかし、約款の内容は、それを作成する企業に一方的に有利になるおそれがある。そこで、約款においては、次の三つが問題となる。

　第一に、約款を用いた契約では、利用者は約款の内容の一部に同意したくな

いと考えても、契約を結ばざるをえない。しかも、契約を結ぶ時には、約款の内容を知らないこともある。にもかかわらず、なぜ約款に顧客は拘束されるのか、換言すれば、約款の拘束力の根拠を何に求めるかが問題となる。

第二に、約款に拘束されるとしても、その内容を確定するために、約款の解釈が問題となる。とりわけ、約款と一般の契約とではその解釈基準が異なるかどうかが問題となろう。

第三は、約款の内容に関する問題である。すなわち、約款の内容に合理性があれば、それに拘束されることにも問題はない。しかし、顧客に一方的に不利な条項が存在するなどその内容に合理性がない場合にも、仮に約款に拘束されるとすれば、その内容をどのように規制するかが問題となる。

2　約款の拘束力

契約が両当事者による意思の合致（合意）であり、約款も契約であるとすれば、約款を作成した企業はともかく、他方の当事者である顧客がその一部について同意していない場合には、契約は成立していないと考えざるをえない。しかし、約款そのものは、現代社会には不可欠なものであり、それを用いた契約の効力を否定することはできない。そこで学説の中には、約款は契約ではなく、取引社会に妥当する自治的な法規であるとする見解（自治法規説）や、ある種の企業取引では、約款によるという商慣習が成立しているとする見解（白地商慣習説）などがある。これに対して、判例は、約款も契約の一つであり、その内容を顧客が知らなくとも、約款によるという顧客の意思が推定されるとする。

> **大判大正 4・12・24 民録 21 輯 2182 頁（約款の法的性質）**
> 　Y 保険会社と火災保険契約を結んだ保険契約者 X の家屋が森林火災によって焼失したため、X が Y に対して保険金を請求した。ところが、Y の火災保険約款には、森林火災については免責する旨の条項があり、Y は保険金の支払を拒絶した。原審は、保険契約者が契約の時に保険会社の約款をよく知らない場合には、この約款によるという意思がなく、保険契約者は約款に拘束されないとした。しかし、大審院は、「世間一般の実情によれば、……保険会社の

定めた普通保険約款による意思をもって契約」をするのが普通であるとし、保
険契約者が契約の時に約款の条項を詳細に知らなくとも、なお約款による意思
をもって契約したものと推定されるとした。

　この後の判決にも、同じく火災保険約款につき、契約締結の後に約款を知ら
された場合であっても、なお約款による意思であることが推定されるとしたも
のがあり（大判昭和3・12・22新聞2824号9頁）、判例は契約説に立っていると
考えられる。そして、現在の学説の多くも、基本的には約款が契約の一つであ
ることを支持し、当事者が契約を締結した場合には、その具体的で詳細な契約
内容はすべて約款によるという合意があると解している。
　もっとも、いずれの見解によっても、大企業の発展とともに展開してきた新
しい法現象である「約款」というものを充分に説明することは困難であろう。
しかし、約款の内容が顧客に事前に知られ（開示）、しかもその内容が合理
的（適正）である場合には約款に拘束される、と考える点では学説が一致して
いる。そこで、約款の内容を明確に確定するとともに、その合理性を確保する
ためにどのような規制をすべきかが問題となる。

3　約款の解釈

(1)　契約の解釈との異同——客観的解釈

　契約の締結時には両当事者が合意をしたつもりでいたが、後にその内容をめ
ぐって争いになることがある。このような場合において、裁判所は、どのよう
に当事者の権利義務を確定するかが問題となる。これが「契約の解釈」と呼ば
れる作業であり、裁判官は、慣習や任意規定、あるいは条理・信義則などを用
いて、当事者の意思を探求し（狭義の契約の解釈）、または、契約の空白部分を
補充し（補充的解釈）、ときには契約内容を修正することもある（修正的解釈）
とされる。
　この契約の解釈について、民法（債権関係）の改正に関する中間試案では、
その基本原則を次のように規定していた。

> 第29　契約の解釈
> 　1　契約の内容について当事者が共通の理解をしていたときは、契約は、その理解に従って解釈しなければならないものとする。
> 　2　契約の内容についての当事者の共通の理解が明らかでないときは、契約は、当事者が用いた文言その他の表現の通常の意味のほか、当該契約に関する一切の事情を考慮して、当該契約の当事者が合理的に考えれば理解したと認められる意味に従って解釈しなければならないものとする。
> 　3　上記1及び2によって確定することができない事項が残る場合において、当事者がそのことを知っていれば合意したと認められる内容を確定することができるときは、契約は、その内容に従って解釈しなければならないものとする。

　この規定は、結局は法案に採用されなかったが、「契約解釈に関する最も基本的な原則」（中間試案の補足説明359頁）として、なお有用であろう。

　このような契約の解釈の準則は、基本的には約款の解釈にも妥当しよう。なぜなら、当事者が契約を締結する際に、その具体的な内容は約款によるとの合意があるとすれば、約款の解釈も通常の契約の解釈と異なるところはないからである。

　しかし反面、約款は、特定の当事者の間でのみ締結された個別の契約とは異なり、大量の取引を前提に、不特定多数の顧客を対象として作成されたものである。そうだとすれば、通常の契約の解釈においては、まず当事者の意思の探求がなされるのに対して、約款の解釈では、そのような個別の当事者の意思ではなく、客観的に表現された約款の文言のみを解釈の対象とする客観的解釈が要求されよう。

(2)　判例の検討——客観的解釈の具体例

　約款の客観的解釈の具体例として、誤振込みに関する最高裁平成8年4月26日判決を取り上げる。この判決で問題となった約款は、銀行と顧客との間の普通預金取引契約の内容となる普通預金規定である。ここではまず、銀行の振込手続の仕組みを簡単に説明する。振込みとは、一般に、銀行（仕向銀行）

が振込依頼の委託に基づいて、受取人の取引銀行（被仕向銀行）に対し、その受け取った資金を受取人の預金口座に入金するよう依頼し、これを受けた被仕向銀行が受取人の口座に入金記帳することをいう。この場合に、受取人が被仕向銀行に対して預金債権を取得するのは、両当事者間の消費寄託契約に基づくものであり、その具体的な内容は普通預金規定（約款）によるとされる。この預金規定の解釈につき、最高裁はどのような基準を用いたのか。

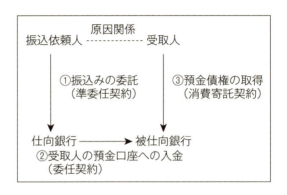

最判平成8・4・26民集50巻5号1267頁（誤振込みと普通預金契約の成否）
　Xは、株式会社「東辰」に対する債務の弁済に充てるつもりで、約558万円を誤って、A銀行上野支店の株式会社「透信」名義の普通預金口座に振り込む手続をしてしまったため、これが「透信」の口座に入金記帳された。そこで、透信の債権者Yが、この普通預金債権を差押え、これに対してXが第三者異議の訴え（民執38条）を提起し、強制執行の不許を求めた。争点となったのは、原因関係の存在しない誤振込みであっても、受取人（透信）が被仕向銀行Aに対して預金債権を取得するか否かである。この点につき、第一審（東京地判平成2・10・25判時1388号80頁）は次のように判示して、受取人が預金債権を取得しないとした。すなわち、受取人と被仕向銀行が「預金債権を成立させることにつき事前に合意しているものは、受取人との間で取引上の原因関係のある者の振込依頼に基づき仕向銀行から振り込まれてきた振込金等に限られると解するのが相当である。正常な取引通念、当事者の合理的意思に合致する」からである。そして原審（東京高判平成3・11・28判時1414号51

頁）も、「誤って受取人とされた送信のために預金債権が成立するとすることは、著しく公平の観念に反するものであり、通常の預金取引契約の合理的解釈とはいいがたい」として、一審判決を支持した。Y上告。

最高裁は、原判決を破棄し、次のように判示した（破棄自判）。すなわち、「振込依頼人から受取人の銀行の普通預金口座に振込みがあったときは、振込依頼人と受取人との間に振込みの原因となる法律関係が存在するか否かにかかわらず、受取人と銀行との間に振込金額相当の普通預金契約が成立し、受取人が銀行に対して右金額相当の普通預金債権を取得するものと解するのが相当である。けだし、前記普通預金規定には、振込みがあった場合にはこれを預金口座に受け入れるという趣旨の定めがあるだけで、受取人と銀行との間の普通預金契約の成否を振込依頼人と受取人との間の振込みの原因となる法律関係の有無に懸からせていることをうかがわせる定めは置かれていないし、振込みは、銀行間及び銀行店舗間の送金手続を通して安全、安価、迅速に資金を移動する手段であって、多数かつ多額の資金移動を円滑に処理するため、その仲介に当たる銀行が各資金移動の原因となる法律関係の存否、内容等を関知することなくこれを遂行する仕組みが採られているからである」。

この最高裁判決によれば、誤振込みがなされたとしても、振込依頼人は、受取人に対し、不当利得返還請求権を有するだけであり、「受取人の債権者がした預金債権に対する強制執行の不許を求めることはできない」ことになる。その当否については議論があるが、「銀行は、大量かつ迅速に振込みの事務を処理すべき立場にあり、振込委託があってもそれが正当な原因関係に裏付けられるものかどうか判断できない」（大坪丘・最判解説 377 頁）ことを考えると、やむを得ないものと解される。

ところで、この判決で注目されるのは、約款の解釈の基準である。すなわち、受取人の預金債権が成立するか否かにつき、第一審は、「当事者の合理的意思」を解釈して、その成立を否定した。ここでは、通常の契約の解釈と同じく、当事者の合理的な意思の探求がなされている。これに対して、最高裁は、そのような当事者の意思の探求を行わずに、預金規定の文言を客観的に解釈し、同規定には、「振込みがあった場合にはこれを預金口座に受け入れるという趣旨の定めがあるだけで、受取人と銀行との間の普通預金契約の成否を振込依頼人と

14 第1部 契約法総論

受取人との間の振込みの原因となる法律関係の有無に懸からせていることをうかがわせる定めは置かれていない」とする。このような最高裁の態度は、通常の契約に対する約款の異質性を強調し、約款の文言のみを対象にそれを客観的に解釈する従来の学説と、軌を一にするものであると考えられる。

(3) その他の解釈準則

約款を客観的に解釈したとしても、なお複数の解釈が可能である場合には、約款を作成しこれを使用した当事者に不利に解釈されなければならないとされる。これを、「不明確準則」とか、「疑わしきは約款の使用者に不利に」の準則という。もっとも、この解釈準則は、約款に固有のものではなく、契約一般に通じる不明確な条項の解釈準則でもある。例えば、フランスでは、2016年改正前の民法典1162条が、「疑いがある場合には、合意は、債務を負わせた者に不利に、かつ、債務を負った者に有利に解釈される」と規定する。これに加えて、2016年改正後の民法典1190条は、「付合契約は、それを提示した者に不利に解釈される」とした。また、消費法典L.133-2条は、事業者の消費者に対する「契約条項は、明確かつ平明な用語で作成されなければならない」(1項)とし、「疑いがある場合には、消費者にとって最も有利に解釈される」(2項前段)とする。

さらに、約款の条項に関しては、顧客に不利になるような類推および拡張解釈をすべきでないとする「制限的解釈」も指摘されることがある。これも、通常の契約における解釈準則の一つであるが、次に述べるように、約款の内容に対する裁判所の規制手段として機能するものである。

4 約款内容の規制

(1) 司法的規制

約款の内容については、まず、司法(裁判所)による規制が行われた。すなわち、裁判所が、不当な内容の約款条項を公序良俗(民90条)に反するとして無効としたり、権利濫用(民1条3項)・信義則(民1条2項)などの一般条項を用いてその適用範囲を制限することがある。もっとも、現実の裁判例で、約款が公序良俗に反し無効であるされたケースは少ない。しかし、裁判所が、

約款条項を合理的に解釈して、その適用範囲を制限する手法（制限的解釈）を
用いることは、しばしば見受けられる。

> **最判平成 5・3・30 判時 1489 号 153 頁（約款条項の制限的解釈）**
> 　一人の女性をめぐり二人の男性 A と B とがトラブルになり、A が B の乗っ
> ている自動車のドアをつかんだため、これを振り切ろうと B が加速したとこ
> ろ、A が転倒して死亡した。この事件において、B は、A に傷害を与えるかも
> しれないとは考えていた（傷害の故意がある）が、A が死亡するとは思って
> もいなかった。ところで、加害者 B の加入していた自動車保険契約（対人賠
> 償保険）の任意保険の約款には、保険契約者の故意によって生じた損害を塡補
> しない旨の免責条項が存在した。そこで Y 保険会社は、A の相続人である X
> に対して、B の故意によって生じた本件事故の保険金の支払いを拒絶した。
> 　最高裁は、次のように判示して、本件免責条項の適用を否定した（破棄自
> 判）。すなわち、「傷害と死亡とでは、通常、その被害の重大性において質的な
> 違いがあり、損害賠償責任の範囲に大きな差異があるから、傷害の故意しかな
> かったのに予期しなかった死の結果を生じた場合についてまで保険契約者が自
> ら招致した保険事故として免責の効果が及ぶことはない、とするのが一般保険
> 契約当事者の通常の意思に沿うものというべきである」とし、「本件免責条項
> は、傷害の故意に基づく行為により被害者を死亡させたことによる損害賠償責
> 任を被保険者が負担した場合については適用されないものと解するのが相当で
> ある」。

　この判決は、A の死は、B の「（傷害の）故意によって生じた損害」ではな
いとすることによって、約款を制限的に解釈し、被害者に対する保険金の支払
を認めたものである。その当否については議論があるが、約款の解釈の例とし
ては注目される。

(2)　行政的規制

　裁判所による司法的な規制が事後的なものであるのに対して、事前に行政庁
が約款の内容を規制することを法律が定めている場合がある。例えば、保険業
を営むには、内閣総理大臣（所轄官庁）の免許を受けなければならない（保険

業法3条1項)。そこで、所轄官庁は、保険業の免許の可否を決定するに際して、約款の内容を考慮し（同4条2項・5条1項3号)、その後の約款の変更についても、その認可が必要とされている（同123条以下)。

　同様に、約款の作成・変更について所轄官庁の許可・認可が必要とされる例は多い（道路運送法11条、海上運送法9条、倉庫業法8条、電気事業法19条、ガス事業法17条など)。また、法律により、事業者に対して、約款や契約条件をあらかじめ顧客に開示する義務を課す場合もある（割賦販売法3条、宅地建物取引業法35条など)。

(3) 立法的規制

　約款の内容を規制する法律は、1990年代以降に各国で制定され、とりわけヨーロッパにおいては、1993年4月5日に消費者との契約における不当条項に関するEC指令13号が出された。わが国でも、割賦販売について、一方の当事者に不利な内容の契約条項を無効とする規制がなされる（割賦販売5条・6条）とともに、訪問販売や通信販売などの一定の商取引については、同様の規制がなされていた（特定商取引法10条・25条等)。しかし、より一般的に、消費者の利益を擁護するために定められたのが消費者契約法である。もっとも、この法律は、約款の規制そのものを目的とするものではない。しかし現実には、事業者と消費者との間の契約の多くは約款に基づくものであるから、消費者契約法も約款内容の規制に役立つといえよう。

5　民法（債権関係）の改正

(1) 定型約款の意義とその合意

(ア) 意義

　新法は、約款の中でも「定型約款」に限定して、これにのみ適用される規律を設けている。この「定型約款」とは、①「定型取引」に用いられるものであって、②契約の内容とすることを目的として、③特定の者により準備された条項の総体をいう（548条の2第1項)。この定義のポイントは、①の要件であり、「定型取引」に当たらないものは、「約款」であっても「定型約款」ではな

く、民法の適用はない。換言すれば、民法が規律するのは、全ての約款ではな
く、定型的に取引をすることによって当事者双方（および社会全体）が利益を
享受することのできる約款に限られる。

では、「定型取引」とは何か。新法によれば、(a)ある特定の者が不特定多数
の者を相手方として行う取引であって、(b)その内容の全部または一部が画一的
であることがその双方にとって合理的なものをいう。このうち、(a)の要件は、
相手方の個性に着目して行う取引を除外する趣旨である。例えば、労働契約は、
相手方の個性に着目して締結されるものであるため、同契約に利用される契約
書のひな型は定型約款に含まれない。また、事業者間の取引において利用され
る約款や契約書のひな形も、同取引が相手方の個性に着目したものも多く、原
則として、定型約款に当たらない（部会資料86-2・1-2頁）。

もっとも、「定型約款」と民法の適用されない約款との区別は必ずしも明確
ではなく、生命保険約款、旅行業約款、宿泊約款、運送約款、預金規定、コン
ピュータ・ソフトウェアの利用規約など、わが国で一般に「約款」と呼ばれて
いるものの多くが「定型約款」に該当する、と考えられている（潮見・概要
226頁）。

(イ)　みなし合意（契約内容への組入れ）

548条の2第1項は、定型取引を行うことの合意（＝定型取引合意）をした
者が、定型約款の個別の条項についても合意をしたものとみなされる要件を規
定する。すなわち、①定型取引合意をした者が、定型約款を契約の内容とする
旨の合意をしたとき、または、②定型約款を準備した者（＝定型約款準備者）
が、あらかじめその定型約款を契約の内容とする旨を相手方に表示していたと
きに、定型約款によって契約の内容が補充されることとなる。このうち、①は、
定型約款を契約内容として組み入れる旨の合意をした場合である。また、②も、
「あらかじめ」定型約款が「表示」され、契約の内容になることを相手方に示
した上で定型取引合意がされるため、契約内容への組入れに対する相手方の黙
示の同意があるといえよう。

なお、旅客鉄道事業に係る旅客運送の取引のように、取引自体の公共性が高
く、かつ、定型約款による契約内容の補充の必要性が高くても、定型約款を
「相手方に表示」することが困難である場合がある。そこで、このような場合

には、定型約款準備者がその定型約款よって契約内容が補充されることをあらかじめ「公表」していたときも、当事者がその定型約款の個別条項について合意したものとみなす旨の特例規定（例えば、鉄道営業法18条ノ2の改正）が設けられる（部会資料86-2・2-3頁）。

（ウ）　組入れからの除外

中間試案の段階では、「不意打ち条項」の規制と「不当条項規制」とが区別されていた。すなわち、不意打ち条項とは、「約款に含まれている契約条項であって、他の契約条項の内容、約款使用者の説明、相手方の知識及び経験その他の当該契約に関する一切の事情に照らし、相手方が約款に含まれていることを合理的に予測することができないもの」であり、このような条項は、上記の組入れの要件を満たす場合であっても、「契約の内容とはならない」ものとされる（中間試案第30・3）。また、「不当条項規制」とは、上記の組入れの要件を満たして契約の内容となった契約条項が、約款使用者の相手方に過大な不利益を与えると認められる場合には、その条項を「無効」とするものである（中間試案第30・5）。

このうち、不意打ち条項は、その内容の不当性にかかわらず、当該条項が当該契約類型において合理的に予測できるか否かによって定まるものであり、不当条項規制とはその趣旨を異にする。しかし、当事者にとって不意打ちとなる条項は、同時に不当条項であると評価される場合もあり、不意打ち条項規制を設ける必要はないとの指摘もなされていた（中間試案の補足説明372頁）。そこで、新法は、不意打ち条項規制と不当条項規制とを「一本化」し（部会資料83-2・39頁）、①相手方の権利を制限し、または相手方の義務を加重する条項であって、②その定型取引の態様およびその実情ならびに取引上の社会通念に照らして民法1条2項に規定する基本原則に反して相手方の利益を一方的に害すると認められる条項については、「合意をしなかったものとみなす」とした（548条の2第2項）。この①と②の要件は、消費者契約法10条と同様である。ただし、消費者契約法10条は、消費者と事業者との間の格差に鑑みて不当な条項を規制するのに対し、新法は、定型取引の態様や実情などの、定型約款の特殊性を踏まえて不当条項を規制するものであり、その趣旨を異にすることに注意を要する（部会資料86-2・4頁）。また、新法は、不当条項を契約に組み入

れたうえで「無効」とするのではなく、そもそも契約への組入れを否定し、「合意をしなかったものとみなす」とする。

(2) 定型約款の内容の開示

新法は、定型約款準備者が、定型取引合意の前または定型取引合意の後相当の期間内に相手方から請求があった場合には、遅滞なく、相当な方法でその定型約款の内容を示さなければならないとし（548条の3第1項本文）、その開示義務を定めた。ただし、定型約款準備者には、一定期間内に、相手方からの請求があった場合にのみ、約款内容の開示義務が認められる。これは、定型約款を用いて契約を締結する場合には、相手方も条項の中身を逐一見ようとしないことも多く、常に事前の開示を義務づけるとかえって煩雑になる反面、相手方にとっては、自分が締結しようとし、または締結した契約の内容を確認することが必要であることを考慮したものである（部会資料75B・11頁）。

この規定の結果、定型約款については、約款の一般理論におけると異なり、開示は、約款の拘束力を認めるための要件とはならない。そして、定型約款準備者の開示義務も、一定期間内（＝定型取引合意の前または定型取引合意の後相当の期間内）に相手方からの請求があった場合に限られることとなる。

なお、定型約款準備者がすでに相手方に対して、定型約款を記載した書面を交付し、またはこれを記録した電磁的記録を提供していたときは、定型約款準備者に開示義務はない（同ただし書）。また、定型約款準備者が定型取引合意の前になされた相手方からの開示請求を拒んだ場合には、一時的な通信障害の発生などの正当な事由があるときを除き、当該約款は契約内容に組み入れられない（同2項）。

(3) 定型約款の変更

定型約款を用いた取引がある程度の期間にわたって継続する場合には、法改正や社会状況の変化等により、定型約款の内容を画一的に変更する必要が生じることがある。しかし、多数の相手方との間で契約内容を変更するための個別の同意を得ることは、実際上極めて困難である。そこで、548条の4第1項は、①「定型約款の変更が、相手方の一般の利益に適合するとき」（1号）、または、

②「定型約款の変更が、契約をした目的に反せず、かつ、変更の必要性、変更後の内容の相当性、この条の規定により定型約款の変更をすることがある旨の定めの有無及びその内容その他の変更に係る事情に照らして合理的なものであるとき」（2号）は、定型約款準備者が、定型約款の変更をすることにより、変更後の定型約款の条項について合意があったものとみなし、個別に相手方と合意をすることなく契約の内容を変更することができるとした。この①と②の要件は、定型約款の契約内容への組入れから除外する要件（548条の2第2項）よりも厳格である。それゆえ、定型約款の変更の合理性は、上記の①②によって判断され、548条の2第2項の適用はない（同4項）。

　なお、定型約款準備者は、定型約款の変更をするときは、その効力発生時期を定め、かつ、定型約款を変更する旨および変更後の定型約款の内容ならびにその効力発生時期を、インターネットの利用その他の適切な方法によって周知しなければならない（周知義務—同2項）。そして、定型約款準備者がこの周知義務に違反しても、その変更が相手方の一般の利益に適合するとき（上記の①）は、特にサンクションはない。しかし、上記の②の変更については、その効力発生時期が到来するまでに周知しなければ、その効力は生じない（同3項）。

第2章 事情変更の原則・契約の相対的効力の原則

第1節 事情変更の原則

1 意義

　私的自治（意思自治）および契約自由の原則を尊重すると、「契約は守られなければならない」（pacta sunt servanda）ことが原則となる。しかし、契約の締結後に、その基礎となった事情が当事者の予見しえなかった事実の発生によって変更し、それゆえ、当初の契約内容を維持することが当事者にとって苛酷となる場合がある。そこで中世教会法以降、すべての契約には、「その基礎となる事情が変わらない限り効力を存続する」という黙示の条項（clausula rebussic stantibus）が含まれ、その結果、事情が変更すれば契約の拘束力は失われると解されてきた。この考えは、わが国の立法においても、部分的にではあるが、採用されている（借地借家11条、32条など）。しかし、事情変更の原則そのものは、資本主義の進展とともに契約自由の原則が強調されると、忘却の彼方におかれることとなる。

　この事情変更の原則が再び脚光を浴びたのは、第一次世界大戦後のドイツであった。すなわち、1920年代、ドイツは空前のインフレに見舞われ、裁判所が契約の価格を改訂するために、エルトマン（Oertmann）の提唱した「行為基礎の喪失」理論を採用した。そして、この理論はわが国にも紹介され、大審院の採用するところとなった。

22　第1部　契約法総論

　　大判昭和19・12・6民集23巻613頁（事情の変更による解除）

　Xは、昭和14年7月にYから土地を31万円で購入する旨の契約を締結し、登記期日を昭和16年7月31日とした。ところが、昭和15年11月25日、宅地建物等価格統制令が施行され、契約の譲渡価格について知事の認可が必要となった。そこでYは、この認可の申請を昭和16年7月9日に行ったが、登記期日までに認可を得ることができなかった。Xは、Yの債務不履行を理由に契約の解除を求めて訴えを提起した。原審は、知事の認可があるまでは契約を履行できないのであるから、Yには債務不履行がないとして、Xの請求を棄却した。X上告。その上告理由は、知事の認可がいつ下りるかわからないため当該契約は長期の浮動状態にあり、その存続を認めることは事情変更の原則に反する、というものであった。大審院は、このように長期間その履行を延期せざるをえない「不安定ナル契約」から免れられないというのは、「信義ノ原則ニ反スルモノ」であり、当事者は契約を解除することができる、と判示した（破棄差戻し）。

2　要件・効果

(1)　要件

　事情変更の原則の要件としては、三つのものが挙げられている。

　第一に、当事者の予見できない著しい事情の変更を生じたことが必要とされる。ここにいう「事情」とは、契約の基礎となる客観的事情であり、単なる個人的な事情は含まれない。例えば、家屋の売買契約において、その締結時に売主は他に居住家屋を有していたが、後に戦災によってその居住家屋が焼失しただけでは、事情変更の主張はできないとされる（最判昭和29・1・28民集8巻1号234頁）。

　第二に、その事情の変更が当事者の責めに帰することのできない事由によって生じたことが必要である。例えば、戦争や大災害、インフレの発生、法令の変更などである。問題となるのは、当事者の一方の履行遅滞中に事情の変更が生じたときに、その当事者が事情の変更を主張できるかである。この原則が信

義則を根拠とするため、履行遅滞中の当事者からの主張は認められないと解すべきである（最判昭和26・2・6民集5巻3号36頁など）。

第三に、契約の文言通りの拘束力を認めることが信義則に反することが要件となる。具体的には、事情の変更により、①契約の履行が経済的に著しく困難になったこと（経済的不能）、②双務契約の対価性が破壊されたこと（等価関係の破壊）、または、③当事者が契約の目的を達成できなくなったこと（契約目的の到達不能）の三つが挙げられる。上記の大審院判決は、③のケースである。

(2)　効果

事情変更の原則の効果は、①契約の解除と、②契約内容の改訂である。問題となるのは、この二つの効果の関係をどのように解するかである。この点につき、例えばイタリア民法1467条は、事情変更により当事者が解除を請求した場合に、相手方が契約内容の改訂を申し立てることにより、解除を免れることができる旨を規定する。そこで、このような立法例を参考にわが国でも、事情変更の効果としては、第一次的には契約改訂権が認められ、それが拒絶された場合または改訂の可能性のない場合に、はじめて解除が認められると解されている。そして近時は、契約の改訂以前に、当事者に再交渉義務を認める見解が有力である。この見解によれば、事情変更があったとしても契約の履行になお意味があれば、当事者は、新しい事情に適合した内容に契約を改める努力をすべき（再交渉義務）であり、それにもかかわらず不当に交渉を拒否した場合には、損害賠償責任を負うとする（内田・Ⅱ76-77頁）。

(3)　事情変更の原則に対する最高裁の立場

事情変更の原則を適用する下級審裁判例は多い。しかし最上級審は、先の大審院判決が契約の解除を認めたのみで、最高裁は、その具体的適用についてきわめて慎重である。

　最判平成9・7・1民集51巻6号2452頁（事情変更の原則の適否）
　Xは、昭和48年にAにより開設されたゴルフ・クラブの会員であり、同クラブの営業権はAからB、BからYへと譲渡された。ところで、同ゴルフ場

は、谷を埋め立てたものであり、その工事の不良およびわき水のため、開業以来たびたびのり面が崩壊していた。そこで平成2年に全面改良工事が行われ、総費用が130億円に達し、YはXにその一部の負担を求めた。しかし、Xがこれを拒否したため、Yは、事情変更の原則によりXには施設の利用権がないとした。そこでXがYに対し、ゴルフ場の会員資格の確認を求めて訴えを提起した。第一審はXの請求を認めたが、原審はのり面の崩壊を当事者が予見できなかったとしてYの主張を認め、Xの請求を棄却した。X上告。

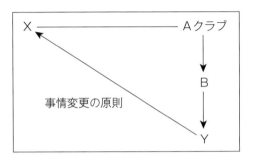

最高裁は、まず、「XとAの会員契約については、本件ゴルフ場ののり面の崩壊とこれに対し防災措置を講ずべき必要が生じたという契約締結後の事情の変更があったものということができる」として、事情変更の存在を認めた。しかし、「自然の地形を変更しゴルフ場を造成するゴルフ場経営会社は、特段の事情のない限り、ゴルフ場ののり面の崩壊が生じ得ることについて予見不可能であったとはいえず、また、これについて帰責事由がなかったということもできない」として、Xの請求を認めた第一審判決を正当であるとした。

この判決は、事情変更の原則を認めつつ、伝統的な要件論に基づきその適用を否定したものであり、これまでの最高裁の立場を踏襲したと解することができよう。

第2節　契約の相対的効力の原則

1　意義・沿革

　フランス民法典 1199 条は、契約の相対的効力の原則（以下、「契約の相対効」という）を次のように規定する。すなわち、「契約は、契約当事者の間でなければ債務関係を生じない。第三者は、契約の履行を請求することができず、その履行を強制されることもない」。この原則は、一般的には、19 世紀を支配した私的自治（意思自治）の原則に基づくものであると理解されている。すなわち、人は自らの意思のみによって権利を得て義務を負う、という考えである。しかし、契約の相対効は、ローマ法の法格言（「ある人々の間でなされたことは、他の人に害を加えることも、利益を与えることもない」）に由来するものであり、後に私的自治によって説明されたものである、と解するのが正確である。

　では、古代ローマでは、なぜ契約の相対効が原則とされていたのか。その理由は、次の二つに求められよう。第一に、ローマ時代の契約は、両当事者の現実の立ち会いを必要とし、その当事者が一定の形式的な問答を行うことによって成立するものであった（問答契約）ことを指摘できる。すなわち、このような厳格な形式主義の下では、第三者に権利義務を生ぜしめることは不可能であった。第二に、ローマ法では、債権者と債務者の人的つながりが重視され、債権者の権能は債務者の人格に及び、その履行は債務者の人格の否定であったとされる。そして、ローマ法では、債権譲渡・代理が否定され、かつ、第三者に債務を負わせることも否定されていた。

　このように、契約の相対効は、ローマ法の特殊な法技術と契約思想の下で形成されたものである。それゆえ、時代の移行とともにその根拠が失われ、相対効の原則も存立しえなくなるはずであった。すなわち、厳格な形式主義（問答契約）は姿を消し、また、取引の発達に伴い、第三者に利益を与える契約（例えば第三者への贈与）も認められるようになる。しかし、第三者に債務を負わせる旨の契約は厳格に禁じられ、今日に至っている。そうだとすれば、契約の

相対効の機能は、本人の知らない間に他人間の契約により債務を負わされることがないということを保障する、換言すれば、第三者に不測の損害を与えないという点に求められよう。その意味では今日でも、第三者に利益を与える場合以外には、なおこの原則は厳格に守られなければならないと考える。

2　例外——第三者のためにする契約（537条）

(1)　意義

わが民法典の起草者は、契約の相対効を当然の原則と考えて規定せず、その例外である第三者のためにする契約のみを規定した。すなわち、民法537条1項によれば、要約者との契約によって、諾約者が第三者（受益者）に対してある給付をすることを約したときは、その第三者は債務者（諾約者）に対して直接にその給付を請求する権利を有するとされる。例えば、AがBにその所有する宝石を100万円で売り、その売買契約に際して、代金はBがCに支払うという合意がなされた場合などである。AとBとがこのような契約をする理由は、Aがその宝石を売って親族Cに100万円を贈与したり、また、AがCに100万円を借りていて、宝石の代金をその返済にあてるなど、さまざまなものがありうる。

この第三者のためにする契約は、その成立の時に第三者が現に存在しない場合または第三者が特定していない場合であっても有効である（537条2項。なお、設立中の法人につき、最判昭37・6・26民集16巻7号1397頁）。

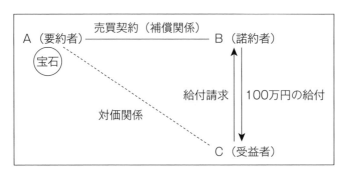

（2）　第三者の権利の発生とその確定

　第三者の権利が発生するためには、第三者の債務者に対する受益の意思表示が必要である（537条3項）。この第三者が受益の意思表示をすることができる権利は、一種の形成権であって、債権者代位権の目的となりうる（大判昭和16・9・30民集20巻1233頁）。ただし、損害保険（保険8条）および生命保険（保険42条）では、受益の意思表示は不要である。

　第三者の権利が発生した後は、当事者は、これを変更し、または消滅させることができない（538条1項）。また、第三者の権利が発生した後に、債務者（諾約者）がその第三者（受益者）に対する債務を履行しない場合には、債務者の契約の相手方（要約者）は、第三者の承諾を得なければ、契約を解除することができない（538条2項）。なぜなら、第三者の権利が発生した後に、第三者の債務者に対する権利をその承諾なしに奪うことは、妥当でないからである。

　なお、債務者は、第三者のためにする契約に基づく抗弁をもって、第三者に対抗することができる（539条）。先の宝石の売買契約の例では、CがBに対して100万円の履行を請求したとしても、Bが未だ宝石の引渡しを受けていなければ、Bは、Aに対する同時履行の抗弁（533条）をもって、Cに対抗することができる。

3　契約の第三者に対する効力

（1）　問題の所在

　民法は、契約の相対効の例外として、第三者のためにする契約を規定するのみである。しかし、実際の裁判例では、契約の第三者に対する効力が問題となるケースがしばしば見受けられる。その背景には、現代社会における契約が、19世紀の契約にはみられなかった、次のような二つの特質を有していることを指摘できよう。一つに、現在の経済取引では、契約が連鎖し相互に依存し合うことが多く、その連鎖の上にいて、ある契約と密接な関係を有している第三者を、その契約とは全く無関係な者として扱うのが適切でないとの考慮がなされている。もう一つは、第1章に述べたように、約款が広く利用され、それを利用していない第三者にも約款の効力を及ぼす必要があるのではないか、との

問題提起がなされている。以下、順に検討する。

(2) 連鎖契約——請負と下請負

連鎖契約に関しては、注文者と請負人との間の特約が下請負人に及ぶかが争われた次の最高裁判決がある。

> **最判平成 5・10・19 民集 47 巻 8 号 5061 頁（下請負と所有権の帰属に関する特約の効力）**
>
> Y は A 建設との間で、Y 所有の宅地上に建物を建築する旨の請負契約を締結した。この契約には、工事中に注文者が契約を解除することができ、その場合の出来形部分（すでに完成した部分）は注文者の所有とする旨の条項があった。A は Y の承諾なし（建設業法違反）に、工事を X に一括して請け負わせたが、この下請契約には完成建物や出来形部分の所有権の帰属についての明示の約定はなかった。そして、X は、自らの材料を提供して建築工事を行っていたが、全体の 26.4% が完成した時点で、A が破産した。この時までに A には Y から工事代金の 56% が支払われていたが、A から X には代金の支払はなかった。そこで Y は、A との請負契約（元請契約）を解除して X の工事を中止させ、B に残りの工事を発注し、建物完成後に所有権保存登記をした。X は、出来形部分の所有権が X に帰属し、Y には加工に関する規定（246 条、248 条）に従い X に対して償金を支払う義務があるとして訴えを提起した。原審は X の請求を認容し、Y が上告した。

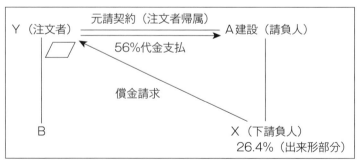

争点となったのは、所有権の帰属に関する YA 間の特約の効力が X にも及ぶか否かである。最高裁はこれを肯定し、「注文者と元請負人との間に、契約

が途中で解除された際の出来形部分の所有権は注文者に帰属する旨の約定がある場合」には、「当該出来形部分の所有権は注文者に帰属する」と判示した。その理由は、下請契約が、「その性質上元請契約の存在及び内容を前提とし、元請負人の債務を履行することを目的とするものであるから、下請負人は、注文者との関係では、元請負人のいわば履行補助者的立場に立つものにすぎず、注文者のためにする建物建築工事に関して、元請負人と異なる権利関係を主張し得る立場にはない」ことにある。

　この判決は、元請契約の当事者ではない下請負人が元請契約の条項に拘束されることを認めるため、契約の相対効に反しないかが問題となる。まず、実質論としては、「下請という元請負人側の内部事情によって注文者の権利が制約されること」は不当であり（森田宏樹「判批」判例セレクト94 27頁）、かつ、Xの請求を認めるとすでに工事代金の56％を支払っているYに、さらなる負担を強いることになるため、判旨の結論は妥当である。問題となるのはその理論構成であり、履行補助者の概念を援用する判旨は、必ずしも学説の賛同を得られていない。しかし、前述のように、契約の相対効の実質的な機能は、第三者に不測の損害を与えないことにある。そうだとすれば、第三者の側に保護されるべき独立の利益がない場合には、そのような第三者に契約の効力を及ぼしても、必ずしも相対効に反するとは解されないであろう。その意味では、下請負人が元請負人の「いわば履行補助者的立場に立つ」とし、注文者に対して独立の権利関係を主張できないとした判旨は、適切であったと考える。

(3) 約款の第三者効(i)──相殺予約

　契約の第三者効の問題としてかつて争われたのは、債権の差押えと相殺の論点における相殺予約の効力である。この問題は次のようであった。まず、銀行が貸付を行う際には、相手方に定期預金をさせるのが通常である。そして、銀行の用いる銀行取引約定書では、他の債権者がこの定期預金債権を差し押さえると、貸付金債務については債務者が、期限の利益を当然に失う旨の条項が含まれている（5条1項3号）。これにより、銀行は、貸付金債権（自働債権）について期限の利益を喪失させるとともに、自己の定期預金債務（受働債権）に

ついては期限の利益を放棄する（136条2項）ことによって、両債権を相殺することが可能となる。つまり、このような銀行取引約定書の条項は、相殺適状（505条）の発生を容易にする旨の相殺予約（準法定相殺）であり、この結果、他の債権者が仮に定期預金債権を差し押さえても、それと同時に同債権は相殺により消滅し、差押債権者は損失を被るが、銀行は債権の一部を回収することができる。そして、511条によれば、差押債権者による差押えの前に銀行の貸付金債権が存在すれば相殺は有効となるから、銀行が常に差押債権者に優先することになる（無制限説）。しかし、銀行と債務者の間の相殺予約が、なぜ第三者（差押債権者）を拘束するのかが問題となる。

　まず、このような相殺予約の合意も、当事者間で有効であることには異論がない。そして、最大判昭和45・6・24民集24巻6号587頁は、相殺予約の合意が「契約自由の原則上有効であることは論をまたない」との理由のみで、その第三者に対する効力を無条件に肯定している。しかし、大隅健一郎裁判官の意見はこの点に「疑問をとどめ」、次の二点を指摘し、結論としては多数意見に賛成している。すなわち、①銀行の貸付金債権とその相手方の預金債権とは、「相互に密接な牽連関係に立ち、預金債権は貸付金債権などの担保としての機能を営んでいるのが実情である」。そして、「相殺予約は、この預金債権の担保的機能を確保するための手段としてなされるものにほかならなく、銀行はかかる特約を活用することの期待のもとに貸付をしている」とする。しかも、②銀行取引約定書の中に「この種の相殺予約に関する定めがとり入れられていることは、取引界においてはほぼ公知の事実となっている」ため、「その定めをもって差押債権者に対抗しうるものとしても、あながち不当とはいえない」としている。そして近時の学説も、このような見解を支持し、相殺予約が担保権の設定であることに加えて、その周知性を前提に、差押債権者に対する効力を肯定する（内田・Ⅲ 261頁）。

　ところで、ここで問題とされている銀行取引約定書とは、単なる個別の契約ではなく、全国の銀行を加盟者とする全国銀行協会連合会の作成になるもので、

今日では、「業界共通の統一約款の機能を果たすに至っている」（鈴木禄弥＝山本豊・新版注民(17) 287 頁）。そうだとすれば、大隅裁判官の見解は、約款の①内容の合理性と②周知性（開示）を要件に、その効力が、約款を用いて取引を行った者と取引関係に入った第三者にも及ぶことを認めるものであると解される。

(4)　約款の第三者効(ⅱ)──運送契約

相殺予約は、実質が担保であるため、その第三者に対する効力も担保権の対抗力という観点から説明されることがある。しかし、そのような担保ではなく、約款の第三者効が争われたものとして、次の最高裁判決がある。

> **最判平成 10・4・30 判時 1646 号 162 頁（運送約款の第三者効）**
> 　貴金属の販売・加工等を目的とする X が、顧客から請け負った宝石の加工を A に下請させ、A は、加工を終えた本件宝石を、Y の宅配便を利用して X のもとに送付するため Y の代理店 B に引き渡した。しかし、本件宝石の入った A の荷物が運送途上で紛失した。ところで、Y は、宅配便につき、標準宅配便約款に従った約款を定め、Y が荷物の運送を引き受ける時に発行する送り状に、荷送人は氏名、荷物の品名および価格等を、Y は運賃のほか損害賠償の額の上限である責任限度額等を記載するものとしていた（約款 3 条）。そして Y は、その責任限度額を 30 万円と定め、送り状の用紙には 30 万円を超える高価な品物は引き受けず、仮に出荷しても損害賠償の責めを負わない旨の文言を印刷し、また、宝石類の引受けを拒絶することがある旨の注意書を B の店頭に掲示していた。しかし、A は、送り状に品名および価格を記入しなかった。X は、本件宝石の所有者にその全額を賠償し、同所有者の Y に対する不法行為に基づく損害賠償請求権を代位した（民 422 条）ことを理由として、Y に約 4000 万円の損害賠償を求めて訴えを提起した。なお、A は、X の設立当初から約 16 年間にわたって X の仕事だけを下請し、AX 間では頻繁に宅配便を利用していた。そして本件でも、X は、A が本件荷物を Y の宅配便を利用して送付することをあらかじめ容認していた。
> 　争点となったのは、AY 間の運送契約の内容となる約款の責任限度額の定めが、第三者である X に対しても効力を有するか否かである。この点につき、

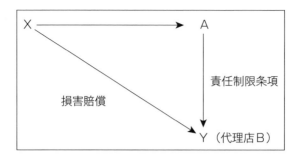

　原審（東京高判平成5・12・24 判時1491号135頁）は、AとXとが「実質的に同視しうる立場にあった」として、AY間における責任制限条項のXに対する効力を認めた。X上告。

　最高裁は、XがYに対して「責任限度額を超える損害の賠償を請求することは、信義則に反し、許されない」とした。すなわち、「責任限度額の定めは、運送人の荷送人に対する債務不履行に基づく責任についてだけでなく、荷送人に対する不法行為に基づく責任についても適用されるものと解するのが当事者の合理的な意思に合致する」とする。その理由は、「そのように解さないと、損害賠償の額を責任限度額の範囲内に限った趣旨が没却されることになるからであり、また、そのように解しても、運送人の故意又は重大な過失によって荷物が滅失又は毀損した場合には運送人はそれによって生じた一切の損害を賠償しなければならないのであって（本件約款25条6項）、荷送人に不当な不利益をもたらすことにはならないからである」。そして、「荷受人も、少なくとも宅配便によって荷物が運送されることを容認していた」のであるから、「信義則上、責任限度額を超えて運送人に対して損害の賠償を求めることは許されない」とした。

　この判決は、約款のXに対する効力の根拠を、AがYの宅配便を利用することをXが「容認」していたことに求めている。しかし、XがAY間の責任制限条項に「同意」していた場合はともかく、「宅配便の利用を『容認』しただけで、その責任制限条項に拘束される」というのは妥当でない（大村敦志「複合契約」法学教室298号36頁）。なぜなら、Xが自己の認識しない責任制限条項の拘束を受けることによって不測の損害を被り、契約の相対効に反する結

果となるからである。他方、判旨がいうように、「運賃を可能な限り低い額にとどめて宅配便を運営していく」ためには、運送業者の「賠償額をあらかじめ定めた責任限度額に限定すること」が「合理的」であり、それが第三者である荷受人（X）には及ばないとすると、宅配便の運営そのものが困難となろう。そうだとすれば、この場合にも、約款の①内容の合理性と②周知性（開示）とを要件に、その約款を用いた者と取引関係に入った第三者にも約款の効力が及ぶことを認めるべきである（このような効力を、大村・前掲 37 頁は、約款の「制度的効力」という）。もっとも、最高裁は、そのような一般論を展開せず、信義則に基づく事例判断を下したにすぎない。

(5) まとめ

　契約の相対効の機能は、他人間の契約によって第三者に不利益を与えないことにある。このような機能は、複数の契約が複雑に相互依存している現代の経済社会においては、他人間の契約によって第三者に不測の損害を及ぼさないために重要である。それゆえ、その例外は安易に認めるべきではなく、基本的には、明文の規定がある場合に限って例外を認めるべきであろう。ただし、契約の相対効の機能からは、第三者の側に不利益がない場合には、さらに例外的に、その第三者が他人間の契約に拘束されることも認められよう。すなわち、①第三者が他人間の契約に拘束されることを同意しているとき（利益の放棄）や、②第三者が独立の利益を有しないときには、そのような例外が認められうる余地がある。

　しかし、通常の契約ではなく、約款の拘束力に関しては、それとは異なる視点が必要となる。なぜなら、約款が用いられる契約の目的は、宅配便のように、その利用者に対し多くの利便をもたらすものである半面、「利用者がその利用について一定の制約を受けることもやむを得ない」（前掲最判平成 10・4・30）と考えられるからである。そこで、①約款の内容の合理性と②周知性が認められる場合には、その約款を用いて取引をする者と取引関係に入った第三者に対しても、約款の効力が及ぶことを認めてもよいと考える。もっとも、これはあくまで契約の相対効の例外であり、その例外が認められるためには、約款の内容の合理性が厳格に問われなければならないであろう。さもないと、約款を作

成した者のみが優遇され、第三者は一方的な不利益を被ることになるからである。

　なお、債権者と物上保証人との間の担保保存義務（民504条）免除特約の第三取得者への効力に関する最判平成7・6・23民集49巻6号1737頁も、銀行取引約定書の保証条項が争われた事件であり、上記のような約款の第三者効の側面からの再検討が必要となろう。

第3章　契約締結上の過失・情報提供義務

第1節　契約締結上の過失

1　意義

　旧法下では、契約の内容がその契約の締結当時から客観的に不能である場合（原始的不能）には、その契約は無効であると解されていた。例えば、建物の売買契約において、目的物である建物が契約締結より前に焼失したときがこれに当たり、契約成立後にその履行が不能となる場合（後発的不能）と区別されていた。そして、原始的不能の契約が無効であるとすれば、当事者は、その契約上の債務を負うことはない。しかし、契約の締結に向けて交渉段階に入った当事者間では、何ら特別な関係にない者の間におけるよりも緊密な関係があり、相手方に不測の損害を被らせないようにする信義則上の義務があると考えられる。そこで、「過失によって無効な契約を締結した者は、相手方がその契約を有効なものと誤信したことによって被る損害を賠償する責任がある」という、契約締結上の過失（culpa in contrahenndo）の理論がドイツのイェーリング（Jhering）によって提唱され、わが民法の解釈としてもこれを肯定する見解も多い。

　ところで、契約締結上の過失は、当初は上記のように、(i)契約が無効・不成立の場合における理論であった。しかし、その適用範囲は次第に拡張され、(ii)契約の準備段階における交渉の一方的な破棄、(iii)契約は有効に成立したものの、交渉の段階で誤った説明がなされたため当事者の一方が不利な契約を締結した

とき、および、(iv)交渉段階で一方当事者の過失により、相手方の身体・財産を侵害した場合が議論されている。以下では、これらの事例に応じて契約締結上の過失を検討する。もっとも、(iii)は、今日では契約締結上の過失ではなく、情報提供義務（説明義務）として別に論じるのが適切であろう。

2　契約の無効と契約締結上の過失

(1)　旧法下の通説的見解

　一般に契約締結上の過失の法的性質をめぐっては、債務不履行責任と不法行為責任のいずれであるのか、あるいは信義則に基づく法定責任なのかについて争いがある。この問題につき旧法下の通説は、これを「信義則を理由とする契約法上の責任（一種の債務不履行）」として位置づけた。そして、契約締結上の過失による責任を認めるための要件は、次の三つであるとした。すなわち、①締結された契約が原始的不能であるために、その契約が無効であること、②給付をなすべき者がその不能なことを知りまたは知ることができたこと、および、③相手方が善意無過失であることである。また、効果は損害賠償であり、その範囲は、相手方がその契約を有効であると信じたことによる損害（信頼利益）に限られるとする。具体的には、目的物を検分に行った費用、代金支払のために融資を受けた利息などを含むが、目的物の利用や転売による利益などの、契約が履行されたならば受けたであろう利益（履行利益）は含まれないとする（我妻・V₁ 39-40頁）。

　なお、債務不履行責任と不法行為責任との効果の違いは、消滅時効期間（166条1項・724条）のほかに、次の二点が指摘されている。一つは過失の立証責任であり、不法行為責任では債権者（被害者）が過失を立証しなければならないのに対して、債務不履行責任の場合には、債権者が債務不履行の事実を証明すれば、債務者が免責のために責めに帰すべき事由のないことを立証しなければならないと解されている（最判昭和34・9・17民集13巻11号1412頁）。なぜなら、債務不履行においては、すでに債務者が給付義務を負っているため、債務者側が帰責事由のないことを主張立証するのが信義則上妥当だからである。もう一つは、履行補助者の責任であり、不法行為（715条）では、独立補助者

の責任については使用者が責任を負わない（716条）のに対して、債務不履行では独立補助者の責任をも債務者が負うこととなる（→債権総論の債務不履行を参照）。したがって、一般的には、債務不履行責任の方が不法行為責任よりも重いと解されている。そして通説は、このような理解を踏まえたうえで、契約締結上の過失については、一般の不法行為より重い責任を課すのが適切であるとした。

(2) 通説的見解に対する批判とその評価

上記の通説的見解に対しては、異なる二つの側面からの批判がなされていた。

一つは、沿革的・比較法的観点からの批判であり、契約締結上の過失がドイツ民法に固有の理論であって、わが国では不要であるとするものである。この指摘によれば、ドイツ民法では、不法行為法が絶対的な権利の侵害を要件とし（ド民823条1項）、その範囲がきわめて狭いうえに、使用者責任（ド民831条）においても免責が容易に認められ、被害者を救済するためには契約責任の領域を拡張せざるをえなかったとされる。しかし、フランス民法にならって一般的不法行為法（709条）を有するわが国では、不法行為法で対応すれば足り、契約締結上の過失を認める必要はないとする（平井・債権総論54頁以下）。

もう一つは、「原始的不能の給付を目的とする契約は無効である」との命題に対する批判である。すなわち、このような契約をすべて無効とする必然性はなく、両当事者が給付の原始的不能であることを知らず、仮に不能であるとしてもそのリスクを甘受する意図で契約を締結する場合には、契約を有効と解すべきであるとする（奥田・債権総論30頁）。

このうち、後者の原始的不能論については法改正を待たなければならなかったが、前者の比較法的観点からの指摘は旧法にも妥当した。すなわち、ドイツ不法行為法の不備を補う必要から提唱された契約締結上の過失の理論は、わが民法では不要であり、不法行為（709条）の問題として処理することができた。

いずれにしても、(i)と(iv)については実例に乏しく、不法行為法で対処しうるため問題はない。

38 第1部 契約法総論

(3) 民法（債権関係）の改正

新法は、上記の原始的不能論に対する批判を容れ、「契約に基づく債務の履行がその契約の成立の時に不能であった」としても、契約は無効とならず、その効力を妨げられないことを前提とする。そして、その場合にも、債権者は、債務者に対して、「第415条の規定によりその履行の不能によって生じた損害の賠償を請求すること」ができるとする（412条の2第2項）。この規定は、原始的不能の契約も有効であり、債務者がその履行の不能を理由として、債務不履行の「最も代表的な法的効果」である損害賠償債務（415条）を負うことを明らかにする（部会資料83-2・35頁）。このほか、債権者は、原始的に不能な契約を解除することもできよう。

なお、新法は、債務が後発的に不能となった場合にも当該債務が当然に消滅することなく、債権者が債務者に対し、債権に基づく履行請求権を有することを前提に、その請求をすることができない旨を規定する（412条の2第1項）。換言すれば、「債務の履行が契約その他の債務の発生原因及び取引上の社会通念に照らして不能である」ことが履行請求権の限界事由となり、「債権者は、その債務の履行を請求することができ」なくなる。そしてこのことが、後述するように、危険負担（536条）、および、売主のした給付が契約に適合しない場合における買主の代金減額請求権（563条）の法的構成に影響を及ぼすこととなる。

第2節　契約交渉の不当破棄

1　最高裁の見解

現実の裁判において争われるのは、当事者の一方が契約交渉を理由なく打ち切った場合であり、その当事者が相手方に対して損害賠償責任を負うことがあるという点では、判例および学説の結論は一致している。争われるのは、その損害賠償責任の法的性質をいかに解すべきかであるが、より根本的な問題は、

契約自由の原則との関係である。すなわち、契約自由の原則、とりわけ契約締結の自由（521条1項）からすれば、交渉の破棄も許されるはずである。にもかかわらず、その破棄が損害賠償責任を生ぜしめるのはいかなる場合であり、その根拠は何かが問題となる。ここでは、次の最高裁判決を検討する。

> **最判昭和59・9・18判時1137号51頁（契約交渉の不当破棄）**
> Xは、分譲マンションを建築することを計画し、着工と同時に買受人の募集をはじめたところ、歯科医Yから買受けの希望があった。ただし、Yは、なお検討するので結論は待ってもらいたいと述べ、1カ月後にXに10万円を支払った。その間、YはXにスペースについて注文を出し、レイアウト図を交付するなどした。その後、Yから歯科医院を経営するための電気容量について問い合わせがあったため、XはYに確認しないまま受水槽を変電室に変更し、これに伴う出費分を上乗せすることをYに告げたが、Yは特に異議を述べなかった。しかし、その後YはXに対し、購入資金の毎月の支払額が多額であることなどを理由に買取りを断った。そこでXは、Yに対して、設計変更に要した費用の賠償を請求した。第一審（東京地判昭和56・12・14判タ470号145頁）は、契約準備段階に入ると「信義則の支配する緊密な関係にたつ」から、「契約締結に至らない場合でも契約責任としての損害賠償義務」を負うとした。そして控訴審も、Yが「契約類似の信頼関係に基づく信義則上の責任」を負うとして、Xの請求を認容した。Y上告。最高裁は、「Yの契約準備段階における信義則上の注意義務違反を理由とする損害賠償責任を肯定した原審の判断は、是認することが」できると判示した（上告棄却）。

この判旨は、債務不履行責任類似の損害賠償責任を認めたと解することもできるが、必ずしも明確ではない。なぜなら、「信義則上の注意義務」を不法行為法上の注意義務と同質のものとして捉えることもできるからである。そして実際に、「契約準備段階における信義則上の義務違反を理由とする不法行為に基づく損害賠償請求を認容した原審の判断は、正当として是認することができる」と判示した最高裁判決も存在する（最判平成2・7・5裁判集民事160号187頁）。そうだとすれば、最高裁は、責任の法的性質を明らかにしていないと考えられる。

2 学説の展開——信義則上の義務の内容

責任の法的性質に関する学説の議論は帰一しない。しかし、学説は、契約交渉の開始から契約の締結に至るまでを次の三つの段階に分けて考察する。まず、①第一段階は、当事者の接触が始まり、契約交渉が具体的に開始されるまでの段階であり、この場合には、一般不法行為上の注意義務を除き、当事者間に特段の義務は生じない。②第二段階は、契約交渉が開始され、契約内容が具体化されるなど交渉が進展し、主たる事項が定まるまでの段階である。この段階では、契約当事者の一方がその相手方に対し、契約が成立するであろうという信頼を与えた場合には、その信頼を裏切らないように行動する義務を負う。これは、信義則の中の禁反言（自己の先行行為と矛盾する行為をしてはならない）を根拠とするものである。そして、③第三段階は、契約の具体的内容がほぼ合意に達し、正式契約の締結日が定められるに至った段階である。この段階では、当事者は契約の成立への期待を有するから、その利益を保護すべきであり、以後は契約の成立に向かって誠実に交渉する義務（誠実交渉義務）を負う。

このうち、「契約準備段階における信義則上の注意義務違反」を理由とする損害賠償責任が認められるのは、②または③の場合である。そして、この両者の違いは、②の段階における損害賠償が信頼利益の賠償であるのに対して、③では履行利益の賠償まで認められることにある。上記の最高裁は②に該当しよう。また、事例判決ではあるが、同じく②に関するものとして、最判平成19・2・27判時1964号45頁がある。

ところで、債務不履行責任説の中には、「契約の熟度」という概念を援用する見解がある。この見解も多岐にわたるが、一つの方向性として、「予備的合意」を認める見解がある。この見解は、不動産売買契約を念頭に置き、売買契約の成立を慎重に解しつつ、交渉段階における予備的合意に一定の債権的効力を認めることによって、一方当事者による交渉の不当な中途拒絶に対するサンクションを与えるのが望ましいとする（横山美夏「不動産売買契約の成立過程と成立前の合意の法的拘束力」私法54号197頁〔1992年〕）。この見解に対しては、次のような批判ができよう。すなわち、予備的であれ「合意」が認められると

すれば、その効力は損害賠償責任が課せられるにとどまらず、第一次的には履行の強制力が認められるはずである。しかし、そのような第一次的な強制力が観念できないのであれば、それは契約ではなく、結局は、契約準備交渉段階の具体的な行為に即して、②と③のような義務が発生すると考えれば足りよう。そうだとすれば、債務不履行責任に拘泥することなく、一般的不法行為法（709条）を有するわが民法では、②および③の義務違反に対しては、不法行為に基づく損害賠償責任を認めればよい。判例も、ここでの損害賠償の法的性質が債務不履行であることを正面から認めてはいない。しかも、次の情報提供義務に関しては、不法行為責任によって問題を処理するのが、判例の基本的な考え方である。

第3節　情報提供義務（説明義務）

1　情報提供義務の意義・根拠

　契約当事者間に情報を収集する能力や専門的知識において著しい格差がある場合には、当事者の一方から他方に対して情報を提供すべき義務が課されることがある。このような義務を情報提供義務または説明義務といい、民法に規定はないが、信義則に基づいて認められると解されている。もっとも、契約法の領域では、契約締結のための情報の収集やその分析は各当事者の責任であり、仮に情報の収集や分析の失敗によって不利益が生じたとしても、その不利益は自らが負わなければならないことが原則（自己責任の原則）である。なぜなら、私的自治の原則の下では、契約の拘束力は両当事者の合意によってのみ正当化されるが、その合意は、各当事者が自ら必要な情報を収集し分析して、当該契約が自己の目的に適合するか否かをよく理解したうえでなされるはずだからである。にもかかわらず、情報提供義務が課されるのは、両当事者間の情報力の格差が解消されてはじめて契約の自由が確保されるからである。また、事業者には、顧客の事業者に対する信頼を保護するために、特に情報を提供すべき義

務が生じると考えられる。もっとも、情報提供義務は、事業者と消費者との間の消費者取引に限られず、広く認められる。そして、裁判例に現れたその主な適用領域は、次の四つである。すなわち、①宅地建物取引業者などの専門業者が売主となる不動産売買、②フランチャイズ契約、③ワラント債や変額保険などの金融取引、および、④医療契約における医師の説明義務である。

　ところで、消費者の保護を目的とする行政法規や特別法において、事業者に、一定の情報を消費者に対して提供する義務が課されていることがある。例えば、宅地建物取引業法は、宅地建物取引業者に対して、一定の重要事項を説明すべき義務を課している（宅建35条）。しかし、業者がこの義務に違反したとしても、当該売買契約の効力がどうなるかは明らかではない。また、消費者契約法は、事業者が契約の締結に際し、重要事項について事実と異なることを告げた場合（重要事項の不実告知）には、消費者が契約を取り消すことができるとする（消費4条1項1号）。しかし、その対象となる重要事項は限定されている（同4条4項）。そして、より一般的な情報提供義務については、これを事業者の努力義務とし（同3条1項）、事業者が違反しても、当該契約が直ちに無効・取消しの対象となるわけではない。したがって、情報提供義務違反の効果をいかに解するかは、民法の解釈に委ねられている。そして民法では、情報提供義務が尽くされなかったために不利な契約を締結した場合における当事者の救済方法として、次の二つのものが存在する。一つは、当該契約を解消するために、錯誤取消し（95条）、詐欺取消し（96条）、契約不適合による解除（564条、541条以下）、公序良俗違反による無効（90条）のほか、情報提供義務違反そのものを債務不履行として、解除の主張をすることである（合意の瑕疵によるアプローチ）。もう一つは、契約の有効・無効にかかわらず、事業者の情報提供義務違反を理由に不法行為（709条）に基づく損害賠償を請求するものである（損害賠償によるアプローチ）。

2　合意の瑕疵によるアプローチ

(1)　錯誤

　例えば、マンションの売買契約において、日照が将来にわたって確保される

との売主の説明を信用して売買契約を締結し、引渡しも受けたが、後に隣接地にビルが建設されて日照が阻害された場合には、引渡しの時に不適合が存在したわけではないため契約不適合責任の適用は難しく（567条1項）、また、一定の保証特約の認定も困難である。そこで、現実の裁判例で争われるのは錯誤取消しである。もっとも、この場合の錯誤は、表意者が法律行為の基礎とした事情についてのその認識が真実に反する錯誤（動機の錯誤）であり（95条1項2号）、その事情が法律行為の基礎とされていることが、相手方に表示されない限り取消しが認められず（95条2項）、従来の下級審裁判例の結論も肯否が分かれていた（肯定例―東京地判平成10・9・16判タ1938号226頁、否定例―東京高判平成11・9・8判時1710号110頁）。そして、そもそも情報提供義務違反の事案に錯誤を適用するのが適切かという問題がある。というのも、錯誤は表意者の内心を重視する半面、情報提供義務違反という相手方の行為態様を考慮しないからである。しかし、事業者が情報提供義務に反し適切な情報を提供しなかった場合には、消費者から錯誤取消しを主張されてもやむをえず、錯誤を容易に認めるべきであろう。

(2) 詐欺

先の例で、売主が隣接地にビルが建設されることを知りながらこれを故意に秘匿して売買契約を締結させた場合には、買主の詐欺取消しの主張も考えられる。この主張によれば、買主の錯誤が動機の錯誤であっても、売主の詐欺という行為態様が考慮されて、契約の取消しが認められうる。また、この場合の詐欺は沈黙によるものであるが、沈黙も信義則上相手方に告知する義務がある場合には欺罔行為になる（大判昭和16・11・18法学11巻617頁）から、売主に情報提供義務違反が認められるときは、欺罔行為があると解されよう。しかし、詐欺が成立するためには故意が必要であり、過失による詐欺は認められない。したがって、仮に売主の説明が虚偽であったとしても、それが故意になされたことを立証できない限り、買主は詐欺による取消しを主張できない。ここに詐欺の限界があり、実際の裁判でも詐欺が主張されることはまれである。

(3) 契約締結上の過失

　情報提供義務の問題は、当初は契約締結上の過失の一つとして説明されていた。すなわち、①契約交渉当事者間に専門知識や情報量の格差があり、②有効な契約成立のための障害となる事実を一方のみが知っていて、③その適切な説明を受けていたなら契約を締結しなかったであろう場合には、債務不履行責任としての契約締結上の過失が認められ、契約の解除も可能であるとされた。この局面では、契約締結上の過失の理論が情報提供義務に反してなされた契約を解消するものであり、実質的には詐欺・錯誤と同じ機能を営んでいる。そこで、このような理解に対しては、一方では、給付義務の不履行による解除および錯誤によっても契約を解消できるため、契約締結上の過失によって解除を認める実益がないとの批判がある。また他方では、契約締結上の過失により、過失による詐欺の場合にも契約を解消することができることになるが、そもそも過失による詐欺の場合にまで契約を解消すべきかは疑問である。そして、いずれにせよ、契約締結上の過失の理論が不要であるとの立場に立てば、情報提供義務違反に対しては、錯誤取消し・詐欺取消し、または不法行為に基づく損害賠償請求で対応することとなろう。

3　損害賠償によるアプローチ──不法行為

　当事者の一方が相手方の情報提供義務違反を理由に、その被った損害の賠償を請求する場合の法律構成としては、契約締結上の過失のほか、債務不履行および不法行為が考えられる。実際には、原告がこのうちのいくつかを並列的に主張するのが通常であるが、裁判例の多くはこれを不法行為の問題とし、最高裁も同様である。そこで、判例の一つの到達点を示すものとして、次の最高裁判決を挙げよう。

> **最判平成 16・11・18 民集 58 巻 8 号 2225 頁（住宅販売値下げ訴訟）**
> 　A（住宅・都市整備公団。後に Y が承継）は、平成 2 年、その設営する団地の建て替え事業に着手し、団地の住宅を賃借し居住していた X らとの間で、建て替え後の分譲住宅の購入を希望し、一定の期限までに住宅を明け渡して建

て替え事業に協力した者については、一般公募に先立つ優先購入の機会を確保するとし、その旨の優先購入条項を記した覚書を交わした。そしてXは、Aとの間で従前の賃貸借契約を合意解約し、平成7年頃、建て替え後の分譲住宅の譲渡契約が締結された。この譲渡契約締結当時、Xは、本件優先購入条項により、Aが未分譲住宅の一般公募を直ちに行い、その価格は少なくともXに対する価格と同等であるものと認識していた。しかし、Aは、すでにXに対する価格が高額に過ぎ、その価格で一般公募を行っても購入希望者が現れないことを認識しており、Xに対するあっせん後直ちに未分譲住宅の一般公募をする意思を有していなかった。にもかかわらず、AはXに対しその旨を何ら説明しなかった。その後Aは、平成10年、未分譲住宅について約25パーセントの値下げをしたうえで一般公募をした。そこでXは、Aに対して、Aの説明義務違反によって譲渡契約を締結するか否かを決定する機会を奪われたことによる慰謝料の支払い等を求めて訴えを提起した。第一審・第二審ともに、Aの説明義務違反を理由とする慰謝料の請求を認容した。Y上告受理申立て。

```
Xら ─────────────── A（住宅・都市整備公団。後Yが承継）
  ①平成2年　優先購入条項（覚書）
          賃貸借契約の解除
  ②平成7年　売買契約
  ③平成10年　25％値下げ──一般公募
```

　最高裁は、次のように判示して、Yの上告を棄却した。「Aは、Xらが、本件優先購入条項により、本件各譲渡契約締結の時点において、Xらに対するあっせん後未分譲住宅の一般公募が直ちに行われると認識していたことを少なくとも容易に知ることができたにもかかわらず、Xらに対し、上記一般公募を直ちにする意思がないことを全く説明せず、これによりXらがAの設定に係る分譲住宅の価格の適否について十分に検討した上で本件各譲渡契約を締結するか否かを決定する機会を奪ったものというべきであって、Aが当該説明をしなかったことは信義誠実の原則に著しく違反するものであるといわざるを得ない。そうすると、XらがAとの間で本件各譲渡契約を締結するか否かの意思決定は財産的利益に関するものではあるが、Aの上記行為は慰謝料請求権の発生を肯認し得る違法行為と評価することが相当である」。

46　第1部　契約法総論

　この判決は、709条における伝統的な違法性論に従ったものであると考えられる。すなわち、709条の権利侵害の要件について、従来の通説はこれを違法性と読み替え、被侵害利益の種類と侵害行為の態様との相関関係によって判断するという相関関係説に立脚している。具体的には、「被侵害利益が強固なものであれば、侵害行為の不法性が小さくても、加害に違法性があることになるが、被侵害利益があまり強固なものでない場合には、侵害行為の不法性が大きくなければ、加害に違法性がない」とされる（加藤・不法行為106頁）。上記判決も、この見解を前提に、被侵害利益の種類と侵害行為の態様とを詳細に認定し、Aの行為が違法であると評価したものと思われる。

　ところで、最高裁は、上記判決に先立ち、医師の説明義務違反によって患者の手術を受けるか否かについての意思決定をする権利が奪われた場合には、患者の人格権を侵害したものとして、その慰謝料請求権を肯定していた（最判平成12・2・29民集54巻2号582頁）。しかし、財産的利益に関する意思決定権の侵害については、「情報の提供や説明に何らかの不十分、不適切な点があったとしても、特段の事情が存しない限り、これをもって慰謝料請求権の発生を肯認し得る違法行為と評価することはできない」と解していた（最判平成15・12・9民集57巻11号1887頁）。それゆえ、最高裁は、意思決定権を、①生命・身体等の人格的利益に関するものと、②財産的利益に関するものとに区別し、①であれば被侵害利益が強固であり、容易に不法行為責任が認められるが、②では、①と比較して保護の必要性が高くないため、さらに侵害行為の態様を問うものである。そして、上記判決は、(ｱ)Xの生活の基盤である借家権の喪失、(ｲ)AX間の覚書の交付によるXの優先購入に対する正当な期待、および(ｳ)Aの意図的な説明義務の懈怠を認定し、Aの説明義務違反が「信義誠実の原則に著しく違反する」とした。つまり、上記判決は、Xの被侵害利益が財産的利益に関する意思決定権という強固なものではなかったとしても、Aの侵害行為の態様に照らして、Xの慰謝料請求を認めたものである。

　このような最高裁の見解に対しては、自己決定権という人格的利益の侵害を不法と考えて、財産的利益の保護を図るのは適切でないとの批判がある。すなわち、自己決定権の侵害の効果として慰謝料請求権の発生を認めると、説明は不十分であったが、実際にはその危険を伴った取引から利益を得たときにも慰

謝料請求権が認められることとなり、妥当でないとされる（例えば、錦織成史「取引的不法行為における自己決定権侵害」ジュリスト1086号90頁〔1996年〕）。しかし、経済的損失がなくても、自己決定権が侵害され、何らかの救済が必要な場合は存在しよう。すなわち、情報提供義務違反により、表意者は、整備された情報環境の下で意思決定をする機会を失うのであり、その救済手段としては、経済的損失ではなく、機会の喪失そのものを損害と位置づけ、その金銭的評価を考えるべきである（小粥太郎「『説明義務違反による損害賠償』に関する二、三の覚書」自由と正義47巻10号45-46頁〔1996年〕）。そうだとすれば、上記判決も、情報提供義務の違反により、「価格の適否について十分に検討した上で契約を締結するか否かを決定する機会」を奪われたことが損害であるとし、その救済方法として、「慰謝料請求権の発生」を認めた点に意義があるといえよう。

　その後、最高裁（最判平成23・4・22民集65巻3号1405頁）は、中小企業協同組合法に基づく信用協同組合の代表理事らが、経営破綻の現実的危険性を認識しながら、その説明をしないまま出資の勧誘をさせて、勧誘に応じた出資者らが、同組合の経営破綻により持分の払戻しを受けられなくなった事案において、同組合による契約締結前の説明義務違反が、債務不履行ではなく不法行為を構成することを明らかにした。すなわち、最高裁は、「契約の一方当事者が、当該契約の締結に先立ち、信義則上の説明義務に違反して、当該契約を締結するか否かに関する判断に影響を及ぼすべき情報を相手方に提供しなかった場合には、上記一方当事者は、相手方が当該契約を締結したことにより被った損害につき、不法行為による賠償責任を負うことがあるのは格別、当該契約上の債務の不履行による賠償責任を負うことはない」と判示した。なぜなら、「一方当事者が信義則上の説明義務に違反したために、相手方が本来であれば締結しなかったはずの契約を締結するに至り、損害を被った場合には、後に締結された契約は、上記説明義務の違反によって生じた結果と位置付けられるのであって、上記説明義務をもって上記契約に基づいて生じた義務であるということは、それを契約上の本来的な債務というか付随義務というかにかかわらず、一種の背理」となるからである。

　この判決により、少なくとも、契約締結前の説明義務違反が、その後に締結された契約上の債務不履行責任を構成しないことが明確になったといえよう。

なお、情報提供義務との関連では、単なる説明を超える助言義務が問題となる場合もある。例えば、フランチャイズ契約では、フランチャイザーが、フランチャイジーの経営をより積極的に支援するための助言義務を負うことがある。また、信義則上の義務は、契約の終了後に生じる場合（余後効）もある。

第4章　契約の成立

第1節　契約の成立の態様

　契約は、相対立する二個以上の意思表示、すなわち、申込みと承諾の意思表示の合致によって成立するのが通常である。そこで、新法は、契約が、申込みに対して、これを「相手方が承諾をしたときに成立する」という「一般的な解釈」を明文化するとともに、「申込み」を次のように定義した（一問一答214頁）。すなわち、申込みとは、「契約の内容を示してその締結を申し入れる意思表示」であるとする（522条1項）。

　しかし、それ以外にも、次の二つの方法によって契約は成立する。一つは交叉申込みであり、民法に規定はないが、当事者が相互に申込みをした場合において、意思表示が合致していれば契約が成立する。もう一つは、意思の実現による契約の成立である。すなわち、申込者の意思表示または取引上の慣習により承諾の通知を必要としない場合には、契約は、承諾の意思表示と認めるべき事実のあった時に成立する（527条）。ここにいう「承諾の意思表示と認めるべき事実」とは、申込みの相手方が契約の履行の準備をすることである。例えば、ホテルが申込みに応じて特定の部屋を用意することなどがこれにあたる。しかし、黙示の承諾との限界が明確でなく、一般的には、注文品の発送のように、申込者に対してなされるものが黙示の承諾にあたり、それ以外のものが承諾の意思表示と認めるべき事実であると理解されている。このほか、例えば自動販売機の利用のように、当事者の合意がなくても契約の成立を認める事実的契約関係の理論も提唱されている。しかし今日では、この理論を不要とし、黙示の意思表示などで説明する見解が多い。

50　第1部　契約法総論

以下では、まず、意思表示の効力の発生時期を概観し、次いで、申込みと承諾による契約の成立を検討する。

第2節　意思表示の効力発生時期

1　問題の所在

意思表示は、意思の表白によって成立する（97条2項参照）。そして、特定の相手方のない意思表示は、原則として成立と同時にその効力が発生する。ただし、特別の規定がある場合は別である（985条など）。

問題となるのは、相手方のある意思表示の効力発生時期がいつかである。この問題につき、民商法が制定された19世紀末にはいまだ電報や電話が普及せず、契約締結のための交渉は、対面（対話者間）か手紙でのやりとり（隔地者間）であり、民商法もこの二つの場合を想定した規定を置いている。その後、電話が普及すると、場所が離れていても直ちに返答ができるため、対話者間のルールが適用され、他方、電報やファクシミリでは直ちに返答できる状態にはないため、隔地者間のルールが適用されることとなった。さらに今日では、インターネットや電子メールを利用した電子商取引が盛んであるため、問題状況は以前とは異なっている。以下では、伝統的な民商法の考え方から概観しよう。

まず、対話者間での契約の成立に関しては、承諾の意思表示が直ちに申込者に到達するため、問題は生じない。しかし、隔地者間では、意思表示は次の四つの段階を経過するため、そのうちのどの段階で効力を生ずるかが問題となる。すなわち、①意思の表白（例、手紙を書く）、②発信（投函）、③到達（配達）および④了知（読了）である。このうち、①と④は採りえない。なぜなら、①では、表意者が手紙を出すのをやめても意思表示として有効となるため妥当でなく、また④では、手紙が配達されても読まずに放っておいた場合にも効力が発生せず、不当な結果となるからである。そこで実際上は、②発信主義か、③到達主義のいずれかということになる。

2 発信主義・到達主義

　発信主義と到達主義のいずれを採るかにつき、旧法は、契約の成立（承諾）と、それ以外の意思表示（単独行為や契約の申込み）とを分けて規定していた。すなわち、契約に関しては、承諾の通知を発した時に成立するとして（旧526条1項）、発信主義を採り、その他の場合については到達主義を採用して、意思表示の通知が相手方に到達した時に効力を生ずるとした（97条1項）。これに対して、新法は、旧526条1項を削除し、契約の成立に関しても到達主義を貫いている。そして、97条1項は、隔地者に対する意思表示に限定せず、広く到達主義を採用している。

　到達主義と発信主義とで異なるのは、次の三点である。第一は、意思表示の撤回である。すなわち、意思表示の発信後に意を翻してその到達前に電話などにより撤回できるかにつき、到達主義はこれを可能とするが、発信主義では不可能となる。第二は、意思表示の不着であり、発信したが相手方に到着しなかった場合にも、発信主義では効力が生じるとするが、到達主義では効力が生じない。第三は、意思表示の発信後に表意者が死亡し、意思能力を喪失し、または、行為能力の制限を受けたときである。この場合にも、論理的には、発信主義によれば意思表示は有効であり、到達主義では無効となる。しかし、民法は、到達主義を採りつつ、他の国の立法例と同じく、明文でこれを有効と定めている（97条3項—意思能力の喪失も付加する）から、この点では発信主義と同じ結果となる。ただし、526条は、その例外を定めている。すなわち、申込者が申込みの通知を発した後に死亡し、意思能力を有しない常況にある者となり、または、行為能力の制限を受けた場合においても、申込者がその事実が生じたとすればその申込みは効力を有しない旨の意思を表示していたとき、または、その相手方が承諾の通知を発するまでにその事実が生じたことを知ったときは、その申込みは、その効力を有しないとする。

3 到達主義の要件

　到達主義が適用されるためには、次の二つの要件が必要となる。第一は到達であり、その具体例としては、次の最高裁判決が挙げられる。

> **最判平成 10・6・11 民集 52 巻 4 号 1034 頁（到達の意義）**
> 　Xの代理人であるA弁護士がYに対して、遺留分減殺の意思表示を記載した内容証明郵便を発送したが、Yが不在のため配達されなかった。そしてYは、不在配達通知書の記載により、Aからの内容証明郵便の送付を知ったものの、仕事が多忙であるとして受領に赴かなかった。そのため、本件内容証明郵便は、留置期間の経過によりAに返送された。原審は、本件内容証明郵便による遺留分減殺の意思表示のYへの到達を否定した。X上告。
> 　最高裁は、次のように判示して、原判決を破棄差戻しとした。
> 　「（97 条 1 項）にいう『到達』とは、意思表示を記載した書面が相手方によって直接受領され、又は了知されることを要するものではなく、これが相手方の了知可能な状態に置かれることをもって足りるものと解される。…Yは、不在配達通知書の記載により、Aから書留郵便（本件内容証明郵便）が送付されたことを知り、その内容が…遺留分減殺の意思表示又は少なくともこれを含む遺産分割協議の申入れであることを十分に推知することができたというべきである。また、Yは、本件当時、長期間の不在、その他郵便物を受領し得ない客観的状況にあったものではなく、その主張するように仕事で多忙であったとしても、受領の意思があれば、郵便物の受取方法を指定することによって、さしたる労力、困難を伴うことなく本件内容証明郵便を受領することができたものということができる。そうすると、本件内容証明郵便の内容である遺留分減殺の意思表示は、社会通念上、Yの了知可能な状態に置かれ、遅くとも留置期間が満了した時点でYに到達したものと認めるのが相当である」。

　新法はこの判例も踏まえ、相手方が正当な理由なく意思表示の通知が到達することを妨げたときは、その通知は、通常到達すべきであった時に到達したものとみなすとした（97 条 2 項）。

第4章 契約の成立 *53*

　第二の要件は、相手方の受領能力である。なぜなら、これがないと、意思表示が了知可能な状態に置かれたことにはならないからである。この点につき、民法は、未成年者成年被後見人には受領能力がない（98条の2本文）が、その法定代理人が意思表示を知った後は、表意者はこれを主張できるとする（同ただし書）。

　なお、表意者の過失なしに相手方を知ることができず、またはその所在を知ることができない場合には、公示の方法によって意思表示をすることができる（98条、民訴110条以下）。

第3節　申込みと承諾による契約の成立

1　申込みの意思表示

(1)　意義

　申込みとは、前述のように、「契約の内容を示してその締結を申し入れる意思表示」である（522条1項）。これに対して、相手方が承諾しても契約の成立を認めるのが適当ではない意思表示を、申込みの誘引という。しかし、現実には、申込みとその誘引とを区別するのは難しい。例えば、不動産を売却する旨のAの広告が申込みであるとすれば、「その条件で買う」とのBの意思表示が承諾となり、売買契約が成立する。しかし、Aの広告が申込みの誘引であるとすれば、「その条件で買う」とのBの意思表示が申込みとなり、Aは承諾をするか否かの自由を有することになる。

　そこで、新法は、上記のように「申込み」を定義し、「申込みの誘因との区別を明確化する観点」から、①契約の締結を申し入れる意思表示であることという要素に加え、②契約の内容を示したものであることという要素を加えた（部会資料81-3・6頁。なお、部会資料67A43-44頁も参照）。今後は、この規律に従い、両者の区別は、①および②を基準として判断されることとなる。もっとも、契約の内容のうち、どのような事項が示されていれば「申込み」に当た

のかという具体的な基準は明らかではなく、なお解釈に委ねられている（部会資料81-3・6頁）。そうだとすれば、①意思表示が契約の内容の重要な部分を具体的に示しているか否か（示していれば申込み）、②相手方の個性が重要か否か（重要でないならば申込み）、および、③その地方の慣習を考慮する従前の理解も参考となろう。そして、一般的には、不動産や求人の広告は、相手方の個性が重要であるため、申込みの誘引であると考えられる。

(2) 申込みの撤回

申込みは、承諾のない限り具体的な権利義務を発生させるものではないから、将来に向かってその効力を失わせること（撤回）も自由に認められそうである。しかし、民法は、申込みを次の二つに分け、一定期間内は撤回できないものとした。すなわち、①承諾の期間を定めてした申込みは、撤回することができず（523条1項本文）、また、②承諾の期間を定めないでした申込みのうち隔地者に対してした申込みは、申込者が承諾の通知を受けるのに相当な期間は撤回することができないとした（525条1項本文）。このように申込みの撤回を制限するのは、次の理由に基づく。すなわち、申込みを受けた相手方は、諾否を決めるために相当の期間調査し検討するのが通常であり、その結果承諾しようとした矢先に申込みを撤回されたのでは、不測の損害を被るおそれがあるからである。ただし、新法は、①と②のいずれの場合においても、申込者が撤回をする権利を留保したときは例外を認める（523条1項ただし書・525条1項ただし書）。

これに対して、対話者に対する申込みについては、話している間はいつでも撤回することができ、新法もこれを明文化した（525条2項）。また、新法によれば、承諾期間の定めのない対話者間での申込みについては、対話が断続している間に申込者が承諾の通知を受けなかったときは、その申込みが失効する。ただし、申込者が対話の終了後もその申込みが効力を失わない旨を表示したときは、例外が認められる（525条3項―商法旧507条は削除）。

2 承諾の意思表示

(1) 意義

　承諾とは、契約の成立を目的とした、特定の申込みに対する意思表示である。その内容は申込みの内容と一致しなければならず、申込みに条件をつけその他変更を加えた承諾は、申込みの拒絶とともに新たな申込みをしたものとみなされる（528条）。

　では、いつまでに承諾すれば契約を成立させることができるか。これは、申込みの側からみれば、申込みの効力の存続期間の問題である。このように、承諾があれば契約が成立しうる状態にあることを、申込みの承諾適格と呼ぶことがある。

　まず、承諾の期間を定めてした申込みに対しては、その期間内に承諾の通知が到達することを要する（523条2項）。しかし、旧法は、承諾の通知が承諾期間の経過後に到達しても、通常の場合にはその期間内に到達したであろう時に発送したものであることを知ることができたときは、申込者は遅滞なく、相手方に対して延着した旨を通知しなければならないとしていた（旧522条1項本文）。そして、もしこの通知を怠ったときは、承諾は延着しなかったものとみなされ（同旧2項）、契約が成立した。その趣旨は、承諾者の保護にあった。すなわち、承諾者は、通常ならば期間内に到達するように発信しているため、契約は成立したものと信じて履行の準備を始める。そこで、承諾の延着により契約が成立していないことを早く知らせ、できる限り承諾者の損失を少なくしようとする趣旨である。新法は、この旧522条を削除した。なぜなら、新法は、契約の成立につき発信主義ではなく到達主義を採るため、承諾の通知が延着したことによるリスクは承諾の意思表示をする者が負うべきであり、申込者に通知義務を課すのは妥当でないからである。

　次に、承諾の期間の定めのない申込みについては、民法に規定がないため争いがある。しかし、商法に規定があり、同様に解してよいであろう。すなわち、①隔地者間では、相当の期間内に承諾の通知を発する必要がある（商508条1項）。ただし、その期間は、525条1項に鑑み、申込みの撤回ができない相当

な期間よりも若干長いと考えられる。また、②対話者間では、申込みを受けた者が対話の終了までに承諾すればよい（525条3項）。

なお、承諾が遅延した場合には、契約は成立しない。ただし、申込者は、遅延した承諾を新たな申込みとみなすことができる（524条）。

(2) 承諾の発信主義（旧法）

旧法は、隔地者間の契約が承諾の通知を発した時に成立するとし、発信主義を採っていた（旧526条1項）。

契約の成立につき、到達主義ではなく、承諾の発信主義を採ることの具体的な帰結は、次の三つである。

第一は、申込みの撤回であり、発信主義によれば承諾の発信によって契約が成立するので、申込みの撤回はそれまでに到達しなければ効力を有しない（97条1項）。これに対して、到達主義では、承諾の到達前に申込みの撤回が到達していれば撤回は有効で、契約は成立しないことになる。

第二は、承諾の撤回であり、発信主義によれば、一度承諾の通知を発信すると契約が成立してしまうため、承諾を撤回することはできない。しかし、到達主義ではこれが可能となる。

第三に、承諾を発信したが申込者に到達しなかった場合にも、発信主義では契約が成立する。しかし、到達主義では、いまだ契約が成立しないことになる。

契約の成立について、旧法が上記のような結果となる発信主義を採ったのは、迅速を尊ぶ取引において、承諾者が直ちに履行に着手しうるようにするためであった。ところで、インターネットなどを利用した電子商取引は、電報やファクシミリと同じく、相手方が直ちに返答できるとは限らないため、隔地者間における契約である。しかし、電子商取引では、発信とほぼ同時に承諾データが相手方に到達し、また、承諾データの不到達も、承諾者が容易に知りうるものであるため、発信主義には合理性がない。そこで、「電子消費者契約及び電子承諾通知に関する民法の特例に関する法律」の旧4条では、隔地者間の契約において電子承諾通知を発する場合には、旧526条1項と旧527条が適用されないとした。つまり、コンピュータ・ネットワークによる契約の成立については、到達主義が採用されている。そして新法も、前述のように到達主義を採用し、

旧526条1項と旧527条を削除している（これに伴い、先の特例法旧4条も削除された）。

第4節　懸賞広告

1　意義・法的性質

(1)　意義

　懸賞広告とは、一定の行為をした者に対して、一定の報酬を与える旨の広告をいう（529条参照）。例えば、行方不明となった猫を探して連れてきた者に10万円与える旨の貼紙は、懸賞広告に当たる。このような懸賞広告のうち、広告に定めた行為をした者が数人ある場合において、その優等者のみに報酬を与えるという広告を、特に優等懸賞広告という（532条参照）。

　懸賞広告に関しては、次に述べるように、その法的性質が契約であるか否かについて争いがある。しかし、懸賞広告に関する裁判例は乏しく、議論の実益はない。

(2)　法的性質

　懸賞広告の法的性質については、(a)契約説と(b)単独行為説とが対立する。まず、(a)契約説は、懸賞広告が不特定多数の者に対する契約の申込みであって、広告に定められた行為を完了するかまたは応募することによって承諾をし、両者の間に契約が成立すると説明する。これに対して、(b)単独行為説は、懸賞懸賞広告者が、広告によって一種の停止条件付債務を負担し、広告に定められた行為がなされることによって、報酬を与える債務を負担するとする。両見解の差異は、懸賞広告のあることを知らずに一定の行為をした者がある場合（例、貼紙を見ずに猫を連れてきた者）に、報酬を支払う義務を負うか否かである。すなわち、(b)の見解では、条件が成就するため、懸賞広告者がこの者に対しても報酬支払義務を負う。しかし、(a)の見解によれば、申込みに対する承諾がない

ため、懸賞広告者は報酬支払義務を負わないこととなる。

　新法は、懸賞広告の法的性質については学説に委ねつつ、指定行為をした者が懸賞広告を知らない場合であっても、報酬請求権を取得することを明確にした（529条）。なぜなら、客観的には懸賞広告者の期待が実現されているため、報酬支払義務を負担させても不当ではないからである（中間試案の補足説明356頁）。

2　懸賞広告の効力

(1)　撤回

(ア)　撤回の可否　　懸賞広告は、①指定した行為をする期間の定めのあるものと、②その定めのないものとに分けられる。そして、①については、懸賞広告者は、その広告において撤回をする権利を留保したときでなければ、撤回することができない（529条の2第1項）。また、懸賞広告は、その期間内に指定した行為を完了する者がないときは、その効力を失う（同2項）。これに対して、②については、懸賞広告者は、その指定した行為を完了する者がない間は、その指定した行為をする期間を定めないでした広告を撤回することができる。ただし、その広告中に撤回をしない旨を表示したときは、広告を撤回することはできない（529条の3）。

　この①と②の規律は、契約の成立に関する①承諾期間の定めのある申込み（523条）と②その定めのない申込み（525条）に、それぞれ対応する。というのも、懸賞広告に対して指定行為を行うことで報酬請求権が発生するという関係が、申込みと承諾によって契約が成立する関係に類似するからである（中間試案の補足説明357頁）。

(イ)　撤回の方法　　広告の撤回の方法は、当事者がこれを選択することができる。ただし、前の広告と同一の方法による広告の撤回は、これを知らない者に対しても効力を有するのに対し（530条1項）、前の広告と異なる方法による場合には、その撤回は、これを知った者に対してのみ、その効力を有する（同2項）。

（2） 効力

　広告に定めた行為をした者に対して、懸賞広告者は、報酬を与える義務を負う（529条）。広告に定めた行為をした者が数人あるときは、最初にその行為をした者のみが報酬請求権を取得する（531条1項）。また、数人が同時に完了したときは、原則として、平等の割合で報酬請求権を分割取得する（同2項本文）。ただし、報酬がその性質上分割に適しないとき、または広告に報酬請求権者を一人に限定したときは、抽選で報酬請求権者を一人に定める（同ただし書）。

　なお、数人が共同して行為を完了したときは、広告がこれを禁じる趣旨でない限り、その数人が共同して報酬請求権を取得する。

3　優等懸賞広告

（1）　要件

　優等懸賞広告も懸賞広告の一種であるが、広告に定めた行為をした数人うちの優等者のみに報酬を与えるものであるから、報酬請求権を取得するためには、次の要件が必要となる。

　①広告に応募の期間の定めがあること（532条1項）。この定めがないと、応募者が無限に増加し、その中から優等者を決定することが不可能となるからである。

　②応募の期間内に応募すること。応募者は、広告に定められた行為を完了したうえで、懸賞広告者にこれを通知して、判定を受けなければならない。

　③優等者と判定されたこと。

（2）　効果——優等者の判定

　応募者があったときは、懸賞広告者は、まず、各応募者に対して、その優劣を判定する債務を負う。判定は、広告中に定めた者が行い、広告中に判定者を定めなかったときは、懸賞広告者がこれを行う（532条2項）。この判定に対して、応募者は、異議を述べることができない（同3項）。また、数人の行為が同等と判定された場合には、531条2項が準用される（同4項）。

第5章 契約の効力——同時履行の抗弁・危険負担

第1節 双務契約の意義

　売買契約においては、①売主が買主に目的物を引き渡す債務を負い、②買主は売主にその代金を支払う債務を負う（555条）。このように、契約の各当事者が相互に対価的な債務を負う契約を双務契約といい、そうではなく、例えば贈与（549条）のように、当事者の一方が対価的な債務を負わない契約を片務契約という。もっとも、片務契約であっても、負担付贈与（553条）のように、各当事者が債務を負う場合も存在する。しかしこの場合には、当事者の主観においては両債務が対価的な意味を持たない。それゆえ、負担付贈与は、片務契約であって双務契約ではない。ただし、受贈者の負担が大きく、贈与と同等以上の価値を有する場合には、双務契約（売買または交換）であると解釈されよう。

　双務契約と片務契約の違いは、両債務の牽連性の有無にある。すなわち、双務契約における各当事者の債務は、対価として相互に他方を前提とするため、次のような三つの牽連関係を生じることとなる。第一は、成立上の牽連関係であり、一方の債務が成立しないときは他方の債務も成立せず、契約そのものが無効となる（原始的不能）。ただし、前述のように、新法はこれを否定した（412条の2第2項）。第二は、履行上の牽連関係であり、特約のない限り、一方の債務が履行されるまでは他方の債務の履行を拒むことができるという同時履行の抗弁が認められる。第三は、存続上の牽連関係である。すなわち、旧法下においては、一方の債務が債務者の責めに帰することができない事由によって消滅した場合に他方の債務がどうなるか、という危険負担が問題となった。

しかし、新法では、この危険負担も大きく変容している。

これらのうち、成立上の牽連関係についてはすでに触れたため（第3章第1節）、以下では、同時履行の抗弁と危険負担を検討する。

なお、双務契約は、すべて有償契約である。しかし、有償契約は必ずしも双務契約ではないことに注意を要する。というのも、利息付消費貸借契約は、利息という対価が支払われる有償契約ではあるが、借主が「金銭その他の物を受け取ることによって、その効力を生ずる」（587条）要物契約であり、貸主の給付はすでになされ、借主の債務のみが残る片務契約だからである。ただし、新法は、書面がある場合に限り、合意のみによる消費貸借契約（諸成的消費貸借）を認めた（587条の2）。

第2節　同時履行の抗弁

1　意義

同時履行の抗弁は、双務契約から生じる両債務の対価関係に鑑み、履行上の牽連関係を認めようとする制度であり、その趣旨は公平の原則にある。すなわち、自己の債務の履行を提供せずに、相手の債務の履行のみを請求することは公平に反する、との考えに基づくものである。そしてこのことから、次の二つが導かれる。第一に、この制度により、取引の簡易で迅速な処理が可能となり、かつ、訴訟を未然に防ぐことができるのみならず、両当事者の債務が相互に実質的な担保となる。すなわち、同時履行の抗弁により、自己の債務の履行を提供しない限り債権の満足も得られないため、債権の満足を欲すれば、債務の履行をしなければならない。この意味において、同時履行の抗弁と趣旨を同じくするのが留置権（295条）である。例えば、動産の修理契約において、注文者が修理代金を支払わずに、動産の所有権に基づく返還請求権を行使したとしても、請負人には、注文者が修理代金を支払わない限り、当該動産を引き渡さないという担保物権が認められる。これが留置権（295条1項）であり、法律上

当然に発生する法定担保物権の一つである。しかしこの例では、動産の修理契約が請負であり、双務契約であるため（632条）、請負人の引渡債務と注文者の代金支払債務とは同時履行の関係にある。このように、双務契約に関して生じる債権債務については、留置権と同時履行の抗弁が競合することが多い。そしてその場合には、いずれの権利を行使してもよいと解されている。ただし、留置権が認められるのは物の引渡債務に限られるため、両者は常に競合するわけではない。また、留置権は担保物権であるため、競売権（民執195条）や不可分性（296条）など、担保物権に特有の効力が認められる。

　第二に、同時履行の抗弁は、双務契約から生じた二つの債務の牽連関係を認めるものであるが、双務契約に拘泥せず、両債務が一つの法律要件から生じ、関連的に履行させることが公平に適するときは、その適用を認めるべきであるとされる。例えば、旧法は、解除による原状回復義務（546条）のほか、売主の担保責任（旧571条）、請負人の瑕疵修補義務（旧634条2項後段）などで、533条の準用を認めていた。しかし、新法は、旧533条に括弧書きを追加し、「債務の履行」には「債務の履行に代わる損害賠償の債務の履行を含む。」とした（533条）。その結果、例えば、①売買契約における売主の目的物引渡債務の履行に代わる損害賠償債務と買主の代金支払債務との同時履行関係や、②請負契約における請負人の追完に代わる損害賠償債務と注文者の報酬支払債務との同時履行関係も、533条の射程となる。そして、それに伴い、旧571条と旧634条2項後段は削除された。

　このほか、判例は、売買契約が詐欺を理由に取り消された場合における両当事者の原状回復義務も同時履行の関係にあるとする（最判昭和47・9・7民集26巻7号1327頁—第三者詐欺の事案）。これに対しては、詐欺・強迫をした者が同時履行の抗弁を主張して受領した物の返還を拒むことができるというのは、信義則上妥当でなく、また、留置権に関する295条2項の趣旨からも不当である、との批判がある（星野・IV46頁）。一般論としては、債務不履行解除による原状回復と同じく同時履行の関係を認めてよいが、事案によっては、その行使が信義則違反となる場合もあると考えられる。

2 同時履行の抗弁の要件

533条の要件は、(1)双務契約の当事者間に債務が存在すること、(2)相手方の債務が弁済期（履行期）にあること（ただし書）、および、(3)相手方がその債務の履行を提供しないこと、の三つである。

(1) 双務契約の当事者間に債務が存在すること

上記のように、双務契約から生じた債務でない場合にも、同時履行の抗弁が認められることがある。また、債権が譲渡されて当事者が代わっても、債権の同一性が維持されるため、同時履行の抗弁は失われない。しかし、債務について更改がなされれば、旧債務が消滅するため（513条柱書き）、同時履行の抗弁も消滅する。

問題となるのは、一つの双務契約または継続的契約から生じる複数の債権債務のうち、いずれの債務の間に同時履行の抗弁が認められるかである。まず、不動産の売買契約においては、登記協力義務と代金支払義務とが同時履行の関係にあり、売主が登記に協力すれば引渡しをしなくても、買主の同時履行の抗弁は失われる。また、借地借家法の規定する建物買取請求権（13・14条）と造作買取請求権（33条）の行使によって売買契約が成立する場合にも、同時履行の抗弁が認められる。ただし、判例は、造作代金債権が建物に関して生じた債権ではないから、借家人は、造作代金の提供がないことを理由に、同時履行の抗弁（最判昭和29・7・22民集8巻7号1425頁）または留置権（最判昭和29・1・14民集8巻1号16頁）によって建物の明渡しを拒むことはできないとする。

さらに、判例は、家屋の賃貸借終了に伴う賃借人の家屋明渡債務と賃貸人の敷金返還債務とは、特別の約定のない限り、同時履行の関係にはないとする。なぜなら、「敷金は、賃貸借の終了後家屋明渡義務の履行までに生ずる賃料相当額の損害金債権その他賃貸借契約により賃貸人が賃借人に対して取得することのある一切の債権を担保するものであり、……賃借人の家屋明渡債務が賃貸人の敷金返還債務に対し先履行の関係に立つ」からである（最判昭和49・9・2民集28巻6号1152頁—622条の2第1項1号参照）。

(2) 相手方の債務が弁済期にあること

同時履行の抗弁は、両当事者の債務の履行期が同時の場合を想定し、民法も、売買の目的物の引渡しについて期限を定めたときは、代金の支払について同一の期限を付したものと推定する（573条）。しかし実際には、当事者の一方が、特約によって先履行義務を負うことも少なくない。問題となるのは、先履行義務を負う者が履行しないでいる間に相手方の債務の履行期が到来した場合にも、先履行義務者が同時履行の抗弁を主張できるか否かである。信義則の観点からは問題があるが、通説はこれを肯定に解している。というのも、同時履行の抗弁は、相手方の債務が履行期にあることのみを要件とし、履行期が当初から同一であることを要するものではないからである（我妻・V_1 91頁）。

ところで、当事者の一方が先履行義務を負っていたとしても、相手方の財産状態が悪化し反対給付の履行を得られなくなるおそれが生じた場合には、ヨーロッパの立法例では、自己の先履行を拒絶しうるとする（フ民1613条など）。そこで、わが国でも、同様の抗弁（不安の抗弁）を認めるべきであるとの主張がなされている。

(3) 相手方がその債務の履行を提供しないこと

相手方が債務の本旨に従った履行の提供をした場合には、同時履行の抗弁はなくなる。履行の提供については、492条以下による（→債権総論を参照）。そして、判例によれば、当事者の一方は、相手方から履行の提供がなされてもその提供が継続されない限り、同時履行の抗弁を失わず（最判昭和34・5・14民集13巻5号609頁）、また、債務を履行しない意思が明確である者は、相手方が履行の提供をしなくても、同時履行の抗弁を主張できない（大判大正3・12・1民録20輯999頁）とされる。

問題となるのは、相手方が一部の履行または不完全な履行をしたときである。まず、債務の本旨に従った履行ではないとしてその受領を拒絶した場合には、同時履行の抗弁を主張しうることに異論はない。しかし、受領を拒絶しなかった場合には、原則として、次のように解される。すなわち、請求された債務が可分であれば、相手方の提供した部分または割合に応じて債務の履行を拒むことができるが、不可分であれば、相手方の提供した部分が重要か否かによる。

また、この問題との関連で、判例は、請負契約の目的物に瑕疵（不適合）がある場合に、注文者が、請負人から瑕疵の修補に代わる損害賠償を受けるまで、報酬全額の支払を拒むことができるとする。

> **最判平成9・2・14民集51巻2号337頁（請負の報酬債権と損害賠償債権の同時履行）**
>
> 建築業者Xは、Yとの間でYの自宅の建築請負契約を締結し、完成した建物をYに引き渡した。しかし、Yが瑕疵を指摘して残代金（約1200万円）の支払を拒んだため、Xは、Yに対して、残代金および遅延損害金の支払を求めて訴えを提起した。これに対して、Yは、瑕疵の修補に代わる損害賠償債権（約130万円）との同時履行の抗弁を主張し、Xは、Yが同時履行の抗弁を主張しうるのは、損害賠償額の範囲内に限られるべきであると主張した。第一審・第二審ともにYの主張を認め、Xが上告した。

> 最高裁は、次のように判示して、Xの上告を棄却した。「請負契約において、仕事の目的物に瑕疵があり、注文者が請負人に対して瑕疵の修補に代わる損害の賠償を求めたが、契約当事者のいずれからも損害賠償債権と報酬債権とを相殺する旨の意思表示が行われなかった場合又はその意思表示の効果が生じないとされた場合には、民法634条2項（旧法）により両債権は同時履行の関係に立ち、契約当事者の一方は、相手方から債務の履行を受けるまでは、自己の債務の履行を拒むことができ、履行遅滞による責任も負わないものと解するのが相当である。しかしながら、瑕疵の程度や各契約当事者の交渉態度等に鑑み、瑕疵の修補に代わる損害賠償債権をもって報酬残債権全額の支払を拒むことが信義則に反すると認められるときは、この限りではない。……けだし、右のように解さなければ、注文者が同条1項に基づいて瑕疵の修補の請求を行った場合と均衡を失し、瑕疵ある目的物しか得られなかった注文者の保護に欠ける一方、瑕疵が軽微な場合においても報酬残債権全額について支払が受けられないとすると請負人に不公平な結果となるからである」。

66　第1部　契約法総論

　上記判決より前に、最高裁は、請負人の報酬債権と注文者の瑕疵修補に代わる損害賠償債権との対当額での相殺を認めていた（最判昭和51・3・4民集30巻2号48頁）。それゆえ、同時履行に関しても、両債権に見合う金額の範囲内において抗弁が認められると考えることも可能である。しかし、旧634条2項後段が旧533条を準用する趣旨は、両債権の同時履行関係を認めつつ、「最終的には、両債権間の相殺によって清算させて売買契約における代金減額請求に類する結果を実現させよう」とすることにあった（八木一洋・最判解説187頁）。そうだとすれば、注文者は、同時履行の抗弁によって報酬債権全額の支払を拒み、その不履行責任を免れつつ、後に対当額での相殺による清算を行うこととなる。そして最高裁は、このような理解を前提に、上記判決に引き続いて、「請負人の報酬債権に対し注文者がこれと同時履行の関係にある目的物の瑕疵修補に代わる損害賠償債権を自働債権とする相殺の意思表示をした場合、注文者は、請負人に対する相殺後の報酬残債務について、相殺の意思表示をした日の翌日から履行遅滞による責任を負う」とした（最判平成9・7・15民集51巻6号2581頁）。

3　同時履行の抗弁の効果

　同時履行の抗弁が認められると、⑴履行請求訴訟における引換給付判決と、⑵その他の効果とが発生する。このうち、⑴については、債務者の行使が必要であることに異論はない。しかし、⑵については見解が分かれている。

⑴　引換給付判決——権利抗弁

　債権者（原告）が双務契約上の自己の債務の履行を提供しない場合にも、債務者（被告）が同時履行の抗弁を主張しない限り、裁判所は同時履行の抗弁を考慮することができない。しかし、被告から同時履行の抗弁が主張されたときは、原告は履行の提供をしたことを立証しなければならない。そして、被告の同時履行の抗弁が認められる場合には、裁判所は、原告の請求を棄却する旨の判決をするのではなく、被告に対し、原告の給付と引換えに給付をすべき旨を命ずる判決（引換給付判決）をすることとなる（大判明治44・12・11民録17輯

772 頁)。債務者の給付が反対給付と引換えにすべきものである場合における強制執行は、債権者が反対給付またはその提供のあったことを証明したときに限り、開始することができる（民執 31 条 1 項）。なお、意思表示の擬制については、別に規定がある（民執 174 条 2 項、1 項ただし書）。

(2) その他の効果

通説（存在効果説）は、債務者が行使しなくても、同時履行の抗弁が存在することによって、次の効果が生じるとする。すなわち、①債務者は履行遅滞とならない。それゆえ、債権者が解除をするためには、自己の債務の履行を提供しなければならない。また、②債権者は、自己の債務の履行を提供して同時履行の抗弁を消滅させない限り、債務者に対する債権を自働債権として相殺することはできない。しかし、このような通説に対しては、債務者の免責をもたらす同時履行の抗弁は債務者自らが主張立証すべきである、とする見解（行使効果説）も有力に主張されている。(1)と(2)を区別する理由はなく、両者をともに当事者の権利行使の自由と自己責任とに委ねる行使効果説の方が、理論的には適切である。もっとも、同時履行の抗弁は、双務契約における債務の牽連性から認められるものであり、訴訟においては、双務契約であることが原告の請求原因から明らかとなる。そうだとすれば、裁判所の適切な釈明権の行使も期待でき、現実には、同時履行の抗弁が主張されないことを理由に債務者が敗訴することはないであろう。

第 3 節　危険負担

1　適用領域——後発的不能

契約の締結後に債権の目的である給付が不可能となることを、後発的不能という。例えば、建物の売買契約の締結後、その引渡し前に建物が火事によって滅失した場合には、売主の建物引渡債務は履行不能（後発的不能）となる。こ

の場合において、履行不能につき債務者（売主）の責めに帰すべき事由があれば、債務不履行の問題となる（415条1項）。すなわち、売主は、建物の引渡しをすることはできないが、それに代わる損害賠償（塡補賠償）債務を負い（415条2項1号）、その債務は存続する。それゆえ、買主の代金支払債務も存続し、買主は、売買契約を解除して損害賠償を請求するか、または、売主に代金を支払って損害賠償を請求する（実際には対当額で相殺し、差額を損害賠償として請求する）かを選択することとなる。これに対して、履行不能につき債務者（売主）の責めに帰すべき事由がない場合には、売主の債務不履行責任は生ぜず、旧法の下では、目的物引渡債務は履行不能によって消滅した。それゆえ、買主は、目的物の給付を受けることができず、その意味では危険（給付危険）を負担することとなる。問題となるのは、この場合における債権者（買主）が、売主の目的物引渡債務と対価関係にある反対債務（代金支払債務）を負うか否かであり、この対価を失う危険を対価危険という。そして、旧534条以下の危険負担とは、このような対価危険を債権者と債務者のいずれが負うかという問題であった。

　なお、履行不能につき債務者に帰責事由がないという場合には、①債権者に帰責事由がある場合と、②両当事者に帰責事由がない場合（第三者の責めに帰すべき場合と不可抗力による場合）とがある。このうち、①については、債権者が対価危険を負うのが公平上妥当であり、民法の規定（536条2項）も問題ない。したがって、危険負担において問題となるのは、主に②の場合である。

2　債務者主義・債権者主義

　上記の対価危険を誰が負うかという問題は、結局は、対価的な債務が存続するか否かという、双務契約における存続上の牽連関係の問題である。この問題についての立法例には、大きく二つが存在する。

　一つは、存続上の牽連関係を認め、対価的債務も消滅するという考え方である。先の例では、売主の目的物引渡債務の消滅とともに買主の代金支払債務も消滅し、債務者（売主）が対価危険を負うこととなる。これを債務者主義といい、双務契約における両債務の牽連関係からすれば、債務者主義が原則となろ

う。

　もう一つは、存続上の牽連関係を認めず、売主の目的物引渡債務が消滅しても、債権者（買主）は代金を支払わなければならない（対価危険を負う）とする考え方である。これを債権者主義という。ただし、債権者主義においては、それが原則の例外であるため、なぜ存続上の牽連関係が否定されるのかという根拠が問われる。そしてその説明に応じて、債権者主義は次の三つの考えに分かれる。第一は、売買契約の締結によって、買主は目的物の価格の騰貴による利益を取得するのであるから、「利益の帰するところに損失も帰する」との格言に従い、目的物の滅失・損傷も買主が負担するとする。この考えは、論理必然的ではないが、契約締結時に危険が債権者に移転するとの考え（契約締結時主義）と結びつきやすく、旧534条に関する起草者の見解でもある（梅・民法要義三416-417頁）。第二は、売買契約によって所有権が買主に移転するのであるから、危険も負うべきであるとの考えである（所有権移転時主義—フランス）。そして第三に、目的物の引渡しによって危険が買主に移転するという引渡時移転主義（ドイツ）がある。

　このうち、第一の見解に対しては、買主は目的物の価格の下落による不利益を受けるのであるから、目的物の滅失・損傷の責任まで負うのは公平に反するとの批判が妥当する。また、第二の見解は、所有権の移転時期に争いがある（176条参照）のみならず、観念的な所有権が移転しても、目的物の使用収益などの現実の支配が移転しないのに危険が移転することになるため、公平に反する。そこで、旧法下の学説は、債権者主義には合理的な根拠がなく、「この主義を採る立法を説明する理由としては、売買によって買主は目的物を自己の支配内に収めるから危険を負担するに至るという他はない」とした（我妻・V₁88頁）。そして、解釈論としても、その適用範囲をできるだけ制限すべきであるとしていた。

　ところで、新法は、「何人も不能な債務に拘束されない」（Impossibilium nulla obligatio est.）というローマ法以来の法格言を放棄し、債務が不能であっても当該債務は当然には消滅しないとの立場を採用した。すなわち、前述のように、412条の2は、原始的不能の契約を有効とする（2項）とともに、「債務の履行が契約その他の債務の発生原因及び取引上の社会通念に照らして不能」（後発

的不能）であるときも、「債権者は、その債務の履行を請求することができない」だけで、債務そのものは消滅しないとする（1項）。それゆえ、先の建物の売買契約の例では、その引渡債務の履行不能につき債務者（売主）に帰責事由がない場合にも、引渡債務は当然には消滅せず、その債務を消滅させるためには売買契約を解除しなければならない。そして、後述のように、新法では、債権者は、債務者の帰責事由の有無にかかわらず契約を解除することができる（541条以下参照）。

　このような新法の下では、危険負担も、双務契約における「存続上」の牽連関係とは異なる問題となる。すなわち、債務者の帰責事由によらずに債務が後発的不能となっても、当該債務は当然には消滅しないため、反対債務が当然に消滅するか（債務者主義）、あるいは存続するか（債権者主義）、という問題は生じない。しかし、契約が解除されるまでは債権者の反対債務も存続するため、新法は、債権者が、その反対債務の履行を拒絶することができるとした（536条1項）。そして、危険の移転に関しても、現行民法の採用する所有権移転時主義を放棄して、事実上の支配の移転（＝目的物の引渡しとその受領時）を基準とした（567条1項）ことが注目される。

3　民法における危険負担の規定

(1)　概説——旧法から新法へ

　民法は、債務者主義が原則であることを明らかにする（536条1項）。しかし、旧法では、特定物に関する物権の設定または移転を目的とする双務契約については債権者主義が採られ（旧534条1項）、先の建物の売買契約の例でも、存続上の牽連関係が認められず、買主の代金支払債務が存続するとされた。その理論的根拠は、所有権の移転に伴う危険の移転（所有者責任主義）に求められる。すなわち、所有権の移転時期については学説上争いがあるものの、少なくとも民法の文理解釈上は、特定物の所有権は売買契約締結時に売主から買主に移転する（176条）。それゆえ、売買契約締結後引渡しまでの間に目的物が滅失または損傷しても、その所有権はすでに買主に移転しているため、買主はなお代金を支払わなければならない（債権者主義）こととなる。また、目的物が種類と

数量によってのみ定められた不特定物（種類物）の売買契約については、401条2項によって目的物が特定した時（→債権総論参照）から、債権者主義が適用された（旧534条2項）。すなわち、目的物の特定前には、債務者の債務が履行不能となることはなく、債務者がその調達義務を負う。しかし、目的物が特定すれば、その滅失・損傷による履行不能を観念することができ、債権者主義が適用される。そして、この債権者主義も、上記の所有権の移転によって説明される。すなわち、不特定物の売買においては、目的物の特定によって所有権が売主から買主に移転し、危険も移転する。そうだとすれば、目的物の特定前には売主が所有権者であり、物の滅失・損傷の危険を負うこととなる（＝売主はなお調達義務を負い、履行不能とはならない）。しかし、目的物の特定によって所有権は買主に移転し、それ以後は買主が危険を負うこととなる。その結果、目的物が滅失・損傷しても、売主はさらなる物の調達義務を負わず（＝履行不能となる）、買主は代金支払義務を免れない。

このように、債権者主義の適用領域は広範であり、かつ、重要でもある。それゆえ、事実上、旧法下においては、債権者主義が民法の原則であるといっても過言ではなかった。その背景には、民法がフランス革命の成果である意思主義に立脚し（176条）、かつ、産業革命前の特定物の売買を中心とした社会を前提としている、という沿革がある。しかし、現在は不特定物の取引が中心であり、かつ、古い所有者責任主義からの決別（＝所有者が危険を負担するのではなく、物を事実上支配し、滅失・損傷を防ぐことができる立場にある者が危険を負担する）が重要である。そして、民法（債権関係）の改正（新法）も、このような文脈で捉えることができよう。

なお、停止条件付双務契約については特則が存在した。すなわち、目的物が条件の成否の未定である間に滅失した場合には、債務者主義が適用された（旧535条1項）。しかし、目的物が損傷したときは、その損傷は債権者の負担とされた（同旧2項）。これに対しては、目的物の滅失と損傷とを区別することに合理性がないとの批判がなされていた。また、旧535条3項は、債務不履行の一般原則を規定したにすぎない。そこで、新法は、旧535条を削除した。

72　第1部　契約法総論

(2)　債権者主義の修正

　旧534条1項は債権者主義（契約締結時主義）を採ったが、その合理性については、前述のような疑問が提起されていた。しかも先の例では、建物の売買契約が締結されたとはいえ、何らの履行もなされていない時点では、買主は目的物を支配していない。にもかかわらず、建物が滅失・損傷しても、買主が代金を支払わなければならないというのは不当である。そこで、旧法下の学説は、次の二つの手法を用いて、旧534条1項の適用範囲を限定していた。第一に、534条は任意規定であるから、当事者がこれと異なる特約をしたときはその特約が優先する。そこで、特約が明確でない場合にも、契約の解釈によって反対の特約を認定することが考えられる。もっとも、現実には、不動産の売買契約や国際商事取引においては、目的物の引渡しの時に危険が買主に移転する旨が定められているため、旧534条が問題となることはなかった。また、目的物の滅失・損傷について損害保険が付されている場合も多く、その場合には、保険金を受け取る者が危険を負担すると考えられていた。そして第二に、当事者の特約を認定できないときでも、旧534条1項の債権者主義を、契約締結時主義ではなく、引渡時移転主義として解釈することが提案されていた。すなわち、旧法下における多数説は、目的物の引渡しがなされ、買主が目的物を現実に支配した時から危険を負担すると解していた。このような解釈は、起草者の意思には反するが、文理に反するものではなく、結論も妥当であった。

　もっとも、不動産の売買契約に関しては、引渡し、登記の移転および代金の支払のいずれの時点で買主に危険が移転するかが問題となる。旧法下においても見解は分かれていたが、通説は、目的物の現実の支配を重視し、登記の移転や代金の支払ではなく、引渡時に危険が買主に移転すると解していた。そして、不動産の二重譲渡や他人物売買の場合にも、同様に引渡しを基準に考え、目的物の現実の支配が買主に移転していない限り債権者主義は適用されず、旧536条1項によって売主が危険を負担すると解していた。しかし、いずれも理論的な問題にすぎず、現実に訴訟で争われることはなかった。

(3)　民法（債権関係）の改正

　新法は、一方では、特定物の売買における引渡債務の履行不能（後発的不能）

について、「所有権者が物の危険を負担する」（Res perit domino.）との所有者責任主義に基づく債権者主義を定めた旧534条を削除した。そして、後述のように、目的物の滅失・損傷（不適合も含む）についての危険は、所有権の移転ではなく、原則として、目的物の引渡し（とその受領）によって売主から買主に移転するとした（567条1項）。これは、目的物を事実上支配し、危険を防ぐことができた者がその危険を負担する、との考えに基づく。

　また、他方では、前述のように、「何人も不能な債務に拘束されない」（Impossibilium nulla obligatio est.）との原則も放棄し、債務が後発的に不能となっても当然には消滅せず、債務を消滅させるためには、債権者が解除の意思表示をしなければならないとした。そこで、債権者が解除の意思表示をしないうちに、債務者から反対給付の履行を請求される場合を想定して、債権者に履行拒絶権を付与する。すなわち、「当事者双方の責めに帰することができない事由によって債務を履行することができなくなったときは、債権者は、反対給付の履行を拒むことができる」とする（536条1項）。ただし、旧536条2項の内容は維持し、債権者の責めに帰すべき事由によって債務を履行することができなくなったときは、債権者は、「反対給付の履行を拒むことができない」とする（536条2項前段）。この場合に、債務者が自己の債務を免れたことによって利益を得たときは、これを債権者に償還しなければならないこと（同後段）は、旧法と同じである。

　なお、上記のように、新法では、債務者から反対債務の履行の請求を受けた債権者は、その反対債務を消滅させるためには契約を解除しなければならず、それまでは履行拒絶権が認められるにすぎない（536条1項）。そこで、訴訟においては、債権者が533条の同時履行の抗弁を主張すると引換給付判決（債務者による債務の履行との引換え）がなされるのに対し、536条1項の履行拒絶権を主張すると、請求棄却判決がなされることに注意を要する（部会資料79-3・17頁）。

74　第1部　契約法総論

4　その他の危険負担

(1)　請負契約

　仕事の目的物が契約の内容に適合しない場合の請負人の責任については、民法559条を介して562条から564条の規定の準用によって処理されることとなる。また、注文者の帰責事由によって仕事の完成が不可能となった場合には、請負人は報酬の全額を請求することができる（536条2項）。このことを前提に、新法は、「注文者の責めに帰することができない事由によって仕事を完成することができなくなったとき」は、請負人は、注文者が受ける利益の割合に応じて報酬を請求することができるとした（634条1号）。

(2)　雇用契約

　旧536条2項前段は、履行不能について債権者に帰責事由がある場合には、「債務者は、反対給付を受ける権利を失わない」と規定していた。それゆえ、雇用契約において、例えば、使用者による不当解雇のように、使用者の帰責事由によって労働者が労務を提供できなかった場合にも、この規定の適用によって、労働者は報酬債権を請求することができると解されていた。

　これに対して、新法は、危険負担の効果を履行拒絶権の付与に止めたため、536条2項前段も、債権者が「反対債務の履行を拒むことができない」と改められ、その文言からは、労働者の報酬債権を基礎づけることは難しい。しかし、立案担当者は、この点について、「旧法の実質的な規律を変更しないことを前提に」、履行拒絶権構成に改められたことに伴う「字句の修正」に過ぎないとし、「旧法の下での解釈が変更されることは」ないとする。そして、使用者の帰責事由がある場合には、新536条2項により、労働者は使用者に対して報酬債権の履行を請求することができると解している（一問一答229頁）。

(3)　契約の解除——裏返しの危険負担？

　双務契約が解除されると、各当事者は、原状回復義務を負う（545条1項本文）。この場合において、民法は、同時履行の抗弁を準用するにとどまり（546

条）、危険負担の規定を準用していない。それゆえ、原状回復の目的物が滅失・損傷したときの処理が問題となる。なお、同様の問題は、契約の無効・取消しによって当事者が不当利得返還義務を負う場合にも生じよう。

まず、解除前に解除権を有する者の故意または過失によって目的物が滅失・損傷したときは、解除権そのものが消滅する（548条本文）。ただし、解除権を有する者がその解除権を有することを知らなかったときは、解除権は消滅しない（548条ただし書）。同条により解除権が消滅するのは、解除権者の故意・過失による目的物の損傷等が解除権の放棄と評価できるところ、放棄の前提としては、解除権者がその解除権を有することを知っていなければならないからである。

これに対して、解除権を有する者の故意または過失によらずに目的物が滅失・損傷した場合には、解除権が消滅しないため、解除によって当事者が原状回復義務を負うこととなる。この場合において、解除権者は、目的物の返還義務を免れ、その対価の返還を受けられるとする見解もある。しかし、この結論は、目的物の滅失が不可抗力による場合にも、解除の相手方は目的物の返還を受けられず、代金のみを返還しなければならないため、公平を欠く。そこで、双方の原状回復義務についても危険負担の考え方を応用し、目的物の引渡しまではその債務者が危険を負担する（債務者主義―536条1項）とすれば、目的物返還義務の履行不能によって、債権者は、代金返還義務の履行を拒むことができると考えることも可能である。

しかし、このように解すると、例えば贋作を真作と思って高額な代金を支払った場合のように、もとの売買契約が給付の均衡を欠くときは、買主は代金の返還を受けられない反面、売主が過大な利益を保持することとなり、妥当でないとの批判がなされている。そこで、「各人は自らの支配領域で生じたリスクを負担すべし」との危険負担の発想から、原状回復義務は、目的物が滅失しても消滅せず、その時価相当額の返還義務として存続するとの見解（内田・II 98、552頁）も存在する。

いずれの見解によっても、最終的には損害賠償法理（不法行為または債務不履行）による調整が必要であり、危険負担の法理だけでは処理できない。問題は、解除原因と契約類型によっても異なり、さらなる検討を要する。

第1部　契約法総論

第6章　契約の解除

第1節　解除の意義・機能

1　意義

　契約の解除とは、契約が締結された後における、一方の当事者による当該契約関係を解消する旨の意思表示である。この解除がなされると、まだ履行されていない債務（未履行債務）は消滅し、すでに履行された債務については相互に返還する（原状回復義務）ことにより、法律関係が清算されることとなる（545条1項参照）。

　解除権が契約当事者に認められるのは、契約または法律の規定によって定められた場合である（540条1項）。このうち、契約によって認められる解除権を約定解除権という。約定解除権には、両当事者の合意に基づくもののほか、明確な合意がなくても法律の規定によって解除権が認められたものと解釈される場合がある。例えば、手付が授受されると、その手付は解約手付であると推定される（557条1項）。また、不動産の売買契約において、売主は、契約と同時にした買戻しの特約により、受け取った代金と契約費用を一定期間内に買主に返還して、売買契約を解除することができる（579条）。この買戻しの特約も、売主に対して約定解除権を認めるものである。

　これに対して、法律の規定に基づく解除権を法定解除権という。法定解除権は、使用貸借契約（594条3項）や賃貸借契約（612条2項）など、各種の契約ごとに個別に定められていることも多い。しかし契約総則では、「契約の解除」

と題して、契約一般に共通する、相手方の債務不履行を理由とする解除について規定している（541条以下）。以下では主に、この契約総則における法定解除権を取り上げることとする。

2 契約総則の解除と類似する制度

　一般的には「解除」という語が用いられているが、契約総則に定められた解除とは異なる制度が存在する。ここでは、契約総則の解除を理解するために、それと類似する他の制度を概観しよう。

　(ｱ)　合意解除（解除契約）　両当事者の合意で契約の効力を消滅させる場合を、合意解除という。これは、契約の効力が発生した後に両当事者の合意で行うものであり、解除の効果もその合意によって定められる。ただし、合意解除も契約であるから、契約の相対的効力の原則に基づき、第三者の権利を覆すことは許されない。例えば、最高裁は、賃貸人と賃借人とが賃貸借契約を合意解除しても、これが賃借人の債務不履行があるため賃貸人において法定解除権の行使ができるときにされたものである等の事情のない限り、適法な転借人の地位に影響がないとした（最判昭和62・3・24判時1258号61頁—無断転貸について賃貸人に対する背信行為と認めるに足りない特段の事情があるとされた事案）。新法は、この判例法理を明文化した。すなわち、賃借人が適法に賃借物を転貸した場合には、賃貸人は、賃借人との間の賃貸借を合意により解除したことをもって転借人に対抗することができない（613条3項本文）。ただし、その解除の当時、賃貸人が賃借人の債務不履行による解除権を有していたときは、賃貸人は、合意解除をもって転借人に対抗することができる（同ただし書）とした。また、土地の賃貸人と賃借人との間で土地の賃貸借契約を合意解除しても、土地の賃貸人は、特別の事情のない限り、その効果を地上建物の賃借人に対抗できない（最判昭和38・2・21民集17巻1号219頁）。

　(ｲ)　解除条件　契約の締結に際して、一定の事実が発生したときに契約の効力がなくなる旨の特約がなされる場合がある。この特約が解除条件であり、条件が成就すると契約は当然に効力を失い（127条2項）、解除の意思表示は不要とされる点で、契約総則の解除と区別される。

78 第 1 部 契約法総論

㈡ 解約告知　　賃貸借や雇用などの継続的契約においては、当事者の一方の意思表示によりその契約関係を解消させる解約告知が認められる。解約告知が解除と異なる点は、その効力が原状回復ではなく、将来に向かってのみ契約関係を解消させることにある。また、最高裁は、賃貸借契約に関して、賃借人に賃料の不払いや用法違反および無断譲渡・転貸などの解除原因があっても、当事者の信頼関係を破壊するに至る程度の不誠実がない限り、解除権の行使は信義則上許されない、との信頼関係法理を確立している（最判昭和39・7・28民集18巻6号1220頁、最判昭和41・4・21民集20巻4号720頁など）。

㈢ その他　　民法総則の取消し（95条、96条など）が、契約の締結後に当事者の一方の意思表示によってその契約を消滅させる点で、解除と共通する機能を有している。また、特別法では、消費者保護の観点から、理由を問わずに一定の期間内は当事者の一方に契約の解消を認めるクーリング・オフという制度も規定されている（割賦販売4条の4、特定商取引9条など）。

3　債務不履行による解除の機能

契約総則の規定する相手方の債務不履行を理由とする解除制度は、債務不履行にあった債権者を保護して、損害を被らせないようにすることにあるとされる。ここでは、売買契約を例に説明しよう（星野・Ⅳ 69頁）。

まず、売買契約の売主は、目的物の引渡債務が買主の代金債務と同時履行関係にあれば、同時履行の抗弁（533条）によって保護される。しかし、通信販売などで多く見られるように売主が先履行義務を負っている場合には、目的物を先に引き渡したのに買主が代金を支払わないことがある。この場合において、後に買主が無資力になると、売主は、自分の引き渡した物も買主の他の債権者に差し押さえられて取り戻せなくなるおそれがある。そこで、売主が目的物を取り戻したいというときに、契約を解除する必要が生じる。

また、売買契約の売主が引渡債務を履行しない場合に、買主は、その履行を強制することもできるが、給付が代替物であれば、他の売主から目的物と同じ物をより早く調達することが可能である。しかし、もとの売買契約をそのままにして他の売主と契約を結ぶと二重に契約をしたことになり、もとの売主が自

己の債務を履行して代金の支払を求めると面倒になる。そこで、この買主を反対債務から解放し、契約関係から離脱させるために、当初の契約を消滅させる制度が解除である。

このように解除は、債務者が債務不履行に陥った場合において、債権者を反対債務から解放しその損害を最小限にくい止めるための制度である。そうだとすれば、法定解除権は、債権者も反対債務を負う双務契約においてのみ意味を有するものであり、片務契約では認める必要がない。

ところで、債務者の債務不履行を理由とする解除制度は、その責めに帰すべき事由によって債務を履行しなかった債務者から契約の利益を奪うという、債務者に対するサンクションとしての機能をも有している。しかし、この点については、次に述べるように、解除制度のサンクションとしての機能を否定し、債務者の帰責事由を要件とすべきでない、との見解も有力に主張されていた。そして、新法は、このような見解に従って、債務者の帰責事由を解除の要件としていない（541条）。

第2節　債務不履行解除の要件

1　債務者の帰責性の要否

(1)　旧法下における理解

債務不履行を理由とする解除権発生の要件としては、まず、①債務不履行の事実が挙げられる。そして伝統的な通説は、債務不履行の態様として、履行遅滞、履行不能および明文にない不完全履行の三つを区別する。次に、旧法下においては、②その債務不履行が債務者の責めに帰すべき事由によることが要件とされた。もっとも、履行遅滞については、債務者の帰責事由を要するか否かが明文上明らかではなかった。なぜなら、履行不能に関する旧543条ただし書は、債務者の帰責事由を要件とするのに対し、旧541条はこれを要求していなかったからである。しかし、旧法下の通説は、債務不履行による損害賠償請求

権（415条）についてと同じく、履行遅滞に基づく解除についても債務者の帰責事由を要件としていた（我妻・V₁ 156頁）。さらに、履行遅滞については、③債権者が相当の期間を定めて催告したこと、および、④催告期間内に履行されなかったことが要件となる（541条—新法も同じ）。このうち、④催告期間を経過することは、解除権を発生させるだけであるから、その後においても、債権者が解除の意思表示をする前に、債務者が債務の本旨に従った履行をすれば、解除権は消滅する（大判大正6・7・10民録23輯1128頁）。また、債権者は、②を主張立証する必要はなく、債務者が帰責事由のないことを主張立証すべきであるとされた。さらには、①についても、債権者が債務不履行の事実を主張立証するのではなく、債権者が履行期の経過を主張すれば、債務者の側で債務の履行をしたことを主張立証しなければならない、と解されている（司法研修所編『紛争類型別の要件事実』〔法曹会、改訂版、2006年〕11頁）。債権者が債務不履行の事実を証明するのは困難であり、公平の観点からは、債務を負っている債務者がその履行を証明するのが妥当だからである。

(2) 帰責事由を不要とする見解

　上記の通説に対しては、旧法下においても、②債務者の帰責事由が不要であるとの見解が有力であった。その論拠は、解除の制度趣旨にある。すなわち、契約の解除は、前述のように、債務者に対するサンクションではなく、債権者を当該契約（反対債務）から解放しその損害を最小限にくい止めるためのものである。そうだとすれば、解除の要件は、債務者の帰責事由の有無ではなく、債務不履行があっても当該契約を維持することについて債権者に利益があるか否か、という債権者の観点から考えるべきこととなる。より具体的には、履行遅滞と履行不能とを問わず、重大な契約違反かどうかが解除の要件となり、些細な契約違反では解除が認められない。ただし、履行遅滞を理由とする解除については、③催告および④催告期間の経過によって、この重大な契約違反の要件が充足されるとする。その理由は、債務者が催告を受けながら相当期間を経過しても履行をしない場合には、もはや債権者はその契約から利益を受けることが期待できず、契約の拘束からの解放が正当化されることにある。

(3) 民法（債権関係）の改正

債務者の帰責事由を不要とし、重大な契約違反を解除の要件とすることは、国際的動向に合致する。すなわち、国際商事契約の一般準則を定めるユニドロワ（UNIDROIT）国際商事契約原則は、債務者の帰責事由を要件とせず、その債務不履行が重大な不履行であるときに、債権者に契約の解除権を認めている（7.3.1 条）。そして、ウィーン売買条約 49 条、ヨーロッパ契約法原則 9：301 条および第二次契約法リステイトメント 241 条も同様であり、重大な契約違反を解除の要件とすることが、国際的な規準である。

新法は、このような国際的動向を踏まえ、かつ、双務契約の拘束力からの解放という制度趣旨を重視し、解除の要件としては、債務者の帰責事由を不要とする。そして、旧 541 条を維持した「催告による解除」を原則としつつ（541 条本文）、債務者が相当な期間を経過しても債務を履行しなかった場合において、「その時における債務の不履行がその契約及び取引上の社会通念に照らして軽微であるとき」は、契約の解除が認められないとした（同ただし書）。それゆえ、債務不履行が「軽微であるとき」は、契約の解除が一切認められず、債権者は、損害賠償その他の救済方法に頼らざるをえないため、軽微であるか否かは重要である。具体的には、①債務不履行の部分が数量的にごくわずかである場合や、②付随的な債務の不履行であって、契約をした目的の達成に影響を与えないものである場合などが、「軽微である」と評価されよう（中間試案の補足説明 132 頁）。

以上の原則に対し、新法は、「催告によらない解除」を定める（542 条）。すなわち、次の五つの場合には、債権者は、「催告をすることなく、直ちに契約の解除をすることができる」とする（同 1 項）。

① 債務の全部の履行が不能であるとき。

② 債務者がその債務の全部の履行を拒絶する意思を明確に表示したとき。

③ 債務の一部の履行が不能である場合または債務者がその債務の一部の履行を拒絶する意思を明確に表示した場合において、残存する部分のみでは契約をした目的を達することができないとき。

④ 契約の性質または当事者の意思表示により、特定の日時または一定の期間内に履行をしなければ契約をした目的を達することができない場合にお

いて、債務者が履行をしないでその時期を経過したとき。

⑤ ①から④までに掲げる場合のほか、債務者がその債務の履行をせず、債権者が催告をしても契約をした目的を達するのに足りる履行がされる見込みがないことが明らかであるとき。

この①から⑤は、いずれも、債務不履行により契約をした目的を達することができない場合である。また、債権者は、債務の一部の履行が不能であるとき、または、債務者がその債務の一部の履行を拒絶する意思を明確に表示したときも、催告をすることなく、直ちに契約の一部の解除をすることができるとする（同2項）。

ところで、新法によれば、債務不履行により「契約をした目的を達することができない」場合には、無催告解除が認められ、また、債務不履行が「軽微」でなかった場合には催告解除が認められる。そこで、契約をした目的を達することができるか否かと軽微性との関係が問題となる。

この問題につき、立案担当者は、「契約をした目的を達することができる場合（無催告解除をすることができない場合）であっても、催告をして相当期間が経過すれば契約の解除をすることができる場合がある」ことを想定している（部会資料79-3・14頁）。すなわち、債務者の債務不履行によっても、なお契約をした目的を達することができる場合には、債権者は無催告解除をすることができない（542条1項）。しかし、その場合においても、債権者が「相当の期間を定めてその履行の催告をし、その期間内に履行がない」時に、その不履行が「契約及び取引上の社会通念に照らして軽微である」とは解されないときは、債権者は契約を解除することができる（541条）。

催告解除	不履行が軽微ではない（催告解除○）	不履行が軽微（催告解除×）
無催告解除	契約目的が達成できない（無催告解除○）	契約目的は達成できる（無催告解除×）

↑
催告解除はできる（不履行が軽微ではない）が無
催告解除はできない（契約目的は達成できる）
（部会資料79—3・14頁より）

この規律は、「重大な契約違反」・「重大な不履行」を解除の要件としつつ、債務者による履行の遅延の場合において、債権者が付与した合理的な長さの付加期間内に履行がなかったときも、債権者が契約の解除をすることができるとする国際的な基準（ウィーン売買条約49条1項・ユニドロワ国際商事契約原則7.3.1条3項等）に合致する。すなわち、履行の遅滞によっても契約目的が達成できる（＝重大な契約違反ではない）場合において、相当の期間を定めた催告にもかかわらずその期間内に履行せず、しかもその不履行が軽微でないときは、重大な契約違反として評価され、債権者が契約の拘束力から解放されることが妥当であると解されよう。

なお、債務の不履行が債権者の責めに帰すべき事由によるものであるときは、債権者は、契約の解除をすることができない（543条）。なぜなら、債務不履行について帰責事由のある債権者を契約の拘束力から解放するのは、妥当でないからである。そして、このことは、債権者の責めに帰すべき事由による履行不能の場合に、債権者は、「反対給付の履行を拒むことができない」（＝契約の解除ができないことを前提とする）とする危険負担の規律（536条2項前段）と合致する。

2 履行遅滞等による解除の要件

(1) 履行期の経過

541条は、「当事者の一方がその債務を履行しない場合」における解除の規定であり、その文言上、履行遅滞に限られない。しかし、履行不能を除く債務不履行の典型は履行遅滞である。一般に履行遅滞とは、債務者が履行期に履行の提供（492・493条）をしないことをいう。履行期については412条に規定があり、債務者は、①確定期限があるときは、その期限が到来した時（1項）、②不確定期限があるときは、期限の到来後に履行の請求を受けた時、または、その期限の到来を知った時のいずれか早い時（2項）、また、③期限を定めなかったときは、履行の請求を受けた時（3項）から、それぞれ遅滞の責任を負う。このうち、③については、条文上は、債権者がまず履行の請求（催告）をし（412条3項）、次いで解除のための催告（541条本文）をしなければならない。

しかし、判例は、一つの催告で両者を兼ねることができるとする（大判大正6・6・27民録23輯1153頁）。

なお、債務者が同時履行の抗弁（533条）を有する場合には、債権者はその抗弁を消滅させなければ解除できない。すなわち、契約を解除するためには自己の債務の履行を提供しなければならず、単に履行の催告をするだけでは十分でない。

(2) 相当の期間を定めた催告

(ア) **催告の趣旨**　解除は債権者を反対債務の拘束から解放する反面、債務不履行をした債務者から契約の利益を一方的に奪うという側面がある。そこで、できる限り契約を維持すべきであるとの考えから、債務者にもう一度債務を履行する機会を与えるために、民法は、債権者が相当の期間を定めて催告することを要件とした。

問題となるのは、催告に示された金額が債務額よりも超過している場合（過大催告）にも、催告が有効か否かである。この問題につき判例は、債権者が催告金額全部の提供がないと受領を拒絶する意思なのかどうかを判断基準とする。すなわち、賃料延滞額が10万円にすぎないのに、23万円の延滞としてなされた催告も、23万円の提供がないと受領を拒絶する意思が明確でないときは、延滞額の限度において有効である（最判昭和32・3・28民集11巻3号610頁）。しかし、適正賃料を約1000円しか超えない賃料債務の支払の催告であっても、賃貸人がその催告金額以下の金員では受領しないことが明確である場合には、催告は効力を生じないとされる（最判昭和39・6・26民集18巻5号968頁）。

(イ) **相当の期間**　相当の期間とは、債務者が債務の履行を準備し、これを履行するために要する期間をいう（前掲大判大正6・6・27）。そして判例は、期間が相当か否かを、催告中に定められた期間ではなく、解除までに実質的に与えられた猶予期間を考慮して判断している。すなわち、催告期間が不相当であったり、期間を定めずに催告しても、相当な期間を経過した後になお債務者が債務を履行しなければ、債権者は、契約を解除することができる（大判昭和2・2・2民集6巻133頁、最判昭和31・12・6民集10巻12号1527頁）。

(ウ) **無催告解除**　民法は、前述のように、催告が不要な場合を五つ定めて

いる（542条1項）。これらはいずれも、債務者に対し、催告により履行の機会を与えても意味がない場合である。

① 債務の全部の履行が不能であるとき（1号）。この場合には、催告をしても無意味であるから、債権者は、直ちに契約を解除することができる（旧543条参照）。

② 債務者がその債務の全部の履行を拒絶する意思を明確に表示したとき（2号）。債務者が「履行を拒絶する意思を明確に表示した」ことが必要であり、単に履行を拒んだというだけではなく、履行拒絶の意思が、その後に翻される見込みがない程度に確定的なものでなければならない（一問一答76頁注1）。

③ 債務の一部の履行が不能である場合または債務者がその債務の一部の履行を拒絶する意思を明確に表示した場合において、残存する部分のみでは契約をした目的を達することができないとき（3号）。これは、契約が可分である場合に、債務の一部の履行不能等を理由に、契約の全部の解除を無催告で行うことを許容するものである（一問一答239頁注2）。

④ 契約の性質または当事者の意思表示により、特定の日時または一定の期間内に履行をしなければ契約をした目的を達することができない場合において、債務者が履行をしないでその時期を経過したとき（4号）。定期行為である（旧542条参照）。例えば、買主である商人が顧客に暑中見舞いの進物とするため団扇を購入し、6月中に引渡しを受けることを約定したにもかかわらず、売主が8月下旬に目的物を引き渡したという事案につき、大審院は、「（本件）団扇ノ売買ハ其性質上約定ノ時期ニ履行ヲ為スニ非ザレバ契約ヲ為シタル目的ヲ達スルコト能ハザル場合ニ該当スル」と判示した（大判大正9・11・15民録26輯1779頁）。このような定期行為は、その期間内に履行されないと無意味であるから、債権者は、催告をすることなく、直ちにその契約を解除することができる。

なお、商法は、定期行為である商人間の売買につき、履行期を経過すると、債権者が「直ちにその履行の請求をした場合を除き、契約の解除をしたもの」とみなしている（商525条）。

⑤ ①から④までに掲げる場合のほか、債務者がその債務の履行をせず、債権者が催告をしても契約をした目的を達するのに足りる履行がされる見込みが

ないことが明らかであるとき（5号）。例えば、債務について不完全な履行がなされ、その履行の追完が不能である場合には、その程度に応じて、本号により無催告解除が認められる（一問一答239頁注3）。

このほか、当事者の合意によって催告を不要とする旨の無催告解除特約も、原則として有効である（最判昭和43・11・21民集22巻12号2741頁）。また、判例は、賃貸借契約において、当事者の一方が賃貸借関係の継続を著しく困難ならしめるような不信行為をしたときは、相手方が催告をしないで解除できるとした（最判昭和27・4・25民集6巻4号451頁—家屋の賃借人が建具類を破壊した事案）。

なお、債権者は、契約が可分であり、その一部分のみを解消することが可能である場合において、債務の一部の履行が不能であるとき、または、債務者がその債務の一部の履行を拒絶する意思を明確に表示したときは、催告をすることなく、直ちに契約の一部の解除をすることができる（542条2項）。

(3) 一部の債務不履行(i)——付随的義務

債務者が債務の全部ではなく、その一部のみを履行しなかった場合にも、債権者は契約の全体を解除することができるか。このような債務の一部不履行にも、さまざまなケースがある。

まず、一つの売買契約ではあるが、その債務の履行が一定の期間ごとに一定の数量ずつ分割してなされる、いわゆる逓次供給契約において、その途中の履行が遅滞した場合には、買主は原則として未履行の部分のみを解除することができ、既履行の部分だけでは契約をした目的を達することができないなどの特別の事情がない限り、契約の全体を解除することはできないとされる（大判大正14・2・19民集4巻64頁）。

また、契約の要素（中心的な債務）ではない付随的義務の不履行については、原則として解除権が発生せず（最判昭和36・11・21—541条ただし書の「軽微であるとき」に該当する）、その不履行が「契約締結の目的の達成に重大な影響を与えるものである」場合には契約を解除することができる（最判昭和43・2・23）、というのが判例の立場である。

最判昭和 36・11・21 民集 15 巻 10 号 2507 頁（公租公課の負担と解除）

　買主 X の売主 Y に対する土地の所有権確認請求に対して、Y は、X が公租公課の負担義務を履行しないことを理由に売買契約を解除したとの抗弁を提出した。第一審・第二審ともに、Y の抗弁を排斥して X の請求を認容した。Y 上告。最高裁は、次のように判示して、Y の上告を棄却した。すなわち、「法律が債務の不履行による契約の解除を認める趣意は、契約の要素をなす債務の履行がないために、該契約をなした目的を達することができない場合を救済するためであり、当事者が契約をなした主たる目的の達成に必須的でない附随的義務の履行を怠ったに過ぎないような場合には、特段の事情の存しない限り、相手方は当該契約を解除することができないものと解するのが相当である」。

最判昭和 43・2・23 民集 22 巻 2 号 281 頁（付随的な特約違反と解除）

　土地の売買契約に際し、売主 X と買主 Y との間で、Y が代金を完済するまでは本件土地の上に建物を建築しない旨の特約がなされていた。しかし、Y がこの特約に反して建物を建築したため、X は、Y に対して、本件売買契約を解除し、移転登記の抹消と建物の収去を求めた。第一審・第二審ともに X の請求を認容し、Y が上告した。最高裁は、次のように判示して、Y の上告を棄却した。すなわち、本件約款は付随的な約款であり、「売買契約締結の目的には必要不可欠なものではないが、売主にとっては代金の完全な支払の確保のために重要な意義」を有し、その「不履行は契約締結の目的の達成に重大な影響を与えるものであるから、このような約款の債務は売買契約の要素たる債務にはいり、これが不履行を理由として売主は売買契約を解除することができると解するのが相当である」。

(4)　一部の債務不履行 (ii) ―― いわゆる複合的契約

　例えばケアサービス付のマンションの売買契約など、複数の契約を組み合わせて一定の目的を達成する場合において、その一方の契約につき不履行があるとき、債権者は契約の全体を解除することができるか。この問題については、次の最高裁判決が一つの基準を示している。

第1部　契約法総論

最判平成8・11・12民集50巻10号2673頁（複合的契約の解除）

　Xは、平成3年、Y社から、リゾートマンションの一区分を4400万円で買い受けるとともに、Yの運営するスポーツクラブの会員権を購入し、登録料50万円および入会預り金200万円を支払った。その際に、Yが書式を作成したマンションの売買契約書には、表題および前書きにスポーツクラブ「会員権付」との記載があり、また、買主は不動産の購入と同時にクラブの会員となる旨の特約があった。そして、Yによる本件マンション分譲の新聞広告には、その購入者が本件クラブを会員として利用することができると記載されていた。さらに、本件クラブの会則にも、マンションの区分所有権がクラブの会員権付きであり、両者を分離して処分することができず、区分所有権を他に譲渡した場合には、会員としての資格は自動的に消滅し、かつ、区分所有権を譲り受けた者は、Yの承認を得て新会員としての登録を受ける旨が定められている。ところで、本件クラブは、平成4年9月末に屋内プールの完成を予定していたもののそれが遅延し、Xの再三の要求にもかかわらず着工もされなかった。そこでXは、Yに対し、平成5年7月、屋内プール完成の遅延を理由として、マンションの売買契約とクラブの会員権契約を解除する旨の意思表示をした。争点となったのは、屋内プール完成の遅延を理由として、マンションの売買契約を解除することができるか否かである。

　第一審は、「本件売買契約と本件会員権契約は不可分的に一体化したもの」であるとして、Xの請求を認容した。しかし原審は、両契約が別個のものであり、屋内プールの完成が「不動産の売買契約を結んだ主たる目的の達成に必須的でありかつそのことが売買契約において表示されて」いないときは、その不履行を理由に不動産の売買契約を解除することはできないとした。X上告。

　最高裁は、「同一当事者間の債権債務関係がその形式は甲契約及び乙契約といった二個以上の契約から成る場合であっても、それらの目的とするところが相互に密接に関連付けられていて、社会通念上、甲契約又は乙契約のいずれかが履行されるだけでは契約を締結した目的が全体としては達成されないと認められる場合には、甲契約上の債務の不履行を理由に、その債権者が法定解除権の行使として甲契約と併せて乙契約をも解除することができるものと解するのが相当である」と判示し、本件についても、Xは、Yによる屋内プールの完成の遅延によって、マンションの売買契約を締結した目的を達成することができなくなったため、その目的の表示の有無にかかわらず、541条により同売買

契約を解除することができるとした（破棄自判）。

　この問題については、解除による債権者の契約からの解放とともに、複数の契約を別個のものと認識している債務者から契約利益を剥奪する、という債務者の不利益をも考慮しなければならず、第一審のように、複数の契約を簡単に「不可分一体」のものと解することはできない。そこで原審は、動機の錯誤（95条2項参照）におけると同じく、動機の表示による債務者の認識の有無を問題とした。しかし、本件のようなスポーツクラブ会員権付マンションの売買契約では、買主の購入の動機はさまざまであり、それが表示されることも期待できない。そうだとすれば、判旨のように、客観的に複数の契約の目的が相互に密接に関連するか否かを判断し、「社会通念上、……いずれかが履行されるだけでは契約を締結した目的が全体としては達成されないと認められる場合には」、一方の契約における債務不履行を理由に他方の契約の解除を認めても、債務者はそれを予測しうるため、酷にはならないと解される。そして、付随的義務の不履行や複合的な契約の一方の不履行についても、結局は、債権者が契約をした目的を達することができるか否かが、解除を認めるための判断基準とされていることに留意すべきである。

3　履行不能・不完全履行による解除

(1)　履行不能における解除の意義

　履行不能による解除は、売買契約においては次の理由により意義がない。すなわち、履行不能は売主の債務について生じるだけであるから、解除権を取得するのは買主に限られる。しかし、買主は、目的物に代わる損害賠償を請求できるにすぎない。そうだとすれば、買主は、①契約を解除して代金債務を免れたうえで損害賠償を請求しても、②契約を解除せずに塡補賠償を請求し、自己の代金債務と相殺して差額を請求しても同じである（我妻・V_1 135頁）。もっとも、交換契約のように、債権者も債務者に金銭以外の物を給付する債務を負う場合には、履行不能による解除にはなお意味がある。しかし、経済的には、交換契約は例外であり、いずれにしても履行不能による解除には大きな意義がな

い。

履行遅滞との違いは、履行不能による解除においては催告が不要であり（541条1項1号・2項1号）、また、履行期前に不能が生じたときは、履行期の到来をまたずに解除できる（大判大正15・11・25民集5巻763頁）ことにある。

(2) 不完全履行による解除

不完全履行とは、履行期に履行がなされたが不完全である場合をいう。この不完全履行は、売買契約においては契約不適合責任（562条）の問題として処理されうる。しかし、その他の不完全履行については、一般的には、①履行された不完全な給付が追完を許す場合と、②追完を許さない場合とを区別する。そして、①は履行遅滞に準じて解除のために催告を要するが、そもそも不履行が軽微なときは、催告解除も許されない（541条ただし書）と解される。また、②において、追完不能により契約をした目的を達することができないときは、542条1項5号によって無催告解除が認められる。しかし、追完が不能であったとしても、なお契約目的を達することができる場合には、無催告解除は認められず、さらに不履行が軽微であると評価されるときは、催告解除も否定されよう（一問一答239頁注3）。

第3節　解除権の行使とその効果

1　行使方法

(1) 解除の意思表示

法定解除権も約定解除権も形成権であって、その行使方法は異ならない。すなわち、解除は、相手方に対する意思表示によってなされ（540条1項）、その意思表示が相手方に到達した時に効力を生じる（97条1項）。解除の意思表示は、訴訟を提起することによって行ってもよいし、相手方の履行請求訴訟に対して抗弁として主張してもよい。ただし、一度行った解除の意思表示は、撤回

することができない（540条2項）。ここにいう撤回とは、すでに行った意思表示を将来に向かって消滅させることであり、これが禁じられるのは、解除の効果を信じた相手方を保護するためである。それゆえ、相手方の承諾があれば撤回も認められる（最判昭和51・6・15裁判集民事118号87頁）。また、制限行為能力や錯誤・詐欺を理由とする解除の意思表示の取消しも制限されない。

　ところで、履行遅滞を理由に契約を解除するためには、通常は、①相当の期間を定めた催告をし、②解除の意思表示をしなければならない（541条）。しかし、本章第2節に述べたように、①についてはこれを不要とする特約がなされることがある。他方②も、次の二つの方法により簡略化される。

　一つは、停止条件付解除の意思表示である。これは、催告と同時に行う、催告期間内に履行しないときは当然に解除されたものとする旨の意思表示である。もっとも、解除の意思表示に条件や期限を付すことは、債務者を不利益にするため、原則として許されない。しかし、停止条件付解除の意思表示は、債務者に不当な不利益を与えるものではないため、有効である。

　もう一つは、債務不履行があれば、①も②もなしに当然に契約が解除されたものとする特約（失権約款）である。例えば、不動産の賃貸借契約において、賃借人が賃料の支払を一回でも怠れば当然に解除されたものとする、という特約がなされる場合がある。このような特約も、契約自由の原則からは有効である。しかし、これによって賃借人が不当な不利益を受けるおそれもあるため、判例は、「賃料の支払遅滞により、当事者間の信頼関係が、解除の意思表示を要せず賃貸借契約が当然に解除されたものとみなすのを相当とする程度にまで破壊された」場合にのみ、当然解除の効力を認めている（最判昭和51・12・17民集30巻11号1036頁）。

(2)　解除権者と解除の相手方

(ア)　契約当事者　　解除の意思表示を行うのは、契約当事者の一方である。問題となるのは、契約から生じた債権の譲渡がなされた場合に、その債権の譲受人が解除権を行使しうるか否かである。判例は、単なる債権の譲受人には解除権が移転しないが、契約上の地位の移転があれば、その譲受人は解除できるとする（大判大正14・12・12民集4巻710頁）。また、解除の相手方も、契約の

当事者およびその地位の承継人であるが、債務不履行解除の場合には、債務者である。

(イ) 解除権の不可分性　当事者の一方が数人ある場合には、解除は全員からまたは全員に対してのみ、することができる（544条1項）。これを解除権の不可分性という。すなわち、契約を解除するためには、債権者は、全員に対して解除の意思表示をしなければならない。その理由は、一部の者との契約を解除することが、法律関係を複雑にするとともに、当事者の通常の意思にも反するからである。ただし、複数の当事者の一部が代理して、全員の名で解除の意思表示をし、またそれを受領する（99条2項）ことは認められる。

ところで、544条1項は、解除権の行使方法を定めたにすぎず、解除するか否かの意思決定の方法を定めたものではない。後者に関しては、複数の当事者がどのような法律関係を形成するかによって異なると考えられる。例えば、組合であれば、解除が業務の執行（670条1項）と常務（同3項）のいずれであるかによって、その意思決定の方法が異なる。また、最高裁は、共有物の貸借契約の解除が252条本文の「管理」に当たり、持分の価格の過半数で決するとした。

最判昭和39・2・25民集18巻2号329頁（共有物の賃貸借の解除）
　Aがその所有する土地をY₁に貸していたところ、Aが死亡し、XとBとが各二分の一の持分でAを共同相続した。その後、Y₁が無断で本件土地の賃借権の一部をY₂に譲渡したため、Xは、Y₁に対して契約を解除する旨の意思表示をし（612条）、Y₁およびY₂に対して本件土地を明け渡すよう請求した。第一審はXの請求を認容したが、原審は、「貸主が二人以上あるときには、契約解除の意思表示はその全員よりこれをなすことを要する」とし、Bの意思表示がないことを理由にXの請求を棄却した。X上告。

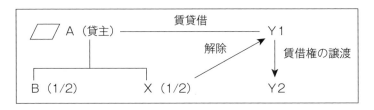

最高裁は、「共有者が共有物を目的とする貸借契約を解除することは民法
252 条にいう『共有物ノ管理ニ関スル事項』に該当し、右貸借契約の解除については民法 544 条 1 項の規定の適用が排除される」とし、「X は本件土地について二分の一の持分を有するにすぎない」から、単独で貸借契約を解除することは許されないとした（上告棄却）。

　判旨は、解除の意思決定に過半数を要するとするものであり、その結論には異論がない。ただし、判旨は、意思決定を超えて、解除権の行使方法に関する 544 条 1 項の適用が排除されるとした。しかし、解除の意思決定の問題とその行使方法の問題とは別個であり、解除の意思表示については、544 条 1 項の適用があると解される（星野英一「判批」法学協会雑誌 84 巻 5 号 769 頁以下）。

　なお、当事者の一方が数人ある場合において、解除権がそのうちの一人について消滅したときは、他の者についても消滅する（544 条 2 項）。その趣旨は、1 項と同じである。また、544 条は任意規定であるから、これを排除する特約も許される。

2　解除の効果

(1)　解除の法的構成

(ア)　基本的効果　　契約の解除がなされると、「各当事者は、その相手方を原状に復させる義務を負う」（545 条 1 項本文）。これは、すでに履行された給付について、その返還を請求する原状回復請求権を認めたものである。ただし、原状回復によって、第三者の権利を害することはできない（同ただし書）。これに対して、未だ履行されていない給付の取扱いについては、明文上明らかでないが、履行の請求が認められないことに異論はない。ただし、その結論を説明するために、二つの見解が考えられる。一つは、未履行の債務が消滅するとする見解（直接効果説・折衷説ないし原契約変容説）であり、もう一つは、債務は消滅せずに、債務者がその履行を拒む抗弁権を有するにすぎないとする見解（間接効果説）である。このうち、後者（間接効果説）では、そのような抗弁権が発生する根拠が明らかではないうえに、実質的にも、債権が消滅時効にかか

るまで存続し、また、担保がある場合にはそれも消滅しないため妥当でない。そこで学説は、間接効果説を採らず、契約の解除により未履行債務は消滅すると解することで一致している。したがって、①原状回復請求権の発生と、②債務の消滅とが解除の基本的効果であるといえよう。このほか、③解除権の行使は、損害賠償の請求を妨げないとされる（545条4項）。しかし、この損害賠償は、債務不履行の効果として認められるもの（415条以下）であって、解除の効果として生じるものではない。それゆえ、損害賠償の範囲も、履行利益の賠償（416条）が認められる。

　(イ)　学説の対立　　以上の効果を統一的に説明するものとして、かつてはドイツの学説にならい、直接効果説、間接効果説および折衷説の三つが主張されていた。もっとも、間接効果説は適切でないため、現在では、直接効果説と折衷説（原契約変容説）とが対立している。この両説の基本的な差異は、解除に遡及効を認めるか否かである。

　まず、直接効果説（通説）は、取消し（121条）と同じく、解除によって契約が遡及的に消滅し、その契約は初めから存在しなかったのと同様になるとする。その結果、既履行給付については、「法律上の原因」がなくなるため、不当利得の返還義務が生じ（703条）、これが545条1項本文の原状回復義務である（最判昭和34・9・22民集13巻11号1451頁）。ただし、解除においては、返還の範囲が、現存利益から原状回復に拡大されていると説明する。また、同条1項ただし書は、解除による契約の遡及的な消滅によって物権や債権の移転も効力を失うとすると、第三者が不測の損害を被るおそれがあるので、そのような第三者を保護するために、解除の遡及効に制限を加えたものであるとする。そして、同条3項の損害賠償も、解除の遡及効を貫徹すれば、契約を前提とする債務の不履行を観念できず、その根拠を失うようにも解されるが、この点においても遡及効が制限されていると説明する（我妻・V₁ 187頁以下）。

　これに対して、折衷説は、解除の遡及効を認めず、契約は解除の時から将来に向かって消滅し、未履行の債務は消滅し、かつ、既履行の債務については原状回復請求権が発生すると主張する。しかし、この見解は、解除による原状回復請求権の発生根拠を説明していない。そこで、解除により、原契約上の債権関係が原状回復の債権関係に変形する、という原契約変容説が提唱されている。

すなわち、「解除によって原契約関係は原状回復の債権関係に変形し、かくて原契約上の未履行債務は原状回復債権関係の既履行債務に転化して消滅し、また原契約上の既履行債務は、原状回復の債権関係の未履行債務に転化し、その履行があってはじめて消滅する」（山中・後掲153頁）と説明する。そして近時は、この原契約変容説が、学説の支持を集めつつある（潮見・債権総論Ⅰ448頁以下、山本・Ⅳ1192頁以下）。

　(ｳ)　判例の立場　判例は、大審院以来一貫して、直接効果説に立っている。例えば、大審院は、建物の売買契約が解除された場合において、「契約ノ解除ハ当事者間ニ契約ナカリシト同一ノ効果」を生じさせるため、その所有権が当然に売主に復帰するとする（大判大正6・12・27民録23輯2262頁。同旨—前掲最判昭和34・9・22ほか）。また、次の判決では、債権が相殺によって消滅したとしても、後にその債権の発生原因である契約が解除されたときは、相殺は無効になるとした。

> **大判大正9・4・7民録26輯458頁（解除の遡及効と相殺）**
> 　Aは、Yに対する貸金債権（以下、「本件債権」という）をXに譲渡し、XがYに対してその支払を求めて訴えを提起した。これに対してYは、その所有する不動産をAに売却し、Aに対する代金債権を自働債権として、本件債権と相殺したと抗弁した。しかし原審は、Yの相殺より後に、Aが、本件不動産の上に存した抵当権の行使によってその所有権を失ったことを理由にYとの間の売買契約を解除した（旧567条1項）ため、「解除ハ既往ニ遡及シ」、自働債権である代金債権も消滅して、相殺の抗弁は認められないとした（Xの請求認容）。Yは、解除が契約当事者間に原状回復義務を発生させるにとどまり、それ以前になされた相殺が有効であるとの理由で上告した。しかし大審院は、「解除ノ効力トシテ前示ノ代金請求権ハ発生セザリシモノト為ル、従テ、之ヲ基本トシタル相殺モ亦其効力ヲ生ゼザルモノト云ハザルベカラズ」と判示して、Yの上告を棄却した。

　この判決は、解除に遡及効を認めない見解では説明しにくく、「直接効果説に有利な判決」（星野・Ⅳ89頁）であるとされる。

なお、最高裁は、賃貸借契約が賃料不払のため適法に解除された後に、賃借人の相殺の意思表示により賃料債務が遡及的に消滅しても（506条2項）、すでになされた解除の効力に影響はないとする（最判昭和32・3・8民集11巻3号513頁）。これは、解除によって契約が消滅した後に、相殺の遡及効によって解除の効果が覆るとすれば、「法律関係ノ不確定ナル状態」が存続するため、相殺の遡及効を制限したのである（大判大正10・1・18民録27輯79頁参照）。

　(エ)　若干の検討　　解除の法的構成については、遡及効の適否をめぐって、直接効果説（判例・通説）と原契約変容説とが対立する。しかし、両説の結論に差異はなく、単なる説明の違いにすぎない。それゆえ、議論の実益はないというのが一般的な評価である。にもかかわらず、原契約変容説が支持を集めているのは、取消しと異なり解除は、契約が有効に成立した後の契約違反を理由とするものであり、はじめから契約が成立しなかったものと考えるべきではないことにある。そして確かに、当事者を契約の拘束から解放するという目的を達するために、解除の遡及効を認める必要はない。

　しかし、取消しも解除も契約を解消するための法的技術にすぎず、取消しの遡及効といっても擬制にすぎない。そうだとすれば、契約の成立段階における意思表示の瑕疵の有無のみで両者の効果を区別することは、論理必然的とまではいえないであろう。また実質的にも、売買契約のような単発的な契約において、後発的とはいえ重大な契約違反があった場合には、契約を締結する前の状態に戻すというのが当事者の意思に適っているとも解される。そして民法も、遡及効のない解除を個別的に規定し（620、630、652、684条）、遡及効のある解除を原則として想定している。そうだとすれば、判例法理としてすでに確立し、かつ、民法の趣旨に適する直接効果説を、あえて放棄するには及ばないであろう。

(2)　原状回復の範囲

　(ア)　原物返還の原則　　解除をした債権者がすでに物を給付していた場合には、債権者は、原物が存在すればその物の返還を請求できる、というのが原則である。問題となるのは、受領した後に目的物が自然にまたは人為的に変化した場合における原状回復の範囲であり、具体的には次の三つである。すなわち、

第一に、目的物が果実を生じ、またはそれを使用したことによる利益（使用利益）が発生した場合に、その果実や使用利益の返還の要否が問題となる。第二は、目的物が滅失または損傷した場合の取扱いであり、第三は、債務者が目的物に費用を投下した場合における必要費と有益費の返還の要否である。このうち、第二点はすでに検討した（74頁）。また、第三点については、196条の趣旨に従い、債務者が必要費を支出したときはその全額を（1項）、また、有益費を支出したときは、債権者の選択により、その支出した額または増加額を（2項）、債権者が償還することに異論はない。以下では、第一の問題を取り上げる。

(ｲ)　果実・使用利益　　民法は、金銭を返還するときは、その受領の時からの利息を付さなければならないとする（545条2項）。この規定は、受領者の善意悪意を問題としないため、悪意の受益者（704条）または占有者（190条）にのみ（703、189条参照）利息を付す、不当利得法の特則であると解することもできる。しかし、金銭は常に利用が可能であり、法定利率の範囲内であれば、利息は、「社会観念上受益者の行為の介入がなくても不当利得された財産から損失者が当然取得したであろうと考えられる」（最判昭和38・12・24民集17巻12号1720頁）価値であると解される。そうだとすれば、金銭の返還に際しては、その使用利益の証明を要せず（419条2項参照）、当然に利息の返還義務を負うと解され、545条2項も特則ではないということになる。そして、金銭以外の物を受領した場合にも、金銭の場合との均衡から、受領時以降の果実や使用利益を返還しなければならない（大判昭和11・5・11民集15巻808頁、前掲最判昭和34・9・22）。すなわち、原状に復するためには、返還者は、受領時以降の果実や使用利益を相手方に返還すべきこととなる。新法は、使用利益については明文を設けていないが、果実についてはその返還を義務づけている（545条3項）。

　問題となるのは、他人物の売主に対しても、買主が使用利益を返還すべきか否かである。この問題は、所有権留保特約の付された自動車の売買において争われた。

最判昭和 51・2・13 民集 30 巻 1 号 1 頁（他人物売買の解除と使用利益の返還）

　Xは、Yより中古自動車を代金 57 万 5000 円で買い受け、即日代金全額を支払ってその引渡しを受けた。本件自動車は、A 会社が B に所有権留保特約付で割賦販売し、B が Y に転売したものであるが、その登録名義は A にあり、B は本件自動車を処分する権限を有していなかった。そして、A は、留保していた所有権に基づき本件自動車を執行官の保管とする旨の仮処分決定を得てその執行をし、本件自動車は、X から引き揚げられた。X は、この時点ではじめて本件自動車が Y の所有に属しないものであることを知り、Y との売買契約を解除する（旧 561 条）とともに、Y に対してすでに支払った代金の返還を求めて訴えを提起した。これに対して、Y は、X が約 1 年間自動車を使用したことによる使用利益が 30 万 4000 円であり、これを代金から控除すべきであること、および、Y の代金返還義務は、X の本件自動車の返還に代わる価格の返還義務と同時履行の関係にあることを主張した。第一審は X の請求を認容し、原審も、「使用利益返還義務は、いわゆる原状回復義務に基づく一種の不当利得返還義務にほかならず使用利益の返還を求めるには、……損失を受けたことを要する」が、他人の物を売買した Y には損失がないとし、Y の控訴を棄却した。Y 上告。

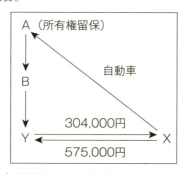

　最高裁は、次の二点を判示して、原判決を破棄し、本件を原審に差し戻した。
　①「売買契約解除による原状回復義務の履行として目的物を返還することができなくなった場合において、その返還不能が、給付受領者の責に帰すべき事由ではなく、給付者のそれによって生じたものであるときは、給付受領者は、目的物の返還に代わる価格返還の義務を負わないものと解するのが相当である」。

②「売買契約が解除された場合に、目的物の引渡を受けていた買主は、原状回復義務の内容として、解除までの間目的物を使用したことによる利益を売主に返還すべき義務を負うものであり、この理は、他人の権利の売買契約において、売主が目的物の所有権を取得して買主に移転することができず、民法561条（旧法）の規定により該契約が解除された場合についても同様であると解すべきである。けだし、解除によって売買契約が遡及的に効力を失う結果として、契約当事者に該契約に基づく給付がなかったと同一の財産状態を回復させるためには、買主が引渡を受けた目的物を解除するまでの間に使用したことによる利益をも返還させる必要があるのであり、売主が、目的物につき使用権限を取得しえず、したがって、買主から返還された使用利益を究極的には正当な権利者からの請求により保有しえないこととなる立場にあったとしても、このことは右の結論を左右するものではないと解するのが、相当だからである」。

他人の権利の売買契約（561条）が解除（415条・541条以下）された場合においても、545条の適用があり、本件ではその原状回復の範囲が問題とされた。そして、判旨①が、Xに本件自動車に代わる価格の返還義務がないと判断したことには異論がない。なぜなら、本件自動車の返還不能はYの帰責事由に基づくものであり、原状回復義務における危険負担の問題として、536条2項が適用されるからである。しかし、判旨②がXの使用利益の返還を認めたことについては、学説の多くが反対している。すなわち、(a)売買契約の未履行の場合における575条の趣旨を生かし、既履行の場合にも、利息と使用利益とは対当額で清算されたものとみなすべきであるとする見解（加藤雅信「判批」昭和51年度重判68頁）や、(b)使用利益の返還を受けることができるのは、使用権能が売主に帰属する場合であり、Yに所有権がなく、したがって損失もないときには、使用利益の返還請求権を認めるべきではないとの見解（内田・II 555頁）がある。

しかし、Yへの使用利益の返還を否定すると、Xは、本件自動車の使用利益を保有しつつ、Yに対し代金の返還とその法定利息を請求することができ（545条2項）、著しく不公平な結果となる（島田禮介・最判解説6-7頁）。また、売主に所有権がないことを理由に使用利益の返還を認めないのであれば、仮に

買主が目的物を保有したまま解除をしたときには、売主は原物の返還も請求できないことにもなりかねない（好美・後掲185頁）。

　契約解除の場合においては、給付を受領した者が目的物とその収益の可能性をすべて返還して、はじめて原状を回復したことになると考えられる。そうだとすれば、判例を支持すべきであろう。

　(ウ)　その他　　例えば労務など、債権者のした給付が性質上原物返還ができない場合においては、解除の時の客観的な価格を返還すべきである。ただし、金銭評価の基準時については、給付時とする見解もある。また、債権譲渡契約が解除された場合には、債権の譲渡人への復帰（移転）を譲受人が債務者に通知しなければ、これを債務者その他の第三者に対抗することができない（467条）。

(3)　解除と第三者

　(ア)　解除前の第三者　　現在の判例・通説は、前述のように、解除によって、当該契約から生じた物権または債権の移転などの処分的効果も遡及的に効力を失うとする（物権的効力）。そして、第三者を保護するために、その遡及効を制限したのが545条1項ただし書であると説明する。それゆえ、ここにいう「第三者」とは、95条4項・96条3項におけると同じく、解除の遡及効によってその権利を覆されるおそれのある第三者、すなわち、解除された契約から生じた法律関係に基づき、解除までに、新たな利害関係を取得した者をいう。例えば、解除前に、目的物を譲り受けた者や目的物の上に抵当権・質権の設定を受けた者などがこれに当たる。ただし、95条4項・96条3項とは異なり、解除の場合には、第三者の善意悪意や過失の有無は問題とされない。というのも、詐欺の場合には、当初の意思表示に瑕疵があるため、第三者がそれを知りつつ取引に加わった場合には保護に値しないが、解除の場合には、債務不履行があっても後に履行されることがあり、常に解除されるわけではないため、第三者の善意悪意が問題とならないからである。また、判例は、545条1項ただし書の第三者についても177条の適用があり、登記をしないと保護されないとする（最判昭和33・6・14民集12巻9号1446頁、最判昭和58・7・5判時1089号41頁）。しかし、この場合は二重譲渡と異なるため、判例が177条を適用する理由は明

らかではない。そして、通説（直接効果説）は、第三者が権利を保護されるための要件（権利資格保護要件）として登記が要求されると説明する。第三者の登記を不要とすると、仮に解除権者が登記を回復しても第三者が常に優先し、不当である。それゆえ、結論としては、判例・通説が妥当であろう。

なお、解除の遡及効を否定する見解によれば、545条1項ただし書は注意規定にすぎず、また、解除前の第三者と解除権者とは対抗関係となり、177条の適用が認められる。

(イ)　解除後の第三者　　解除後に利害関係を有するに至った第三者は、登記をしないと解除権者に対抗することができない（177条）。すなわち、最高裁は、「不動産を目的とする売買契約に基き買主のため所有権移転登記があった後、右売買契約が解除せられ、不動産の所有権が売主に復帰した場合でも、売主は、その所有権取得の登記を了しなければ、右契約解除後において買主から不動産を取得した第三者に対し、所有権の復帰を以って対抗し得ない」と判示した（最判昭和35・11・29民集14巻13号2869頁）。これに対しては、解除の遡及効と相容れないとの批判が可能であり、学説では、遡及効を貫徹して、解除後の第三者は94条2項の類推適用によって保護すべきであるとする見解が有力である。しかし、不動産をめぐる紛争に関しては、登記の有無によって画一的に処理するのが民法の原則（177条）である。しかも、解除後においては、解除権者も登記を速やかに回復すべきであり、それを怠った以上は保護されなくてもやむをえない。判例が妥当であると考える。

3　解除権の消滅

民法が定める解除権の消滅原因は、次の三つである。

第一は、相手方の催告である（547条）。すなわち、解除権の行使について期間の定めがない場合には、相手方は、解除権者に対して、相当の期間を定め、解除するかどうかをその期間内に確答すべき旨を催告することができる。そして、その期間内に解除をする旨の意思表示が到達しなかったときは、解除権は消滅する。これは、解除されるかどうか不安定な地位にある相手方を保護するものであり、制限行為能力者や無権代理人の相手方に認められる催告権（20、

114条）と同様の趣旨である。なお、特殊な法定解除権については、その行使期間が定められていることがある（563-566、570、637、638条など）。

　第二は、解除権者の故意または過失による目的物の損傷等による解除権の消滅（548条）であり、すでに触れた（75頁）。

　第三は、消滅時効である。すなわち、判例は、①解除権も一般の債権（166条1項2号）と同様に、権利を行使できる時（解除権の発生事由が生じた時）から10年の消滅時効にかかり（大判大正6・11・14民録23輯1965頁）、また、②原状回復請求権は、解除によって新たに発生する請求権であるから、その時効は契約解除の時から進行するとした（大判大正7・4・13民録24輯669頁）。これに対して、有力な見解（我妻・V₁207頁以下）は、①について、法定解除が債務不履行責任の一つであり、本来の債務が消滅した後に解除権の行使を認めるのは妥当でないから、消滅時効を考える余地はないとする。また、②についても、解除権は契約を消滅させて原状回復を請求する手段なのであるから、解除権の存続中に原状回復も請求すべきであるとする。しかし、その行使期間が短期に制限されている法定解除権（566条本文）が存在するため、法定解除権にも消滅時効を認めざるをえない。しかも、これらの場合において、その短期間内に原状回復請求権の行使を要求するのは適切でない（内田・II103頁）。そうだとすれば、判例が妥当であり、新法の下では、解除権は、①債権者が解除権の発生事由が生じたことを知った時（権利を行使することができることを知った時）から5年間、または、②解除権の発生事由が生じた時（権利を行使することができる時）から10年間の消滅時効にかかる（166条1項）。そして、③解除権の行使によって生じる原状回復請求権の消滅時効は、契約解除の時から進行することとなる。

　なお、消滅時効とは別に、解除権者が長期にわたってその権利を行使せず、相手方に対して解除権はもはや行使されないものとの信頼を与え、解除権の行使が信義則に反する状態になった場合には、解除権は失効する、という権利失効の原則がある（最判昭和30・11・22民集9巻12号1781頁——一般論）。

【参考文献】　能見善久「履行障害」別冊NBL51号103頁（1993年）、山田到史子「契約解除における『重大な契約違反』と帰責事由(1)(2)」民商法雑誌110巻2、3号（1994年）。山中康

雄「解除の効果」『総合判例研究叢書民法(10)』（有斐閣、1958 年）137 頁以下、四宮和夫『請求権競合論』（有斐閣、1978 年）202 頁以下、好美清光「契約の解除の効力」『現代契約法大系第 2 巻』（有斐閣、1984 年）175 頁以下。

第2部　契約法各論

第1章　贈与

第1節　贈与の成立

1　意義

贈与とは、「当事者の一方がある財産を無償で相手方に与える意思を表示し、相手方が受諾をすることによって、その効力を生ずる」契約である（549条）。旧法は、「自己の財産」を無償で相手方に与える契約であるとしていた（旧549条）。しかし、他人の財産の贈与契約も有効であり、その場合には、贈与義務者は自らその財産を取得して受贈者にこれを移転する義務を負うことになる（最判昭和44・1・31判時552号50頁）。そこで、新法は、「自己の財産」を「ある財産」と改め、贈与の対象となる財産が贈与者の所有に属するものに限られないことを明らかにした。

売買が有償契約の典型であるのに対して、贈与は無償契約の典型である。もっとも、贈与も、古くはその有償性が認められていた。例えば、ゲルマン古法においては、受贈者が贈与者に対して何らかの報償を与える義務を負うとされていた（来栖・契約法224頁）。しかし、わが国の沿革では、贈与の有償性は認められていない。そして、比較法的にもわが国では、次の三点において、贈与が厚く保護されている。

第一に、外国では贈与を要式契約とし、とりわけドイツやフランスでは、公正証書の作成が必要とされるのに対して、日本では贈与を諾成契約であるとしている。もっとも、民法は、書面によらない贈与の解除を認めるため（550条）、

事実上は要式契約に近い。しかし、ここにいう書面は公正証書である必要はない。それゆえ、わが民法の要件は、なお緩やかである。

第二に、贈与の効力に関しても、ドイツやスイスでは贈与者の注意義務を軽減しているのに対して、わが民法はそれを認めず、贈与者は目的物の引渡しまで善管注意義務を負うこととなる（400条）。

第三に、受贈者に忘恩行為があった場合や贈与によって贈与者の生計の維持が困難になった場合などには、贈与の撤回を認める法制が多い。しかし、わが民法にはそのような規定はない。

このように、欧米諸国に比べてわが民法が贈与を厚く保護しているのは、次の理由に基づくとされる。すなわち、欧米諸国が贈与を「好意」と捉えているのに対して、わが国では、贈与を「義理ないし恩から生じる義務」であるとし、無償であるとしてもこれを軽視すべきではない、と考えてきたからである（来栖・前掲245頁以下）。ともあれ、贈与は、有償契約を原則とする現代社会では大きな意義を持たない。ただし、贈与は、寄付のほか、親族間でなされることが多く、相続財産の前渡し（生前相続）としての機能を有している。

2　書面によらない贈与の解除

贈与は、当事者の合意のみによって有効に成立する（549条）。しかし、前述のように、贈与は、贈与者およびその相続人にとっては不利な行為であるから、これを容易にしないよう要式契約とする立法例も多く、旧民法も公正証書を要求していた（財産取得編358条）。しかし、現行民法は、契約を当事者の自由に委ねたため、贈与契約も合意のみで成立するとした（梅・民法要義三463頁）。ただし、書面によらない贈与は、各当事者が解除することができる（550条本文）。その趣旨は、①贈与者の意思が確定していることを確かめて、後に争いが生じることを防ぐとともに、②軽率に贈与がなされることを防ぐことにある（梅・前掲465頁）。それゆえ、すでに履行の終わった部分については、贈与者の意思も確定し、その軽率でないことが明らかとなるから、書面によらない贈与であっても当事者は解除をすることができなくなる（同条ただし書）。

問題となるのは、ここにいう「書面」とは何かである。判例はこれを緩やか

に解し、贈与契約が書面でなされる必要はなく、贈与の意思が書面に表示されていればよいとする。

> **最判昭和 60・11・29 民集 39 巻 7 号 1719 頁（贈与の意思と書面）**
> 　贈与不動産の登記名義が贈与者 A の前主である B に残っていたため、A は B に対して、受贈者 Y（A の妻と他の男性の間に生まれた女子）に直接に移転登記手続をするように求める旨の書面を司法書士に依頼して作成し、これを内容証明郵便で送付した。A の相続人である X は、この郵便が贈与の書面でないため、本件贈与を撤回（解除）できると主張した。しかし最高裁は、次のように判示し、この郵便から A の贈与の意思を確実に看取できるから、550 条にいう「書面」にあたるとした。すなわち、「民法 550 条が書面によらない贈与を取消しうるものとした趣旨は、贈与者が軽率に贈与することを予防し、かつ、贈与の意思を明確にすることを期するためであるから、贈与が書面によってされたといえるためには、贈与の意思表示自体が書面によっていることを必要としないことはもちろん、書面が贈与の当事者間で作成されたこと、又は書面に無償の趣旨の文言が記載されていることも必要とせず、書面に贈与がされたことを確実に看取しうる程度の記載があれば足りるものと解すべきである」（X の上告を棄却）。

「履行の終わった」とは、動産においては引渡しの終了である。また、不動産の贈与契約においては、簡易の引渡し（182 条 2 項）でも足りる（最判昭和 39・5・26 民集 18 巻 4 号 667 頁）が、引渡しがなくても、所有権移転登記が経由されればよい（最判昭和 40・3・26 民集 19 巻 2 号 526 頁）。さらに、土地の贈与者が占有および登記名義を有しないためこれを受贈者に移転できない場合にも、受贈者が提起した土地の登記名義人に対する所有権移転登記手続請求訴訟に贈与者が協力したときは、贈与の履行が終わったものと解すべきである（最判昭和 56・10・8 判時 1029 号 72 頁）。ただし、書面によらない農地の贈与契約では、たとえ引渡しがなされたとしても、都道府県知事の許可（農地 3 条 1 項）を受けるまでは、解除することができる（最判昭和 41・10・7 民集 20 巻 8 号 1597 頁）。

110　第2部　契約法各論

第2節　贈与の効力

　贈与者は、財産権を相手方に移転する義務を負う（549条本文）。そして、その引渡しまで、贈与者は、目的物を善管注意義務をもって保管しなければならず（400条）、これを怠ると債務不履行責任（415条）を負うことになる。ただし、旧551条1項は、贈与者が、贈与の目的である物または権利の瑕疵または不存在については、原則として責任を負わないとしていた（例外—同ただし書）。無償契約である贈与では、贈与者に担保責任を負わせるのが妥当でないからである。

　これに対して、新法は、後述のように、物または権利の瑕疵等を契約不適合であるとして債務不履行の一場合であるとし、売主の担保責任を債務不履行責任へと一元化した（562条以下）。それゆえ、「贈与者の担保責任」を規定した旧551条についても、「贈与者の引渡義務等」とその見出しを改め、「贈与者は、贈与の目的である物又は権利を、贈与の目的として特定した時の状態で引き渡し、又は移転することを約したものと推定する」とした（551条1項）。しかし、この新法では、特定物の贈与については贈与契約の締結によって、また不特定物の贈与については「特定」によって目的物の所有権が受贈者に移転し、贈与者はその「時の状態で引き渡」せばよい、との旧法の枠組みを想起させる。そして、法制審議会民法（債権関係）部会においても、「特定物ドグマに則った法定責任説そのものが採用されているように見え、今回の改正の基本的な考え方と齟齬するように見えるのではないかとの指摘」がなされていた（部会資料81B・19頁）。そうだとすれば、端的に、旧551条1項の趣旨を維持して贈与者の契約不適合の責任を否定する、次の中間試案の規律が適切であったと解される。

> 　贈与者は、次に掲げる事実について、その責任を負わないものとする。ただし、贈与者がこれらの事実を知りながら受贈者に告げなかったときは、この限りでないものとする。

> ア　贈与によって引き渡すべき目的物が存在せず、又は引き渡した目的物が当該贈与契約の趣旨に適合しないものであること。
>
> イ　贈与者が贈与によって移転すべき権利を有さず、又は贈与者が移転した権利に当該贈与契約の趣旨に適合しない他人の権利による負担若しくは法令の制限があること。

　なお、他人の権利の贈与（他人物贈与）において、贈与者がその権利を取得した場合には、受贈者に対して権利の移転義務を負うことには異論がない。しかし、贈与者が当該権利の取得義務を負うか否かについては見解が一致せず（部会資料81B・20頁）、解釈に委ねられている。また、遺贈の目的物の不適合（996-998条・1000条）についても、551条1項と矛盾しないように解釈されなければならない。

　書面による贈与は、原則として解除できない。もっとも、夫婦間の契約は、婚姻中、いつでも取り消すことができ（754条）、これが贈与にも適用される。そのほか、学説は一般に、受贈者の亡恩行為や贈与者の財産状態の悪化の場合には、贈与者がその履行を拒絶することができると解している。また、贈与契約を履行した後であっても、受贈者が相続人の欠格事由（891条）に相当する行為を行った場合にも、贈与者は目的物の返還を請求することができるとする。

第3節　特殊な贈与

　民法は、特殊な贈与を三つ認めている。

1　負担付贈与

　受贈者が一定の給付を負担する贈与契約をいう。負担の利益を受ける者は、贈与者でも、第三者でもよい。また、受贈者の負担は贈与の価値を下回らなければならず、贈与と同等以上の価値を有する場合には、負担付贈与でなく、売

買または交換などの双務契約であると解釈される。

　負担付贈与が通常の贈与と異なるのは、①贈与者が、その負担の限度において、売主と同じ担保責任を負う（551条2項）ことと、②性質に反しない限り、双務契約に関する規定が準用される（553条）ことである。このうち②の主なものは、同時履行の抗弁（533条）、危険負担（536条）および解除（541条以下）である。

2　定期贈与

　定期の給付を目的とする贈与である。定期贈与は、贈与者と受贈者との間の人的信頼関係を基礎とするため、いずれか一方の死亡により終了する（552条）。

3　死因贈与

　贈与者の死亡によって効力を生じる贈与であり、その性質に反しない限り、遺贈に関する規定が準用される（554条）。遺贈とは、財産の全部または一部を処分する旨の遺言であり（964条）、単独行為である。これに対して、死因贈与は契約である。しかし、死因贈与も遺贈も、贈与者または遺言者の死亡によって効力を生ずる点で共通するため、民法は、死因贈与に関して、遺贈の規定の準用を認めたのである。ただし、死因贈与の方式については、遺贈に関する規定の準用はない（最判昭和32・5・21民集11巻5号732頁）。

第2章　売買

第1節　売買の総則規定

1　意義

売買とは、財産権の移転と代金の支払の二つの要素を含む有償・双務・諾成の契約である（555条）。店頭における現金売買や自動販売機の利用のように、契約と同時に目的物と代金とを交付し合う売買（現実売買）も、目的物に契約不適合があった場合には売主が責任（562条以下）を負うなど売買の規定が多く適用されるため、売買の一種と解すべきである。

売買契約は、有償契約の典型であり、売買に関する規定は、有償契約の性質が許さないときを除き、売買以外の有償契約にも準用される（559条）。例えば、当事者が互いに金銭でない財産権の移転を約する場合を交換という（586条1項）。しかし、交換には特有の規定がなく、売買の規定が準用されることになる（559条）。また、売買契約に関する費用については、当事者双方が等しい割合で負担するとされる（558条）。例えば、契約書の作成費用や印紙代などであり、この規定も他の有償契約に準用されるため、契約費用一般にあてはまる。

なお、目的物の運送費などの弁済に要する費用は、原則として、債務者の負担となる（485条本文）。問題となるのは、不動産の売買契約における司法書士の報酬や登録免許税などの、移転登記に必要な費用が、契約費用と弁済費用のどちらに属するかである。判例は契約費用であるとする（大判大正7・11・1民録24輯2103頁）。これに対して、学説は、弁済の費用に当たるとして、債務者

（売主）が負担するのが原則であると解している。しかし、実際には、特約によって買主の負担とされるのが通常であろう。

以上のほか、売買の総則としては、予約と手付が規定されている。

2　売買の予約

(1)　意義

予約とは、一般に、将来本契約を締結する債務を生じさせる旨の契約をいう。予約がなされると、当事者の双方または一方は、その相手方による本契約の申込みに対して、これを承諾する義務を負うことになる。そして、当事者の双方が本契約を締結する義務を負うものを双務予約といい、一方のみがこの義務を負うものを片務予約という。民法には、予約一般に関する規定はないが、すべての契約において、このような予約が認められることには異論がない。

ところで、予約がなされ、本契約を締結する権利を有する者（予約権利者）が申込みをしたにもかかわらず、相手方が任意に承諾しないときは、承諾を求める訴えを提起し、その意思表示に代わる判決を得なければならない（旧414条2項ただし書—新法は削除、民執177条1項）。しかし、このような手続は面倒であるため、民法は、予約権利者が、相手方に対して、本契約を成立させるという意思表示（完結の意思表示）をすれば、相手方の承諾を待たずに、売買の効力が生じるとした（556条1項）。すなわち、契約によって一方の当事者に予約完結権が付与され、その予約完結権が行使されると、相手方の承諾なしに、売買契約が成立することとなる。

(2)　担保的機能——付・買戻し

上記のような売買の予約は、現実には、金銭債権の担保として広く用いられてきた。すなわち、金銭の貸付に際して、債権者は、債務者（または第三者）の有する不動産につき売買の予約または代物弁済の予約をなし、予約に基づく所有権移転請求権保全の仮登記（不登105条2号）を経由しておく。そして、弁済期の到来にもかかわらず債務者の弁済のない場合には、債権者が予約完結権を行使して目的不動産を取得することにより、その債権の回収を図るもので

ある。この方法は、かつては、不動産の価額が債権額を上回っている場合にもその差額の清算が不要であるとされたため、債権者が暴利を得る仕組みとなっていた。しかし現在では、これらの予約は、仮登記担保契約に関する法律（昭和53年6月20日法律78号）の規制を受け（同1条参照）、債権者には清算義務が課されている（同3条）。

　ところで、不動産の所有権を担保に利用する手法としては、以上のほかにも、再売買の予約、買戻し（579条以下）および譲渡担保がある。このうち、買戻しとは、不動産の売買契約と同時にした特約により、売主が、買主の支払った代金と契約費用を返還して、売買契約を解除することである（579条）。他方、再売買の予約とは、不動産の売買契約と同時に行う、目的不動産を後に売主が再び買う旨の予約である。両者は、融資を得るために目的不動産を売買し、後にその借金（代金等）を返済して、目的不動産を取り戻す点では共通する。しかし両者は、次の点で異なる。すなわち、買戻し特約は解除権の留保であり、その行使によって所有権が遡及的に売主に復帰するのに対して、再売買の予約においては、売主の予約完結権の行使によって再び売買契約が成立し（556条参照）、その時に所有権が買主から売主に移転することになる。そして、実質的にも、買戻しに関しては民法が厳格な制限を課しているのに対して、再売買の予約にはその適用がない。しかし、再売買の予約も、担保としての規制に服すると解すべきであろう。

　さらに、譲渡担保については担保物権法で扱うが、最高裁は、「買戻特約付売買契約の形式が採られていても、目的不動産の占有の移転を伴わない契約は、特段の事情のない限り、債権担保の目的で締結されたものと推認され、その性質は譲渡担保契約と解するのが相当である」とした。その理由は、以下のようである。

　まず、真正の買戻特約付売買契約においては、売主は、買戻しの期間内に買主が支払った「代金及び契約の費用」（新法は別段の「合意により定めた金額」も明記―579条前段括弧書）を返還することができないときは、目的不動産を取り戻すことができず、「目的不動産の価額（目的不動産を適正に評価した金額）が買主が支払った代金及び契約の費用を上回る場合も、買主は、譲渡担保契約であれば認められる清算金の支払義務」を負わない（579条前段・580条・583条1

項)。しかし、「このような効果は、当該契約が債権担保の目的を有する場合には認めることができ」ない。それゆえ、「買戻特約付売買契約の形式が採られていても、目的不動産を何らかの債権の担保とする目的で締結された契約」は、譲渡担保契約であると解される。

　ところで、「真正な買戻特約付売買契約であれば、売主から買主への目的不動産の占有の移転を伴うのが通常」であり、民法も、これを前提に、売主が売買契約を解除した場合において、当事者が別段の意思を表示しなかったときは、「不動産の果実と代金の利息とは相殺したものとみなしている（579条後段）」。そうだとすれば、「買戻特約付売買契約の形式が採られていても、目的不動産の占有の移転を伴わない契約は、特段の事情のない限り、債権担保の目的で締結されたものと推認され、その性質は譲渡担保契約」と解されるとする（最判平成18・2・7民集60巻2号480頁）。

3　手付

(1)　意義

　手付とは、契約の締結に際して、当事者の一方から相手方に対して交付される金銭である。この手付の交付も一つの契約であり、金銭の交付によってなされるから、要物契約であると解されている。もっとも、手付が交付される目的はさまざまであり、その主なものは次の三つである。第一は、証約手付であり、契約が成立したことの証拠としての機能を有する。この機能は、すべての手付に共通するものである。第二は、解約手付であり、両当事者が解除権を留保して、その解除権を行使した場合には、手付を交付した者はそれを放棄し（手付損）、手付を受領した者はその倍額を償還する（手付倍戻し）という趣旨で交付される。民法は、この解約手付を原則であるとした（557条1項）。第三は、違約手付であり、これは、相手方が債務を履行しない場合において、手付を受領した者がそれを没収する趣旨で交付される。この違約手付には、さらに次の二つがある。一つは、損害賠償額の予定（420条）としての手付であり、当事者が債務不履行をした場合には手付の没収だけですませ、そのほかに損害賠償の請求ができないとするものである。もう一つは、違約罰であり、手付の没収以

外に、現実に被った損害を賠償請求することができるとする手付である。

　以上のような手付は、債務の履行に際しては、代金の一部に充当されることとなる（大判大正 10・2・19 民録 27 輯 340 頁）。しかし、手付は、代金の一部支払のために交付される内金とは異なる。また、マンション等の売買において、契約締結前に購入希望者がその優先購入権を確保する趣旨で、申込証拠金を売主に対して交付することがある。この申込証拠金は、契約が成立しないときには原則として返還されるべきものであり、手付とはその目的を異にする。

(2)　手付の認定──解約手付の原則

　手付が交付された場合には、少なくとも証約手付の意味を有することは、異論なく認められる。問題となるのは、それ以外にどのような意味を持つかであり、これは手付契約の解釈の問題である。

　まず、宅地建物取引業者が、自らが売主となる宅地または建物の売買契約に際して手付を受領したときは、その手付は解約手付であるとみなされる（宅建業 39 条 2 項。ただし、代金額の 10 分の 2 を超える手付を受領することはできない──同 1 項）。そして、このような特別の規定がない場合において、判例は、広く解約手付であると推定し（最判昭和 29・1・21 民集 8 巻 1 号 64 頁）、代金額に比して僅少な手付（代金 900 円につき 6 円の手付）が交付された場合にも、解約手付であると認定している（大判大正 10・6・21 民録 27 輯 1173 頁）。

　問題となるのは、一つの手付が違約手付（損害賠償額の予定）と解約手付の二つの性質を兼ねることができるかである。というのも、解約手付は、債務不履行がなくても当事者に契約の解除を認めるため、その限りでは契約の拘束力を弱めるのに対して、違約手付は、債務不履行の場合に手付金を没収することができる趣旨で交付されるため、契約の拘束力を強めることとなり、両者は相反するものである、とも解されるからである。判例は、両者を兼ねることができるとした。

> **最判昭和 24・10・4 民集 3 巻 10 号 437 頁（違約手付と解約手付）**
> 　X が Y との間で、Y 所有の土地付建物を 1 万 500 円で買い受ける旨の契約を締結し、手付金として 1050 円を Y に交付した。その売買契約書 9 条には、

手付につき、買主の不履行のときは手付金は売主が没収し、売主の不履行のときは売主が買主に手付金を返還するとともに、同額を違約金として賠償する旨が定められていた。そして、XがYに対して所有権の移転を請求したのに対し、Yは、手付金の倍戻しをして売買契約を解除する旨を申し入れた。そこで、Xは、本件手付が解約手付ではないと主張した。第一審はXが敗訴したが、原審は、本件手付が解約手付ではなく違約手付であると認定して、Xの請求を認容した。Y上告。

最高裁は、次のように判示して、原判決を破棄差戻しとした。すなわち、契約書9条と民法557条とは「相容れないものではなく十分両立し得るもの」であり、「解除権留保と併せて違約の場合の損害賠償額の予定を為し其額を手附の額によるものと定めることは少しも差支」えない。

　解約手付は、理論的には契約の効力を弱めるものであり、実際においても、不動産価格が急騰したバブル経済期には、売主による手付解除が急増した（三好弘悦「バブル崩壊に伴う不動産取引紛争」ジュリスト1030号44頁）。しかし、「契約の拘束力の意識が弱く、自由に契約を破棄できると考えられていた」わが国では、手付の授受によって、無償では解除ができないとなると、契約の拘束力が強まると解される（星野・IV 121頁）。他方、不動産のような重要な財産に関しては、たとえ売買契約を締結したとしても、当事者が考え直し、契約の破棄を望むこともありうる。そのような場合には、相手方に多大な損失を与えない限り、自由に契約を解除できるとすることが、妥当な結論を導くことになる。そうだとすれば、解約手付も、現実には、契約の履行を確保する作用を営むとともに、硬直しがちな不動産取引に柔軟な解決をもたらすものであり、損害賠償額の予定との併存も認められると解される。ただし、違約手付のうち、損害賠償額が手付の額に制限されない違約罰は、解約手付とは両立しない。なぜなら、違約罰においては損害賠償の額と手付の額とが異なるため、解約手付

による解除を認めると、違約罰の特約が無意味となるからである。

(3) **解約手付による解除**

(ア) **手付解除の手続**　解約手付による解除をするためには、買主は、解除の意思表示をするだけでよい。しかし、売主が解除するには、買主に対して手付の倍額を現実に提供しなければならない（最判平成6・3・22民集48巻3号859頁）。最高裁は、その理由を、①旧557条1項の「倍額を償還して」という文言、および、②買主が手付を放棄して解除をする場合には手付金がすでに売主に交付されていることとの均衡から、口頭の提供では足りないことに求めている。そして、新法はこのことを明記し、「買主が売主に手付を交付したときは、買主はその手付を放棄し、売主はその倍額を現実に提供して、契約の解除をすることができる」とした（557条1項本文）。

(イ) **履行の着手**　旧法下においては、解除は、「当事者の一方」が「契約の履行に着手」した後にはすることができない、と規定されていた（旧557条1項）。そこで、問題となったのは、①履行の着手とは何か、その具体的な判定基準と、②「当事者の一方」とは誰か、すなわち、いずれか一方か、あるいは相手方が着手すれば解除できなくなるのかという点であった。

最大判昭和40・11・24民集19巻8号2019頁（履行の着手の意義）
　昭和34年12月、Yは、Xとの間で、大阪府から不動産の払下げを受けたうえで、これをXに代金220万円で売り渡す旨の契約を締結した。そして、XからYに対して、手付として40万円が交付され、残金は昭和35年2月末日に所有権の移転と引換えに支払われることになっていた。本件不動産は2月8日に払い下げられ、Y名義の登記がなされたが、価格が急騰したため、Yは、契約解除の意思表示をして、Xに80万円を提供した。これに対してXは、Yに対して、所有権の移転登記を求めて訴えを提起した。第一審・第二審ともに、本件手付が解約手付であるとしたため、争点は、Yが本件不動産の払下げを受けたことが履行の着手にあたるか否かとなった。第二審は、これを「履行の準備」であるとしてXの請求を棄却したため、Xが上告した。
　最高裁は、①「履行の着手とは、債務の内容たる給付の実行に着手すること、

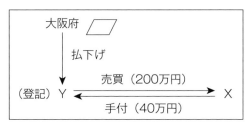

すなわち、客観的に外部から認識し得るような形で履行行為の一部をなし又は履行の提供をするために欠くことのできない前提行為をした場合を指すものと解すべき」であるとした。そして、Yが大阪府から不動産の払下げを受けたという事実は、「特定の売買の目的物件の調達行為にあたり、単なる履行の準備行為にとどまらず、履行の着手があったものと解するを相当とする」とした。

しかし、最高裁は、②旧557条1項の趣旨を、「履行に着手した当事者が不測の損害を蒙ることを防止するため」であるとする。すなわち、すでに履行に着手した「当事者は、履行の着手に必要な費用を支出しただけでなく、契約の履行に多くの期待を寄せていたわけであるから、若しかような段階において、相手方から契約が解除されたならば、履行に着手した当事者は不測の損害を蒙ることとなる」。そこで、これを防ぐために同条が設けられたとする。そして、このように理解すると、同条は、「履行に着手した当事者に対して解除権を行使することを禁止する趣旨と解すべく、従って、未だ履行に着手していない当事者に対しては、自由に解除権を行使し得る」ことになる。なぜなら、「未だ履行に着手していない当事者は、契約を解除されても、自らは何ら履行に着手していないのであるから、これがため不測の損害を蒙るということはなく、仮に何らかの損害を蒙るとしても、損害賠償の予定を兼ねている解約手附を取得し又はその倍額の償還を受けることにより、その損害は塡補される」からである。そして、本件においては、Xが未だ履行に着手していないことを理由にYの解除を認め、Xの上告を棄却した。

まず、判旨②から検討する。最高裁は、旧557条1項を、すでに履行に着手した、解除の相手方を保護する趣旨であるとした。その結果、相手方（X）が履行に着手していない限り、他方当事者（Y）からの解除は許される。これに対して、本判決に付された横田正俊裁判官の反対意見は、当事者の一方が履行

に着手すると、相手方は契約がもはや解除されないとの期待を抱くから、その後に解除することは認めるべきではないとする。この見解によれば、本件は、Yの履行の着手により、Xが契約を解除されないとの期待を抱くため、Yの解除を認めるべきではないとの結論になる。

　この見解の対立は、解約手付の評価にかかわる。すなわち、契約の拘束力を尊重し、解約手付による解除をできる限り制限しようとする立場からは、反対意見のように、当事者のいずれか一方が履行に着手すれば解除は認められないとの結論になる。しかし、不動産については、契約に強い拘束力を与えるのではなく、解約手付による自由な解除を認める方がよいとの評価が成り立てば、多数意見のように、解除の相手方が履行に着手し、解除によって具体的な損害を被る段階に至ってはじめて、解除が制限されると解されよう（内田・Ⅱ119頁）。

　新法も、最高裁の多数意見を採り入れ、「相手方が契約の履行に着手した後」は、買主がその手付を放棄し、売主がその倍額を現実に提供しても、契約の解除をすることができない旨を明記した（557条1項ただし書）。そして、これに合わせて、宅地建物取引業法39条2項も改正された。

　次に、判旨①の「履行の着手」の判断基準は、後の判例によって、より具体化されている。すなわち、「『履行の着手』に当たるか否かについては、当該行為の態様、債務の内容、履行期が定められた趣旨・目的等諸般の事情を総合勘案して決すべき」であり、履行期前であっても履行の着手は認められる（最判昭和41・1・21民集20巻1号65頁）が、「履行期が定められた趣旨・目的及びこれとの関連で債務者が履行期前に行った行為の時期等もまた、右事情の重要な要素として考慮されるべきである」とする。そして、「すでに履行期の到来した事案において、買主（債務者）が代金支払の用意をした上、売主（債権者）に対し反対債務の履行を催告したことをもって、買主の金銭支払債務につき『履行ノ著手』ありといい得る場合のあることは否定できないとしても、他面、約定の履行期前において、他に特段の事情がないにもかかわらず、単に支払の用意ありとして口頭の提供をし相手方の反対債務の履行の催告をするのみで、金銭支払債務の『履行ノ著手』ありとするのは、履行行為としての客観性に欠けるものというほかなく、その効果を肯認し難い」とした（最判平成5・3・16

民集 47 巻 4 号 3005 頁)。したがって、履行期の到来後に買主が代金支払の準備
をして、売主に履行の催告をした場合には、履行の着手が認められる（最判昭
和 33・6・5 民集 12 巻 9 号 1359 頁）が、履行期前の買主による口頭の提供では
履行の着手が認められず、売主はなお解除できる場合があることになる。もっ
とも、平成 5 年判決の事案は、売主が居住用不動産を買い換える目的でその所
有する土地建物を売却し、契約書にもその旨の記載があり、かつ、転居先の入
手という売主の便宜が考慮されて、売買契約の締結から 1 年 9 ヶ月後という長
期の履行期が設定されたものである。そうだとすれば、この場合の当事者の意
思としては、売主のため「より長期に手付解除権を行使する期間を保証したも
のと解することができ」、最高裁の判断も、「本件の具体的な事案を抜きに考え
られるものではない」と解される（西謙二・最判解説 447 頁以下）。このほか、
土地の売買契約における買主による土地の測量は、契約内容を確定するために
必要な行為であるが、原則として履行の着手に当たらない（前掲最判平成 5・
3・16）。また、農地の売買につき、売主と買主が連署して許可申請書（農地法
5 条）を知事に提出することは、履行の着手に当たると解されている（最判昭
和 43・6・21 民集 22 巻 6 号 1311 頁）。

　なお、解約手付による解除の場合には、損害賠償を請求することができない
（557 条 2 項）。手付の損または倍返しによって、通常は相手方の損害が填補さ
れるからである。しかし、債務不履行による解除の場合には、一般原則に従い、
損害賠償が認められよう（415 条）。

第 2 節　売買契約の効力一般

1　基本的効力

(1)　売主の義務
　売主の基本的な義務は、目的となる財産権を買主に移転することである
（555 条）。具体的には、目的物の引渡しおよびその対抗要件を備えるよう協力

する義務（不動産＝登記〔177条〕・債権譲渡＝通知〔467条〕）などである。新法は、この点を明記し、「売主は、買主に対し、登記、登録その他の売買の目的である権利の移転についての対抗要件を備えさせる義務を負う」とした（560条）。

　他人の権利を売買の目的としたときも、売買契約は有効であり、売主はその権利を取得して買主に移転する義務を負う（旧560条）。新法は、旧560条の内容を維持しつつ、括弧書を加えて、売買の目的となる「他人の権利」には、権利の全部が他人に属する場合のみならず、「権利の一部が他人に属する場合におけるその権利の一部を含む」とした（561条）。もっとも、他人物売買の有効性については立法例が分かれ、フランス民法は、売買契約によって目的物の所有権が直ちに売主から買主に移転するとしたため（1583条）、その即時の移転ができない他人の物の売買を無効であるとした（1599条）。しかし、わが民法の起草者は、所有権の移転時期を特約によって定めることも可能であるから、その即時の移転は売買契約の要素ではなく、売主が他人の権利を取得して買主に移転する義務を負うことも認められるとした。また、実際にも、不特定物の売買では、売主が売買契約締結後に目的物を取得して、これを買主に給付することも稀ではないとする（梅・民法要義三 488-489頁）。

　売主がこの義務に違反したときは、買主に対して債務不履行責任（415条）を負うが、旧法は、その特則として担保責任を規定していた（旧561条）。しかし、新法は、後述のように、売主の担保責任を全て「契約の内容に適合しない」場合（＝契約不適合）であると捉え、債務不履行責任へと一元化した（562条以下）。とりわけ、「権利の一部が他人に属する場合においてその権利の一部を移転しないとき」も、「売主が買主に移転した権利が契約の内容に適合しないものである場合」の一つであるとされ、562条から564条までが準用されている（565条）。これに対して、「権利の全部が他人に属する場合においてその権利の全部を移転しないとき」についての規律はない。というのも、565条は、「目的物が引き渡されたもののそれが契約の内容に適合していなかったという不完全履行の場合についての規律であり、目的物の引渡しもないような単純な不履行の場合には債務不履行の一般則が適用されることを想定している」からである。換言すれば、他人物売買において、売主が買主にその権利の全部を移

転できない場合は、「単純な不履行の場面」であり、債務不履行の一般法理（415条）をそのまま適用することになる（部会資料84-3・13頁）。

(2) 買主の義務

買主の基本的な義務は、代金支払義務である（555条）。買主の代金支払義務と売主の財産権移転義務とは、同時履行の関係に立つことが推定される（573条）。そして、両者が同時に履行されるときは、代金は、引渡場所で支払われることになる（574条）。また、まだ引き渡されていない売買の目的物から果実が生じたときは、その果実は、売主に帰属する（575条1項）。これは、買主が引渡しの日から代金の利息を支払う義務を負う（同2項）ことに対応して、両者の間に生じる複雑な権利関係を画一的に解決し、かつ、その衡平を図る趣旨である。それゆえ、売主は、目的物の引渡しを遅滞している場合にも、果実を収取する権利を失わず、買主も代金の利息を支払う必要はない（大判大正13・9・24民集3巻440頁）。しかし、買主が代金を支払った後は、売主は、果実を収取する権利を失う（大判昭和7・3・3民集11巻274頁）。

2 売主の契約不適合責任（担保責任）

以上のほかに、「売買の効力」として旧法は、売主の担保責任を規定していた。これは、①売買の目的物が他人の物であった場合（旧561条〜旧564条）、②目的物の数量が不足したり、その一部が滅失していた場合（旧565条）、③目的物に他人の権利が付着していた場合（旧566、旧567条）、または、④隠れた瑕疵があった場合（旧570条）に、売主が一定の責任を負うものである。そして、旧法の規定は、瑕疵の種類に応じて、権利の瑕疵（①②③）と物の瑕疵（④）とに分類された。

ところで、売主が契約に適合しない物を買主に給付した場合には、上記の担保責任のほかに、売主の債務不履行責任（415条）が問われることとなる。そこで、旧法下においては、両責任の関係をどのように考えるかが問題となり、とりわけ、④瑕疵担保責任に関して議論されてきた。

これに対して、新法は、売主の担保責任を契約不適合責任として捉え、債務

効果 ＼ 不適合の種類	契約不適合 （種類・品質・数量・権利）	全部他人物 （561・415 条）
①追完請求権 （562・565 条）	○	履行請求
②代金減額請求権 （563・565 条）	○	×
③損害賠償請求権 （564・415・565 条）	○	○
④解除 （564・541・542・565 条）	○（軽微―×）	○（軽微―×）
⑤期間制限 （566 条）	種類・品質のみ 1 年	×

不履行責任に一元化した。そして、契約不適合責任の内容として、買主に以下
の権利が認められる。すなわち、①追完請求権（562条）、②代金減額請求権
（563条）、③損害賠償請求権（564条・415条）、④解除権（564条・541条・542
条）である。これらのうち、③については売主の免責（不可抗力免責）が認め
られるが、①②および④については、売主の免責が認められない。そして、新
法は、移転した「権利」が契約の内容に適合しない場合にも、「目的物」の契
約不適合責任を「準用する」（565条）ため、権利の不適合を物の不適合と同様
に扱う。ただし、目的物の種類と品質に関する契約不適合責任についてのみ、
「買主がその不適合を知った時から1年以内にその旨を売主に通知しないとき」
は、原則として、買主は売主に対して責任を追及することができなくなる
（566条本文）。

　なお、新法は、売買・請負等に関連して、「担保責任」という語を用いてい
る（例えば、売買に関する565条・566条・568条・569条・572条、請負に関する
636条・637条のほか、負担付贈与に関する551条2項）。しかし、旧法下におけ
る売主および請負人の担保責任を契約不適合責任とし、これを債務不履行責任
に一元化する新法では、「担保責任」という語を用いない方が一貫する（法制
審議会民法〔債権関係〕部会第97回部会議事録37頁における松本恒雄委員の発言
参照）。そこで、以下では、原則として、「担保責任」という語を用いず、「契約
不適合責任」という語を用いることとする（本書の「第3版　はしがき」も参照）。

126　第2部　契約法各論

第3節　契約不適合責任の創設

1　旧法下における理解

(1)　法定責任説——旧法下の通説的見解

　旧法下の瑕疵担保責任（旧570条）については、債務不履行責任（415条）との論理的な関係が問題とされ、この問題をめぐっては、法定責任説と債務不履行責任説とが対立してきた。

　大正期以降の通説的見解は、ドイツ法の影響を受け、旧570条を法が特に認めた責任（法定責任）であるとした。なかでも、柚木馨博士は、瑕疵担保責任の適用領域が、特定物、とりわけ不代替的な特定物の売買に限られるとした。その理由は、次の点にある。まず、不特定物の売買においては、売主は完全な物を給付すべき債務を負い、給付した物に少しでも瑕疵があれば、買主は売主に対して債務不履行責任（不完全履行）を追及することができる。これに対して、不代替的特定物の売買においては、目的物に隠れた瑕疵がある場合には、債務の履行が部分的に不可能（原始的一部不能）であり、売主は瑕疵のない完全な物を給付する義務を負わない。それゆえ、売主が契約で定められた物を給付すれば、債務の履行は完了し、債務不履行の問題を生じる余地はない（特定物のドグマ＝「瑕疵ある特定物の履行は瑕疵のない履行である」）。しかし、それでは買主が、売買代金に見合うだけの品質を有した物の給付を受けられない。そこで、旧570条は、売買の有償性に鑑み、瑕疵を知らなかった買主の利益を保護するために、法が特に認めた責任であると説明した。この見解のポイントは、原始的一部不能論と特定物のドグマの承認にある。

(2)　債務不履行責任説

　上記の法定責任説に対して、1960年代以降、アメリカ統一商法典（1952年）やハーグの国際動産売買統一法（ULIS、1964年—特に56年草案）などの国際的動向を背景に主張されたのが、瑕疵担保責任も債務不履行責任であるとする見

解である。この見解は、特定物の売買において、売主の瑕疵なき物の給付義務を否定する法定責任説を、それが「特定物のドグマ」であるとして、次のように批判した。すなわち、瑕疵のある物でも引き渡せば、「法律的には売主の義務を果たしたことになる、というのは、常識的には理解し難い」（星野・後掲215頁）。そして、法定責任説によれば、特定物の買主の売主に対する瑕疵修補請求権が否定されるが、たとえ不代替物であったとしても瑕疵の修補が可能な場合もあり、売主に修補を認める方が妥当な場合もある。そこで、債務不履行責任説は、瑕疵担保責任が売買に関する債務不履行責任の特則であると解し、目的物が特定物であるか否かに関係なく適用され、そこに規定のない事項については債務不履行に関する規定が適用されるとした（星野・後掲236頁）。

(3) 国際的動向の進展

　後述のように、旧法の規律は、法定責任説の結論と合致する。にもかかわらず、旧法下においても、債務不履行責任説は次第にその支持者を増やした。その要因としては、法定責任説の多くが採用する「特定物のドグマ」の硬直性に加えて、国際的動向の新たな変化を指摘することができる。すなわち、1980年には、先の国際動産売買統一法を前身とするウィーン売買条約（国際物品売買契約に関する国際連合条＝CISG）が採択された。このウィーン売買条約においても、国際動産売買統一法におけると同じく、瑕疵担保責任と債務不履行責任とが一元化され、売主は、契約の目的に適合した物品の引渡義務を負うこととなる（35条）。

　このウィーン売買条約は、日本を含む92カ国（2019年9月時点）によって締約され、世界の貿易の3分の2は、その締約国間のものとなっている。したがって、同条約は、国際取引における *lingua franca*（共通言語）である。そして、その基本的な枠組みは、その後のユニドロワ国際商事契約原則（1994年、第7・1・1条）およびヨーロッパ契約法原則（PECL—1990年・1996年、第8・101条）に継承されている。さらに、1999年5月25日のEC指令第44号を直接の引き金として、ドイツにおいて、「債務法を現代化するための法律」（2001年11月26日）が成立し、瑕疵担保責任が債務不履行責任に一元化されたことは、債務不履行責任説を決定的に後押しするものとなった。

2　新法の概要

　新法は、法定責任説が前提とする原始的一部不能論と特定物のドグマを明確に否定し、瑕疵担保責任を債務不履行責任に一元化した。

　まず、前述のように、412条の2第2項は、「契約に基づく債務の履行がその契約の成立の時に不能であった」としても、契約の効力は妨げられず、債務不履行の問題になるとして、原始的一部不能論を否定した。また、562条1項は、引き渡された目的物が、種類、品質または数量に関して契約の内容に適合しないものであるときは、①買主が売主に対して、目的物の修補等の履行の追完を請求することができるとする。この規定は、物の種類・品質・数量に関して、契約の内容に適合した物を引き渡すべき義務があることを前提に、これに反した場合の売主の責任が債務不履行責任である旨を定め、特定物のドグマを明確に否定するものである。

　そして、①の追完請求権に加えて、②買主には、目的物の不適合の程度に応じて代金減額請求権が認められる（563条1項・2項）。この代金減額請求権は、損害賠償請求権とは異なる形成権であり、売主が免責されることはない（415条1項参照）。このほか、買主には、③損害賠償の請求（415条）、および、④契約の解除（541・542条）が認められる（564条）。

　ところで、新法は、契約不適合責任の期間制限（566条）の次に、危険負担の規定を置いた。すなわち、売主が買主に目的物を引き渡した場合において、その引渡しがあった時以後にその目的物が当事者双方の責めに帰することができない事由によって滅失または損傷したときは、買主は、その滅失・損傷を理由として上記の4つ（①～④）の救済手段を行使することができないとする（567条1項前段）。この規定は、目的物の引渡し以後の滅失・損傷について定めているため、ややわかりにくい。しかし、その反対解釈からは、目的物の引渡しを基準時として、目的物についての危険（給付危険）が売主から買主に移転することが明らかである。そして、契約不適合についても、それが隠れているか否かを問わずに引渡し前に生じたものであれば、目的物の引渡し後にその不適合に気付いた場合にも、買主は、売主に対して、四つの救済手段を行使す

ることが可能である。この 567 条 1 項前段は、旧法の危険負担における債権者主義（旧 534 条）を変更する、重要な規定である。

3　ウィーン売買条約との関係

(1)　ウィーン売買条約の規律

　契約不適合に関する新法の規律は、ウィーン売買条約の規律にほぼ合致する。すなわち、前述のように、ウィーン売買条約は、その前身となる国際動産売買統一法（ULIS＝1964 年）と同じく、瑕疵担保に相当する事項を物品の適合性に関する売主の義務として規定し（35 条 1 項）、債務不履行責任へと一元化している。そして、売主は、危険が買主に移転した時に存在していた不適合について責任を負うものとし、当該不適合が危険の移転した時の後に明らかになった場合においても責任を負うとする（36 条 1 項）。

　そこで問題となるのが、売主から買主への危険の移転時期である。この問題につき、国際動産売買統一法 97 条 1 項は、危険の移転時期と物品の引渡しないし事実的な支配の移転とを結びつけていた。これに対して、ウィーン売買条約は、国際的な商事慣行を含め、さまざまな政策的配慮の下にこれを修正し、物品の運送を伴う場合（67 条）、運送中に物品が売却された場合（68 条）、およびその他の場合（69 条）の三つに分け、それぞれ個別具体的に規定している。ただし、その原則的な形態である 69 条 1 項前段は、国際動産売買統一法 97 条 1 項に基づくものであり、危険が買主による物品の受取りの時に買主に移転する旨を定めている。これは、物品を事実上支配する者がその危険を回避することができる、との考え方に基づく。なお、同項後段の買主が期限までに物品を受け取らないときは、物品が買主の処分にゆだねられ、かつ、引渡しを受領しないことによって買主が契約違反を行った時から買主に移転するとの規律は、国際動産売買統一法 98 条に従うものであり、わが国の新法も同様である（567 条 2 項）。

　また、ウィーン売買条約 45 条 1 項は、売主の契約違反に対して、買主に次の四つの救済方法が与えられるとする。すなわち、①履行請求権（46 条＝代替

品の引渡請求・修補請求を含む。)、②代金の減額（50条）、③損害賠償請求権（45条1項b号）および④契約解除権（49条）である。そして、国際動産売買統一法74条3項におけると同じく、売主が免責事由を有する場合にも、買主は、②代金減額請求権および④契約解除権を行使することができる（79条5項）。

(2) 規律の異同

新法とウィーン売買条約は、契約不適合責任の要件および効果において、ほぼ同様の規律を定めている。そして、ウィーン売買条約は、その前身である国際動産売買統一法とも同様である。ただし、この三つの規律は、全く同じではない。

まず、物品の適合性に関するウィーン売買条約の規律は、国際動産売買統一法の規律をより簡素化している。すなわち、国際動産売買統一法は、売主が契約に適合しない物品を交付した場合には、その引渡義務を履行したことにならない（19条1項・33条）としつつ、危険は物品の交付（handing over）がなされた時から買主に移転するとしていた（97条2項）。これに対して、ウィーン売買条約は、物品の引渡しと適合性とを区別し、仮に契約に適合しない物品が引き渡された場合にも「引渡し」が認められるものとしている（30条参照）。その背景には次のような問題がある。すなわち、国際動産売買統一法によれば、不適合な物品が交付された場合には、買主が物品を占有し使用しているにもかかわらず「引渡し」がなされていないことになり、売主が無期限に危険を負担することになる。そこで、この不都合を避けるために、同条約は、物品が契約に適合していない場合にも、危険が交付（handing over）の時から買主に移転するとした（97条2項）。しかし、その解釈は複雑であり、これを改めたのが、ウィーン売買条約の規律である。

新法も、危険の移転時期を物の引渡しの時とし、売主がそれ以前に生じた不適合について責任を負う点では、上記の二つの条約と同様である。ただし、567条1項前段括弧書は、売主が買主に引き渡す目的物は、売買の目的として特定したものに限るとする。その理由は、不特定物の売買では、契約に適合しない目的物を選定して引き渡しても「特定」の効果が生じないことにある（潮

見・概要270頁）。しかし、ウィーン売買条約は、上記のように物の引渡しとその適合性とを区別し、買主による物品の受取り（≒売主による引渡し）によって危険が移転することを認めている。そうだとすれば、新法は、ウィーン売買条約ではなく、むしろその前身の国産動産売買統一法の規律に近い。

(3) 旧法体系との関係

瑕疵担保責任を債務不履行責任に一元化する新法は、契約法の国際的傾向に合致し、適切である。そして、一般的には、新法は、瑕疵担保責任に関する法定責任説を否定し債務不履行責任説を採用したものである、と理解されている。その理解にあえて異を唱えるものではないが、次の二つの点には、なお留意する必要がある。

(ア) 旧法規定の文理解釈——法定責任説の妥当性　　原始的一部不能論と特定物のドグマは、民法の制定後にドイツから輸入されたものであり、これらを明確に否定した新法には異論がない。しかし、この二つの理論を除外しつつ旧法の規定を文理解釈すると、その帰結はなお、法定責任説の主張と合致する。すなわち、特定物の売買契約においては、契約の締結の時に危険が買主に移転するため（旧534条1項）、目的物の引渡しのまでの間に瑕疵が生じたとしても、売主は、「善良な管理者の注意をもって、その物を保存」していれば責任を負うことなく（400条）、「現状でその物を引き渡」してよい（旧483条）ということになる。このような考え方の背景には、物の危険が、所有権の移転に伴って売主から買主に移転するとの所有権移転時主義がある。すなわち、所有権の移転時期については議論があるものの、少なくとも民法176条の文理解釈上は、特定物の売買では契約の締結によって所有権が移転する。それゆえ、売買契約の締結時に危険も買主に移転し（旧534条1項）、売主は契約締結前の瑕疵についてのみ責任を負う。また、不特定物の売買においては、目的物の特定の時に所有権が売主から買主に移転し、それに伴い危険も買主に移転する（旧534条2項）。そして、旧法下の2つの有名な判例（大判大正14・3・13民集4巻217頁〔タービンポンプ事件〕・最判昭和36・12・15民集15巻11号2852頁〔塩釜声の新聞社事件〕）も、このような文理解釈に従うものであった（詳しくは、本書〔第2版〕130頁以下参照）。

132　第2部　契約法各論

　そうだとすれば、原始的一部不能論と特定物のドグマは、旧法の帰結を論理的に説明したにすぎない。そして、新法による重要な改正点は、これら二つの理論の否定よりもむしろ、危険負担の債権者主義（旧534条）を否定し、危険の移転を所有権の移転とは関係なく、物の事実上の支配の移転（＝引渡しとその受取り）に伴うものとした点（567条1項）にあるといえよう。

　⒤　危険負担との関係――代金減額請求権の位置づけ　瑕疵担保責任が債務不履行責任であるとしても、なお債務不履行責任に吸収しきれない制度がある。新法が認める代金減額請求権（563条）である。この権利は、前述のように、損害賠償請求権（415条）と異なる形成権であり、売主が免責（不可抗力免責）される場合にも認められる。もっとも、旧法の制定過程においても、瑕疵担保責任の効果としての代金減額請求権が議論され、その減額分の算定が困難であるから損害賠償のみを認めたという経緯がある。そして、伝統的にも比較法的にも、瑕疵担保責任に特有の効果は、代金減額請求権と解除であり、この二つは売主に免責事由があっても認められ、新法でも同様である。そうだとすれば、新法は、瑕疵担保責任を債務不履行責任に一元化しつつ、伝統的な瑕疵担保責任の効果を付加し、これを融合したものであると評価できよう。

⑷　残された問題――不特定物の売買と目的の「特定」

　⑺　問題の所在　契約不適合に関する新法の規律は、全体的な方向性としては適切である。しかし、現行民法の枠組みを残しながら、売主の担保責任を改正しているため、やや複雑でわかりにくい部分がある。不特定物の売買に関する567条1項前段の規律である。すなわち、この規律によれば、前述のように、物品の引渡しによって危険が移転するものの、不特定物の売買においては、引渡しの前に目的が特定していることが要求される（同項括弧書）。しかし、種類債権における目的の特定（401条2項）は、それ自体が危険の移転を効果とするものである（旧534条2項）。そこで、不特定物の売買の場合には、目的の特定によって危険が移転するのか、引渡しによって危険が移転するのか、仮に後者であるとすれば、種類債権の特定にはどのような意味があるのか、ということが問題となる。

　⑷　起草者の見解　この問題につき、起草者の見解は、特定の効果と危険

の移転とを区別する。例えば、(a)ある見解は、不特定物について「特定」が生じたとしても、それだけでは危険は買主に移転せず、危険の移転には買主への「引渡し」が必要であるとして、特定と危険の移転とを区別する。ただし、前述のように、不特定物の売買では、契約に適合しない物を買主に引き渡しても、特定することはないとする（潮見・概要270頁）。しかし、このように解すると、先の国際動産売買統一法に対する批判が妥当する。すなわち、買主が物品の引渡しを受け、それを占有し使用しているにもかかわらず、売主はなお危険を負うこととなる。これを改めたのがウィーン売買条約の規律であり、新法をあえて1964年の国際動産売買統一法の規律に後戻りさせる必要はない。

　また、(b)別の見解は、不特定物の売買における目的の特定には次の二つの段階があるとする。一つは、市場に存在する同種の物の中から、契約の内容に適合するかを評価し判断するための対象となる物を認識する①「評価判断を経ていない特定」である。もう一つは、①を前提に、その物が契約に適合するか否かが問題となり、積極的な評価判断がなされれば、「以後その物を債権の目的物とする」（401条2項）旨の特定がなされるという②「評価判断を経た特定」の段階である（山野目章夫「民法の債権関係の規程の見直しにおける売買契約の新しい規律の構想」法曹時報68巻1号10頁〔2016年〕）。このうち、上記(a)の見解は、567条1項前段の括弧書の「特定」を②の意味に理解する。しかし、(b)の見解は、これを①の意味に理解することも可能であり、「評価判断を経ていない特定」がなされたとしても、それのみでは危険は移転せず、危険の移転には物の引渡しが必要であると説明する。この見解は、「特定」の判断過程を①と②の二つの段階に分けるものである。しかし、①と②を区別することは事態を複雑化する。とりわけ、401条2項の特定が常に②の意味であるとすれば、当事者が積極的に評価して特定したにもかかわらず不適合がある場合には、（動機の）錯誤（95条）の問題が生じよう。しかし、従来の判例・学説は、旧570条が「隠れた」瑕疵を対象とするため、このような特定の合意についての錯誤を回避する努力をしてきたはずである。

　(ウ)　若干の検討　　旧法における危険の移転は、物の所有権の移転に伴う。すなわち、繰り返しとなるが、特定物の売買においては、契約締結時に所有権が買主に移転し（176条）、危険も移転するため、売主は契約締結前に生じた瑕

疵についてのみ担保責任を負う。また、不特定物の売買においては、特定時（401条2項）に所有権が買主に移転し、それによって危険も買主に移転するため（旧534条2項）、売主は、特定以前に生じた瑕疵について担保責任を負うこととなる。換言すれば、不特定物の「特定」によってはじめて危険が移転する。この帰結は、「所有権者が物の危険を負担する」（Res perit domino）というローマ法以来の伝統に従うものであり、瑕疵担保責任（旧570条）が特定物の売買に特有の法理と解されるゆえんである。そして、法定責任説は、この伝統的な帰結を、原始的一部不能論と特定物のドグマによって理論的に再構築した。

　これに対して、新法は、所有権の移転によって危険が移転するのではなく、物の事実上の支配の移転によって危険が移転する（＝物を事実上支配し、その危険を回避することができる者が危険を負担する）との立場を採用した（旧534条を否定し、567条1項前段を規定）。この立場を徹底すれば、売買の目的が特定物であるか否かに関係なく、物の引渡し（による受取り＝事実上の支配の移転）によって危険が買主に移転することになる。もっとも、買主が物を受け取らない場合には、他の物との区別がつかないため、特定が重要となる。そうだとすれば、567条1項前段の括弧書の「特定」は、売主の支配領域にある他の物と区別する程度の意味に解され、買主による物の受取りによっても、この意味における「特定」は認められよう。その反面、401条2項の特定は、所有権（と危険）の移転をもたらすものであり、新法下ではその重要性が後退すると考えられる。

【参考文献】　柚木馨『売主瑕疵担保責任の研究』（有斐閣、1963年）、星野英一「瑕疵担保の研究——日本」『民法論集三』（有斐閣、1972年、初出1963年）171頁、円谷峻「瑕疵担保責任」『民法講座5』（有斐閣、1985年）185頁、潮見佳男『契約規範の構造と展開』（有斐閣、1991年）、下森定「不完全履行と瑕疵担保責任」『現代社会と民法学の動向（下）』（有斐閣、1992年）327頁、柚木＝高木編『新版注釈民法(14)』（有斐閣、1993年）220頁以下（松岡久和）、北居功「売主瑕疵担保責任と危険負担との関係(1)～(4・完)」法学研究69巻5号～9号（1996年）、森田宏樹『契約責任の帰責構造』（有斐閣、2002年）野澤編『瑕疵担保責任と債務不履行責任』（日本評論社、2009年）。

第2章　売買　*135*

第4節　売主の契約不適合責任——各論

1　契約不適合責任（562条以下）

(1)　要件

「引き渡された目的物が種類、品質又は数量に関して契約の内容に適合しないものである」（562条1項本文）ことが要件となる。

(ア)　「引き渡された目的物」　　新法においては、特定物であるか不特定物であるかを問わず、買主に引き渡されるまでに生じた契約の不適合については、売主が責任を負う（567条1項前段の反対解釈）。すなわち、買主は、契約の不適合を理由として、売主に対し、①履行の追完の請求、②代金の減額の請求、③損害賠償の請求、および、④契約の解除をすることができる（567条1項前段参照）。ただし、「目的物」は、「売買の目的として特定したものに限る」とする同項の括弧書については、前述したとおりである。また、新法では、売主の過失は要件とならない（415条）。ただし、③については不可抗力免責が認められる（415条1項ただし書）。

(イ)　「種類、品質又は数量に関して契約の内容に適合しないものである」こと　　旧法は、売買の目的物に「隠れた瑕疵」があったことが要件とされていた（旧570条本文）。この「隠れた」とは、目的物の引渡しの時に、買主が、瑕疵の存在を知らず（善意）、かつ、当該取引において要求される一般的な注意を用いても瑕疵を発見することができないこと（無過失）をいう。これに対して、新法は、契約の不適合が「隠れ」ていたか否かを問わない。その趣旨についての説明（中間試案の補足説明407頁）は難解である。むしろ、旧法の瑕疵担保責任（旧570条）は、「隠れた瑕疵」を対象としたため、債務不履行責任（415条）とは異なる規律が必要であったのに対し、両責任を一元化する新法では、それが隠れているか否かにかかわりなく、同一の規律に従うのが当然だからであろう。

また、旧570条の「瑕疵」とは物質的な欠陥であるが、その基準については

136　第2部　契約法各論

争いがあった。すなわち、瑕疵を客観的に捉えると、①売買の目的物が通常備えるべき品質・性能を有しているか否かが基準となる（客観説）。しかし、瑕疵を主観的に捉えれば、②当該契約において当事者がどのような品質・性能を予定していたか、という契約の解釈が問題となる（主観説）。

　この点は、ヨーロッパでは盛んに議論されている。例えばフランスでは、特定物・不特定物を問わずに瑕疵担保責任を適用するため、瑕疵担保と債務不履行とを峻別する学説（二元説）は、瑕疵担保における瑕疵を①に限定し、②を債務不履行の問題とする。これに対して、わが国の伝統的な法定責任説は、瑕疵担保と債務不履行の適用領域を、瑕疵の概念によって区別せず、売買の目的物が（不代替的）特定物であるか否かによって区別する。それゆえ、瑕疵の概念についても意識的な議論がなされず、債務不履行責任説の側からはもちろん（主観説は、当事者の契約の解釈を問題とするため、その不適合は当然に債務不履行となる）、法定責任説の側も、安易に、できる限り買主を保護すべきであるとして瑕疵の概念を広く捉え、主観説を採用していた（柚木馨編『注釈民法⒁』（有斐閣、1966年）242頁〔柚木〕）。

　このような状況において、瑕疵の概念が正面から争われたのが、次の判決である。

> **最判平成22・6・1民集64巻4号953頁（売買契約締結後の規制による土壌汚染と「瑕疵」の意義）**
> 　平成3年3月15日、XはYから土地を買い受けた。その土地の土壌にはふっ素が含まれていたものの、売買契約締結当時、土壌に含まれるふっ素は法令に基づく規制の対象とならず、取引観念上も、そのふっ素に起因して人の健康にかかわる被害を生ずるおそれがあるとの認識もなかった。しかし、平成13年3月に土壌に含まれるふっ素についての環境基準が告示され、平成15年2月には、ふっ素が土壌汚染対策法に規定する特定有害物質であると定められた。そして、本件土地につき土壌の汚染状況の調査を行ったところ、平成17年11月2日頃、その土壌に同法施行規則に定められた基準値を超えるふっ素が含まれていることが判明した。そこで、XがYに対し瑕疵担保責任による損害賠償を求めて訴えを提起した。第一審は、本件における土壌汚染も、「売買契約

の目的物として通常有すべき品質や性能を欠くもの」であるため、旧570条にいう「瑕疵」に当たるが、瑕疵は、売買契約締結時に存在しなければならず、その後に生じた場合には同条の適用はないとして、Xの請求を棄却した。しかし、原審（東京高判平成20・9・25金商1305号36頁）は、売買契約締結後に土壌汚染が規制されたとしても、瑕疵担保責任が無過失責任であり、「売買の目的物の性能、品質に欠ける点があるという事態が生じたときに、その負担を売主に負わせることとする制度である」として、旧570条の適用を認めた（一部認容）。Y上告受理申立て。

　最高裁は、「売買契約の当事者間において目的物がどのような品質・性能を有することが予定されていたかについては、売買契約締結当時の取引観念をしんしゃくして判断すべき」であるとする。そして、「本件売買契約締結当時、取引観念上、ふっ素が土壌に含まれることに起因して人の健康に係る被害を生ずるおそれがあるとは認識されておらず、Xの担当者もそのような認識を有していなかったのであり、ふっ素が、それが土壌に含まれることに起因して人の健康に係る被害を生ずるおそれがあるなどの有害物質として、法令に基づく規制の対象となったのは、本件売買契約締結後であった」とし、「本件売買契約の当事者間において、本件土地が備えるべき属性として、その土壌に、ふっ素が含まれていないことや、本件売買契約締結当時に有害性が認識されていたか否かにかかわらず、人の健康に係る被害を生ずるおそれのある一切の物質が含まれていないことが、特に予定されていたとみるべき事情もうかがわれない」とした。したがって、「本件売買契約締結当時の取引観念上、それが土壌に含まれることに起因して人の健康に係る被害を生ずるおそれがあるとは認識されていなかったふっ素について、本件売買契約の当事者間において、それが人の健康を損なう限度を超えて本件土地の土壌に含まれていないことが予定されていたものとみることはできず、本件土地の土壌に溶出量基準値及び含有量基準値のいずれをも超えるふっ素が含まれていたとしても、そのことは、民法570条（旧法）にいう瑕疵には当たらない」と判示した（破棄自判）。

　この判決は、「瑕疵」の意義について、「売買契約の当事者間において目的物がどのような品質・性能を有することが予定されていたか」を基準とする主観説に立つことを明言した。その背景には、主観説が大審院の判例（大判昭和8・1・14民集12巻71頁）であり、かつ、瑕疵担保責任の法的性質論とは関係

のない、通説的見解である（「コメント」判時 2083 号 78 頁）という事情がある。しかし、摘示された大審院の判例（前掲大判昭和 8・1・14）は、瑕疵の判断基準として、第一次的には「其ノ物ノ通常ノ用途」に適していないことを挙げ、「契約上特定シタル用途」に適していない場合や、売主が一定の性能を「特ニ保証」したがその性能を具備していない場合も瑕疵に該当するとした。そうだとすれば、この大審院の判例は、客観説を基本とするものであり、純粋に主観説に立ったものとは解しがたい（桑岡和久・百選Ⅱ 103 頁）。また、学説も、上記のように、この問題については十分に議論を尽くしていない。このような状況で公にされた上記の最高裁判決は、瑕疵の意義について主観説を明言した最初の判決である（田中宏治・平成 22 年度重判解説 97 頁は「従来の判例の踏襲に過ぎない」とする）。しかし、旧法の下では、主観説を採用すると、瑕疵と債務不履行との区別がつかず（「瑕疵」も当事者の契約に反するものとなる）、体系的な混乱を招くおそれがあった。これに対して、瑕疵担保責任と債務不履行責任とを一元化し、「契約の内容に適合」しているか否かを問題とする新法（562 条以下）の下では、本判決はそのまま妥当する。その意味では、本判決は、民法（債権関係）の改正の動向を「先取りした」ものであった（野澤・判例セレクト 2010〔Ⅰ〕18 頁）といえよう。

　㋒　不適合の具体例　　旧 570 条の「瑕疵」については、物質的な欠陥のほか、法令上の制限も含まれるとするのが判例であった。例えば、最高裁は、買主が土地を居宅の敷地として使用する目的で、その旨を表示して売主から買い受けたものの、本件土地の 8 割が都市計画事業の道路敷地に該当し、仮に建物を建築しても早晩その全部または一部を撤去しなければならない場合には、隠れた瑕疵が認められるとした（最判昭和 41・4・14 民集 20 巻 4 号 649 頁）。この判例に従えば、新法の下では、法令上の制限も、目的物の種類・品質の不適合（562 条 1 項本文）であることになる。

　これに対して、有力な見解は、法令上の制限が、物の瑕疵ではなく権利の瑕疵であるとする（我妻・V₂ 284 頁、内田・Ⅱ 133 頁）。両者の違いは、競売の場合に売主の担保責任が認められるか否かである（旧 568、旧 570 条ただし書）。そして、有力な見解は、法令上の制限にも用益的権利による制限（旧 566 条）と同じく、競売における債務者の担保責任を認めるべきであるとする。ところ

で、旧570条ただし書は、物質的な瑕疵が通常は重大なものではないことを考慮し、競売の結果の確実性を期すために設けられたものであり、新法も同様である（568条4項）。しかし、法令上の制限には上記のように重大なものがあり、用益的権利による制限と実質的には大差がない。そうだとすれば、法令上の制限は権利の瑕疵（565条）として、568条の適用を認めるべきであろう。

また、旧法下の判例では、土地賃借権の瑕疵が争われた。

最判平成3・4・2民集45巻4号349頁（土地賃借権の瑕疵）

Xは、Yから借地権付建物を買い受け、土地所有者であるAとの間で賃貸借契約を締結した。ところが、本件土地は崖の上に存し、擁壁が設けられていたが、その擁壁には水抜き穴がなかった。そのため、台風に伴う大雨により擁壁に亀裂が生じ、建物が危険な状態となった。そこでXは、Aに対して擁壁の改修を申し入れたが、何らの措置も採られなかったため、建物を取り壊さざるをえず、Yに対して契約の解除（旧570条）を主張した。第一審はXの請求を棄却したが、原審は、借地権の瑕疵を認め、これによりXは建物の所有という目的を達しえなかったため、売買契約を解除できるとした。Y上告。

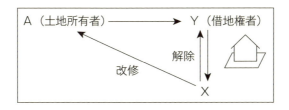

最高裁は、敷地の欠陥が売買契約の目的物の瑕疵にはあたらないと判示した。その理由は、次のようである。すなわち、「建物と共に売買の目的とされたものは、建物の敷地そのものではなく、その賃借権であるところ、敷地の面積の不足、敷地に関する法的規制又は賃貸借契約における使用方法の制限等の客観的事由によって賃借権が制約を受けて売買の目的を達することができないときは、建物と共に売買の目的とされた賃借権に瑕疵があると解する余地があるとしても、賃貸人の修繕義務の履行により補完されるべき敷地の欠陥については、賃貸人に対してその修繕を請求すべきものであって、右敷地の欠陥をもって賃貸人に対する債権としての賃借権の欠陥ということはできないから、買主が、

売買によって取得した賃借人たる地位に基づいて、賃貸人に対して、右修繕義務の履行を請求し、あるいは賃貸借の目的物に隠れた瑕疵があるとして瑕疵担保責任を追求することは格別、売買の目的物に瑕疵があるということはできないのである。なお、右の理は、債権の売買において、債務の履行を最終的に担保する債務者の資力の欠如が債権の瑕疵に当たらず、売主が当然に債務の履行について担保責任を負担するものではないこと（民法569条参照）との対比からしても、明らかである」（破棄自判）。

　一般に敷地に隠れた欠陥がある場合には、その土地の所有者に対して責任を追及するのが通例であり、本件のXも、まずAに対して修繕を申し入れている。そうだとすれば、敷地の利用権の売主に対して契約不適合責任を追及するのは妥当でなく、判旨は正当である。

　なお、下級審裁判例では、中古マンションの売買契約につき、かつて首吊り自殺があったことを理由（心理的瑕疵）に契約の解除を認めたものがある（横浜地判平成元・9・7判時1352号126頁）。また、土地の売買契約において、売買以前に同土地上に存在していた建物内で殺人事件があったとの事実が「隠れた瑕疵」に当たるとして、買主の売主に対する損害賠償請求を認めた判決もある（大阪高判平成18・12・19判時1971号130頁）。これらの裁判例も、新法の下ではそのまま引き継がれよう。

　(オ)　民法（債権関係）の改正　　新法は、「瑕疵」の概念を用いず、物の種類・品質・数量に関して「契約の内容に適合しない」こと（契約不適合）を要件とする（562条1項）。ここでは、種類・品質の契約不適合と数量の契約不適合とが同列に規定されていることに注意を要する。すなわち、旧法は、物の瑕疵（旧570条）と数量の不足（旧565条）とを区別していたが、新法はこのような区別をなくし、契約不適合という観点から共通の規律を設けている。ただし、後述のように、種類・品質と数量の不適合は、買主の権利の期間制限においては区別されている（566条）。また、同じく後述する、旧565条の数量指示売買の意義に関する判例法理（最判昭和43・8・20民集22巻8号1692頁）は、新法の下でも妥当する。

　そして、562条1項は、これらの場合において、買主の売主に対する追完請

求権を認めることにより、特定物のドグマを明確に否定している。

　さらに、旧法は、物の瑕疵と権利の瑕疵とを区別して規定したが、新法は、「権利が契約の内容に適合しないものである場合（権利の一部が他人に属する場合においてその権利の一部を移転しないときを含む。）」についても、物の種類・品質・数量に関する契約不適合の規定を「準用する」ことにより（565条）、両者を同様に扱っている。

　なお、先に触れたように、買主の救済方法としては、①追完請求権、②代金減額請求権、③損害賠償請求権、および、④解除権が認められる。ただし、「不適合が買主の責めに帰すべき事由によるものであるとき」は、①追完請求権が認められない（562条2項）。そして、②代金減額請求権（563条）と④解除権（543条）にも、同様の規律がある。

(2)　効果

(ア)　追完請求権　　追完請求権（目的物の修補、代替物または不足分の引渡し）が認められるかについては、旧法下における法定責任説では、否定に解されてきた。とりわけ、伝統的な法定責任説が前提とした、瑕疵なき物の給付義務を否定する「特定物のドグマ」は、不代替的特定物には妥当する。しかし、不代替的特定物であっても、瑕疵の修補が可能な場合もあり、実際に新築住宅の売主には、住宅の品質確保の促進等に関する法律95条によって、瑕疵の修補義務が課されている。にもかかわらず、伝統的な法定責任説は、目的物に瑕疵が存在すると、それを一律に原始的不能と解する傾向があった。

　ところで、瑕疵担保責任は、沿革的には、古代ローマにおいて市場の警察的監督を行う按察官による、売主の担保責任を認める告示に基づくものであり、そこでは家畜や奴隷（不代替的特定物）の売買が対象とされていた（半田吉信「古代における瑕疵担保責任」法経研究12号22頁〔1982年〕）。このローマ法を継受した大陸法においても、当初は、注文品などの（不代替的）特定物の売買が中心であり、瑕疵担保責任もこのような特定物の売買を念頭に置いて、瑕疵修補請求や代物請求を認めていなかった。

　しかし、一方では、大量生産の時代を迎え、不特定物や、特定物であっても代替性のある物の売買が主流となり、代物請求も可能となる。また、他方では、

技術が進歩し、瑕疵修補が容易になるだけでなく、売主自らが瑕疵修補に応じなくても、第三者に瑕疵を修補させて、その費用を負担するということも可能である。そうだとすれば、買主の売主に対する追完請求が実現可能な場合も多く、現実にも、売主が買主の追完請求に応じることもあったと思われる。

　そこで、新法は、契約不適合責任が債務不履行責任であるとの考えに基づき、「買主は、売主に対し、目的物の修補、代替物の引渡し又は不足分の引渡しによる履行の追完を請求することができる」として、追完請求権を明記した（562条1項）。その理論的根拠はともかく、実質的には、上記のように、売主に追完義務を課すことが可能となったことが、追完請求権を認める要因であると考えられる。

　ところで、追完請求権が認められる場合において、追完の方法（修補か、代替物の引渡しか）は、買主の選択に委ねられる。ただし、「売主は、買主に不相当な負担を課するものでないときは、買主が請求した方法と異なる方法による履行の追完をすることができる」（562条1項ただし書）。そのほか、追完が不能であるときも、買主は追完を請求することができない（412条の2第1項）。しかし、追完義務については、売主の免責は認められない。

　(イ)　代金減額請求権　　沿革的かつ比較法的観点からは、旧法の瑕疵担保責任の効果は、解除権と代金減額請求権であり、この二つの権利には、売主の免責が認められていない（＝無過失責任）。その実質的理由は、売買が双務契約であり、目的物に滅失・損傷・瑕疵がある場合には、買主が契約からの拘束を免れ、あるいは、その分の代金が減額されるのが当然だからである。

　ボワソナードの起草した旧民法も、上記の沿革に従い、瑕疵担保責任の効果として、契約解除権（廃却訴権）と代金減額請求権（代価減少請求権）を認めていた（財産取得編94条以下）。そして、現行民法の起草過程においても、代金減額請求権が検討された。しかし、瑕疵の減額分が「評価仕難イ」（法典調査会・民法議事速記録30巻三十ノ七五）との理由で、その評価が容易な旧563条と旧565条についてのみ代金減額請求権を認め、それ以外は「損害賠償の請求」を規定した、という経緯がある。

　新法は、代金減額請求権を、次のように明文化した。まず、引き渡された目的物が種類・品質・数量に関して契約の内容に適合しないものである場合にお

いて、「買主が相当の期間を定めて履行の追完の催告をし、その期間内に履行の追完がないときは、買主は、その不適合の程度に応じて代金の減額を請求することができる」とした（563条1項）。ただし、以下の場合には、買主は、追完の催告をすることなく、直ちに代金の減額を請求することができる（同2項）。

「一　履行の追完が不能であるとき。

二　売主が履行の追完を拒絶する意思を明確に表示したとき。

三　契約の性質又は当事者の意思表示により、特定の日時又は一定の期間内に履行をしなければ契約をした目的を達することができない場合において、売主が履行をしないでその時期を経過したとき。

四　前三号に掲げる場合のほか、買主が前項の催告をしても履行の追完を受ける見込みがないことが明らかであるとき」。

ただし、契約不適合が買主の責めに帰すべき事由によるものであるときは、買主は、代金の減額の請求をすることができない（同3項）。

この代金減額請求権に関しては、以下の点に留意する必要がある。

①　この権利は、現行民法におけると同じく形成権であり、代金減額的損害賠償請求権ではない。

②　代金減額請求は、売買契約の一部解除と同じ機能を営むため、その要件は、催告による解除（541条本文）と催告によらない解除（542条）と同様である。もっとも、このような一部解除構成を採用したのは、新法が履行不能による債務の当然消滅を否定したため（412条の2）、契約不適合に相当し、かつ、追完の不能な部分の債務が当然には消滅しない、としたことの帰結でもある。仮に旧法のように、「何人も不能な債務に拘束されない」（Impossibilium nulla obligatio est.）との原則を維持すれば、契約に不適合でその追完が不能な部分についての売主の債務は消滅し、買主には代金減額請求権（その法的性質が、形成権であるか、代金減額的損害賠償請求権であるか、にかかわりなく）が当然に認められるであろう。

③　代金減額請求権については、売主の免責（415条参照）が認められない。その理由は、同権利が損害賠償請求権ではないため、415条の適用がないからである。文理解釈上はそのとおりであるが、実質的理由は、上記のように、

代金減額請求権が、売買契約の双務性から認められる権利であることに求められよう。

④　代金減額請求権が認められる場合における減額割合の算定基準時（契約時・履行期・引渡時等が考えられる）は、解釈に委ねられている。原則として、物の引渡しの時に危険が売主から買主に移転する（567条1項）ことを考慮すると、引渡時を基準とするのが合理的であり、ウィーン売買条約も同様である（50条本文）。

(ウ)　解除権・損害賠償請求権　　新法は、契約不適合責任も債務不履行責任であるとするため、損害賠償請求権および解除権も、それぞれ一般規定（415条・541条・542条）によることとなる（564条）。それゆえ、損害賠償の範囲に関しても416条が適用され、履行利益の賠償が認められることとなる。ただし、415条に従い、契約不適合が、「契約その他の債務の発生原因及び取引上の社会通念に照らして」売主の責めに帰することができない事由によるものであるときは、売主の免責が認められる。また、新法は、上記のように、損害賠償請求権と区別される代金減額請求権を新設した（563条）。

そして、契約の解除に関しては、前述のように、債務者の帰責事由を不要としたため、契約不適合を理由とする解除についても、売主の免責は認められない。ただし、買主の責めに帰すべき事由によって契約不適合が生じた場合には、解除権は発生しない（543条）。また、旧法では、瑕疵のために「契約をした目的を達することができないとき」に限って解除権が認められていた（旧570条による旧566条の準用）。これに対して、新法の下では、催告による解除（564条・541条）が認められるため、催告期間を経過した時における契約不適合が「軽微」でなければ、買主は契約を解除することができる。

(エ)　期間制限　　新法は、目的物の種類・品質に関する契約不適合を理由とする買主の権利は、「買主がその不適合を知った時から1年以内にその旨を売主に通知しないときは」失われる（失権）として（566条本文）、旧法における短期の期間制限（旧570条・旧566条3項）を維持した。その理由は、①目的物の引渡し後は履行が終了したとの期待が売主に生ずることから、このような売主の期待を保護する必要があり、かつ、②物の種類・品質の不適合の有無は、目的物の使用や時間経過による劣化等により比較的短期間で判断が困難となる

から、短期の期間制限を設けることにより法律関係を早期に安定化する必要があることによる（部会資料 75A・23 頁）。ただし、売主が引渡しの時にその不適合を知り、または重大な過失によって知らなかったときは、買主の権利は失われない（同ただし書）。

　ところで、旧法下における判例は、瑕疵担保責任について買主が損害賠償請求権を保存するためには、売主に対し、「具体的に瑕疵の内容とそれに基づく損害賠償請求をする旨を表明し、請求する損害額の算定の根拠を示すなどして、売主の担保責任を問う意思を明確に告げる必要がある」としていた（最判平成 4・10・20 民集 46 巻 7 号 1129 頁）。しかし、買主にこのような負担を課すことは過重である。そこで、新法は、買主が、「解除又は損害賠償の請求」をする（旧 566 条 3 項）のでなく、「不適合を知った時から 1 年以内にその旨を売主に通知」することとした。この「通知」は、契約との不適合がある旨を抽象的に伝えるのみでは足らず、細目にわたる必要はないものの、不適合の内容を把握することが可能な程度に、不適合の種類・範囲を伝えるものでなければならない。なぜなら、この「通知」の趣旨は、上記のように、引き渡した物の種類・品質の不適合は、時間の経過とともに判断が困難となるので、その事実を早期に売主に知らせ、不適合を認識し把握する機会を与えることにあるからである（一問一答 285 頁）。

　また、消滅時効の適否については、次の判例がある。

　最判平成 13・11・27 民集 55 巻 6 号 1311 頁（瑕疵担保責任の消滅時効）
　昭和 48 年、X は Y から宅地と地上建物を買い受けた。ところが、この宅地には法律上の瑕疵（道路位置指定）があり、建物の改築をするには床面積を大幅に縮小しなければならなかった。X は、平成 6 年にこの瑕疵の存在を知り、Y に対して損害賠償を請求した。これに対して Y は、X の損害賠償請求権が消滅時効にかかっていると主張した。第一審は、Y の主張を容れて X の請求を棄却した。しかし、原審は、瑕疵担保責任が法定責任であり、「売買契約上の債務とは異なるものであるから、これにつき、民法 167 条 1 項（旧法）の適用はない」として、X の請求を認容した。Y が上告受理申立てをした。
　最高裁は、次の二つの理由によって、「瑕疵担保による損害賠償請求権には

消滅時効の規定の適用があり、この消滅時効は、買主が売買の目的物の引渡しを受けた時から進行する」とした（破棄差戻し）。

①「買主の売主に対する瑕疵担保による損害賠償請求権は、売買契約に基づき法律上生ずる金銭支払請求権であって、これが民法167条1項（旧法）にいう『債権』に当たることは明らかである。この損害賠償請求権については、買主が事実を知った日から1年という除斥期間の定めがあるが（同法570条（旧法）、566条3項（旧法））、これは法律関係の早期安定のために買主が権利を行使すべき期間を特に限定したものであるから、この除斥期間の定めがあることをもって、瑕疵担保による損害賠償請求権につき同法167条1項（旧法）の適用が排除されると解することはできない」。

②「買主が売買の目的物の引渡しを受けた後であれば、遅くとも通常の消滅時効期間の満了までの間に瑕疵を発見して損害賠償請求権を行使することを買主に期待しても不合理でないと解されるのに対し、瑕疵担保による損害賠償請求権に消滅時効の規定の適用がないとすると、買主が瑕疵に気付かない限り、買主の権利が永久に存続することになるが、これは売主に過大な負担を課するものであって、適当といえない」。

この最高裁判例は、新法においても、客観的起算点（引渡し時）から10年の消滅時効（166条1項2号）に関して維持される。

ところで、買主の権利の短期の期間制限は、その文言上、「種類又は品質」に関する不適合に限られ、数量の不適合は除外されている。というのも、「数量不足は外形上明白であり、履行が終了したとの期待が売主に生ずることは通常考え難く、買主の権利に期間制限を適用してまで、売主を保護する必要性は乏しい」からである（同部会資料24—25頁）。また、権利の不適合も除外されている。「売主が契約の趣旨に適合した権利を移転したという期待を生ずることは想定し難く、短期間で契約不適合の判断が困難になるとも言い難い」からである（同部会資料24頁）。それゆえ、数量または権利の不適合については、債権の消滅時効の一般原則（166条1項）によって処理される。すなわち、「債権者が権利を行使することができることを知った時」（主観的起算点）から5年間、または、「権利を行使することができる時」（客観的起算点）から10年間の消滅時効に服することになる。

また、商人間の売買については、商法に特則がある（商526条）。すなわち、買主は、「目的物を受領したときは、遅滞なく、その物を検査しなければなら」ず（1項）、その検査によって、売買の目的物が種類、品質または数量に関して契約の内容に適合しないことを発見したときは、「直ちに売主に対してその旨の通知を発しなければ」、履行の追完の請求、代金の減額の請求、損害賠償の請求および契約の解除をすることができない（2項前段）。また、「売買の目的物が種類または品質に関して契約の内容に適合しないことを直ちに発見することができない場合において、買主が六箇月以内にその瑕疵を発見したときも」、買主には同様の通知義務が課されている（2項後段）。ただし、2項の規定は、売主が悪意である場合には適用されない（3項）。

(3) 契約不適合責任と錯誤

売買の目的物に、引渡し時には買主の気が付かなかった不適合（＝隠れた瑕疵）があった場合には、買主に錯誤が認められる。この錯誤は、「表意者が法律行為の基礎とした事情についてのその認識が真実に反する錯誤」（95条1項2号＝動機の錯誤）である。それゆえ、「その事情が法律行為の基礎とされていることが表示されているときに限り」（95条2項）、しかも、「その錯誤が法律行為の目的及び取引上の社会通念に照らして重要なものであるとき」（95条1項柱書き）に、買主は売買契約を取り消すことができる。また、買主は、売主に対して、契約不適合責任（562条以下）を追及することもできる。そこで、両責任の関係が問題となる。

この問題は、旧法下においても、買主の売主に対する瑕疵担保責任（旧570条）の追及と錯誤無効（旧95条）の主張に関して生じた。そして、旧法下における両規定の違いは、次の二点であった。すなわち、①瑕疵担保責任では、買主は、売主に対して、契約の解除とともに損害賠償を請求することができる（旧545条3項）。しかし、錯誤による無効では、買主の損害賠償請求は認められない。また、②瑕疵担保責任の主張は短期間で制限される（旧570条・旧566条3項）のに対し、錯誤無効の主張には期間の制限がない。その意味では、瑕疵担保責任は、買主にとって①では有利であるが、②では不利であった。そして、学説には、②を重視して、瑕疵担保責任が優先的に適用され、錯誤の規

定は排除されるとする見解が多かった。その理由は、瑕疵担保責任を適用できる事案に錯誤の適用を認めると、法律関係を早期に解決しようとした旧566条3項の趣旨に反することにある。これに対して、判例は、錯誤が適用されるとした。

大判大正10・12・15民録27輯2160頁（瑕疵担保責任と錯誤）

XがYより130馬力の中古の電動機を購入したところ、実際に引き渡された物は30ないし70馬力しかなかった。そこで、Xが錯誤を理由に売買契約の無効を主張し、Yに対して代金の返還を求めて訴えを提起した。原審（東京控訴院）は、瑕疵担保を適用すべきであるとして、Xの請求を棄却した。X上告。

大審院は、「売買ノ目的物ニ品質上ノ瑕疵アリテ為メニ意思表示ノ錯誤ヲ生ジタル場合ト雖モ、当事者カ特ニ一定ノ品質ヲ具有スルヲ以テ重要ナルモノトシ意思ヲ表示シタルニ、其品質ニ瑕疵アリ若クハ之ヲ欠缺スルガ為メ契約ヲ為シタル目的ヲ達スルコト能ハザルトキハ、法律行為ノ要素ニ錯誤アルモノニシテ、民法第95条（旧法）ニ依リ無効ナリトス」と判示した（破棄差戻し）。

その後、最高裁も、苺ジャムを代物弁済として債権者に引き渡す旨の裁判上の和解契約がなされたが、そのジャムが粗悪品であったため債権者が錯誤による和解契約の無効を主張したという事案につき、上記の大審院判決を引用して、錯誤無効（旧95条）を認め、「瑕疵担保の規定は排除される」とした（最判昭和33・6・14民集12巻9号1492頁）。

しかし、判例の事案は、いずれも原告が錯誤無効（旧95条）を主張したものであり、判決もその主張に従って錯誤を認めたにすぎない、と解することも可能である。そして、前掲最判昭和41・4・14は、錯誤を認めることができたにもかかわらず、原告が瑕疵担保を主張したため、錯誤に言及せずに旧570条

の適用を認めたとも考えられる。そうだとすれば、判例は、当事者の主張に従って錯誤または瑕疵担保責任を認めているにすぎない（内田・Ⅱ142頁）。そして、結論としては、旧95条と旧570条との選択を認める見解が妥当である、と解されていた。というのも、当事者がその一方を主張した場合に、裁判所が他方の主張でないと請求を棄却する、というのは適切でないからである。

　新法の下でも、目的物の引渡しの時に気付かない種類・品質の契約不適合については、前述のように、同様の問題が生じうる。しかし、錯誤の効果は取消しとなり（95条1項）、取消権の期間制限の規定（126条）が適用されるため、問題は緩和されよう。

2　他人の権利の売買

(1)　民法（債権関係）の改正による規律

　旧法は、「他人の権利を売買の目的としたときは、売主は、その権利を取得して買主に移転する義務」を負い（旧560条）、その権利を「買主に移転することができないとき」は、売主が担保責任（追奪担保責任）を負うとしていた（旧561条）。また、権利の一部が他人に属する場合の規律を、別に設けていた（旧563条）。

　これに対して、新法は、他人物売買に関する旧560条の規定の内容を維持しつつ、括弧書によって、「他人の権利」には、「権利の一部が他人に属する場合におけるその権利の一部」も含まれるとした（561条）。それゆえ、権利の全部が他人に属する場合の中に、権利の一部が他人に属する場合を含めて、売主は、その権利を取得して買主に移転する義務を負うこととなる。そして、権利の一部が他人に属する場合において、その権利の一部を売主が移転しないときは、565条によって562条から564条が準用される。しかし、権利の全部が他人に属する場合において、売主がその権利の全部を移転しないときに関する規定は存在しない。これは、債務不履行の一般法理（415条）によって処理する趣旨である。

150　第2部　契約法各論

(2)　契約不適合責任の内容

(ア)　権利の全部が他人に属する場合　　上記のように、他人の権利の売主は、その他人から権利を取得して買主に移転する義務を負う（561条）。そして、売主がこの義務を履行しない場合には、債務不履行があったときの一般的な規律に従い、買主は、その履行の請求をすることができるほか、契約の解除（541条・542条）および損害賠償の請求（415条）をすることができる（一問一答272頁）。

　権利の全部（または一部）が他人に属する場合における買主の権利の行使については、1年の期間制限（566条）が認められない。すなわち、566条は、引き渡された目的物の種類または品質に関する契約不適合のみを対象とし、権利に関する契約不適合を対象としていない（旧564条・旧566条3項は、担保責任の権利行使につき『事実を知った時から一年以内』という期間制限を設けていた）。その理由は、権利移転義務の不履行については、売主が契約の趣旨に適合した権利を移転したという期待を生ずることは考えにくく、かつ、短期間で契約不適合の判断が困難になるとも解されないからである（部会資料75A・24頁）。そこで、新法は、旧564条および旧566条3項を削除し、この場合の期間制限については、消滅時効の一般原則（166条1項―主観的起算点から5年・客観的起算点から10年）に委ねている。

(イ)　代金支払拒絶権　　売買の目的について権利を主張する者があることその他の事由により、買主がその権利の全部または一部を失うおそれがある場合には、買主は、その危険の限度に応じて、売主に対して代金の全部または一部の支払を拒むことができる。ただし、売主が相当の担保を供したときは、この限りでない（576条）。

　また、売主は、代金の支払を確保するために、買主に対して代金の供託を請求でき（578条）、この供託の請求がなされたにもかかわらず、買主が応じないときは、買主は代金支払拒絶権を行使できなくなる（大判昭和14・4・15民集18巻429頁）。

(ウ)　善意の売主の解除権（廃止）　　旧法には、善意の売主を保護するための規定が存在した。すなわち、旧562条1項は、売主が契約の時にその売却した権利が自己に属しないことを知らなかった場合において、その権利を取得し

て買主に移転することができないときは、売主は、損害を賠償して、契約の解除をすることができる、と規定していた。しかし、この規定は、実務上はさほど使われず、不動産登記記録等により権利関係を調査しやすい現在では、十分な調査をしなかった者について善意であるということだけで契約の解除を認める必要性がない（一問一答273頁）。そこで、新法は、旧562条を削除し、この規律を廃止した。

　(エ)　権利の一部が他人に属する場合　　「権利の一部が他人に属する場合においてその権利の一部を移転しないとき」（565条括弧書）は、「売主が買主に移転した権利が契約の内容に適合しないものである場合」に含まれ、売主の債務不履行として評価される。そして、買主は、売主に対し、履行の請求のほか、代金の減額の請求、損害賠償の請求および契約の解除をすることができる（565条による562条・563条・564条の準用）。そして、旧法においては、買主が悪意であったときは、その権利が制限されていた（旧561条・旧563条・旧566条）。しかし、「買主が悪意であることのみを理由に一律に救済を否定すべき実質的理由はない」ため、新法は、買主の主観的要件に応じて救済の可否を区別する旧法の考え方を採用しなかった（部会資料75A・21頁）。

3　数量に関する契約不適合

(1)　数量の不適合の意義

　旧法は、数量の不足について、特別の規定を設けていた（旧565条）。これに対して、新法は、数量に関する契約の不適合も、種類・品質に関する不適合と同様に扱い、買主は、売主に対し、①数量の「不足分の引渡しによる」履行の追完の請求（562条1項）のほか、②代金減額の請求（563条）、③損害賠償の請求（564条・415条）、および、④契約の解除（564条・541条・542条）をすることができる。ただし、数量に関する契約の不適合については、権利の不適合におけると同じく、買主の権利行使についての短期の期間制限がない（566条参照）。なぜなら、数量不足は外形上明白であり、履行が終了したとの期待が売主に生ずることは通常は考えられないからである（部会資料75A・24-25頁）。

152 第2部 契約法各論

　数量の不適合は、例えば、不特定物（種類物）の売買においては、引き渡さ
れた目的物の数が不足している場合が典型である。これに対して、土地の売買
では、目的物を特定するために、登記簿の登記記録に従って地番と面積を表示
するのが通常である。しかも、登記簿上の面積は、必ずしも現実の面積と一致
しない。それゆえ、旧法の数量指示売買（旧565条）については、「売買契約
において目的たる土地を登記簿記載の坪数をもって表示したとしても、これで
もって直ちに」旧565条が適用されるわけではない、と解されていた。すなわ
ち、数量指示売買とは、「当事者において目的物の実際に有する数量を確保す
るため、その一定の面積、容積、重量、員数または尺度あることを売主が契約
において表示し、かつ、この数量を基礎として代金額が定められた売買」であ
るとされていた（前掲最判昭和43・8・20）。この判例は、新法の下でも維持さ
れ、土地の売買については、それが数量指示売買であり、かつ、その数量が不
足する場合に、数量の不適合が認められよう。

(2) 損害賠償の範囲

　土地の数量指示売買において面積が不足していれば、買主は、売主に対して
代金の減額を請求することができる（563条）。しかし、それを超えて買主は、
値上がり益（履行利益）の賠償を求めることができるか、換言すれば、損害賠
償の範囲をどのように解すべきかが旧法下において問題とされた。

　最判昭和57・1・21民集36巻1号71頁（数量指示売買と履行利益の賠
償）
　　Yはその所有する山林を分割して宅地として分譲し、昭和38年と昭和43
　年にX₁とX₂が、それぞれ坪当たり2万円と3万8000円でこれを買い受けた。
　ところが、昭和49年、X₁・X₂が土地の測量をしたところ、それぞれ約7坪
　の不足があることが判明した。そこでX₁・X₂は、Yに対して、その不足分に
　つき、昭和49年当時の時価である坪当たり25万円で計算した損害賠償を請求
　した。

第 2 章　売買

　第一審と原審はともに、565条の担保責任が法定責任であり、その損害賠償の範囲は「信頼利益の賠償」（第一審）ないし「買主が瑕疵を知らなかったために被った損害」の賠償（原審）に限られ、値上がりによる利益は含まれないとして、Xの請求を棄却した。X上告。

　最高裁は、次のように判示して、Xの上告を棄却した。すなわち、「土地の売買契約において、売買の対象である土地の面積が表示された場合でも、その表示が代金額決定の基礎としてされたにとどまり売買契約の目的を達成するうえで特段の意味を有するものでないときは、売主は、当該土地が表示どおりの面積を有したとすれば買主が得たであろう利益について、その損害を賠償すべき責めを負わないものと解するのが相当である」。

　新法の下では、損害賠償の範囲は416条の解釈の問題であると解される。

(3)　数量超過の場合

　数量不足とは反対に、目的物の数量が指示数量を超過する場合には、売主に代金増額請求権が認められるか。この点につきフランス民法は、超過分が表示された面積の20分の1を超えるときは、買主が増加額を提供するか契約を取りやめることを選択できるとする（1618条）。ボワソナードの旧民法も、フランス民法にならい、同様の規定を置いていた（財産取得編49条2項-53条）。しかし、民法には明文がなく、起草者（梅）は、土地の面積などの目的物の数量は売主が調査すべきであり、注意の足りない売主に錯誤（95条）の主張や代金増額請求を認めると買主が迷惑するとして、これを否定に解していた。他方、大審院は、旧565条が数量超過の場合の代金増額請求権を包含するものではなく、この場合には、「契約ノ一般ノ原則」を適用し、「売買当事者ノ意思ヲ解釈シテ決スベキモノ」であるとした（大判明治41・3・18民録14輯295頁、大判大正5・2・19民録22輯320頁）。

　その後、旧法下における通説は、売主の代金増額請求権を否定し、場合によ

っては錯誤（95条）の問題を生じるだけであるとした。その理由は、次の三点である。すなわち、①売主の無過失責任を認めて取引の信用を保護しようとする旧565条の趣旨からは、売主に代金増額請求権を認めるという反対解釈をなすべきではない。また、②わが国では、登記簿の記載よりも実際の面積が多い（縄延び）場合も少なくなく、実測した面積が登記簿上の面積より広くても問題としないのが通常である。そして、③山林売買などでは、実測は一応の参考にすぎず、区画された土地を売買目的とする趣旨と解すべき場合も稀ではない（我妻・V₂282頁）。しかし、近年は、当事者に代金補正の意思があると解されることや、契約の行為基礎の脱落を理由とした契約内容の改訂を認めるべきであるとして、売主の代金増額請求権を肯定する見解が有力となっていた。ただし、これらの見解も、買主の利益を考慮して、買主は超過分またはこれに代わる価額の返還のほかに、契約の解除を選択できるとする。このような状況において公にされたのが、次の最高裁判決である。

最判平成13・11・27民集55巻6号1380頁（数量超過と代金増額請求）
　Ａは、自己の所有する甲土地をＸに売却した。その売買契約書によれば、取引は実測によるものであり、甲の面積は339.81 m²、坪当たりの単価を52万円とし、代金額はこの単価に面積を乗じたものであることが定められていた。しかし、甲の実際の面積は399.67 m²であり、代金の差額は約942万円であった。この不一致は、Ａから測量を依頼されたＣの過誤によるものであり、Ｃは、Ａに対して損害賠償を支払うこととなった。そして、Ｃと賠償責任保険契約を締結していたＹが、Ｃの代わりにこれをＡに支払い、Ｘに対して、ＡのＸに対する代金増額請求権を代位した（422条）として、代金の差額を請求した。そこでＸは、Ｙに対し、ＸのＡに対する債務不存在の確認を求める訴えを提起した。争点は売主の代金増額請求権の有無であり、第一審はＸの請求を認容した。しかし原審は、次のように判示して、Ｘの請求を棄却した。「当事者の売買をするに至った経緯や代金額決定の経緯等の個別の事情から、代金の増額を認めないことが公平の理念に反し、かつ、その増額を認めることが買主にとっても対応困難な不測の不利益を及ぼすおそれがないものと認めるべき特段の事情を肯認することができる場合においては、（旧565条を）類推適用することにより、代金増額請求権を認めるのが相当」である。Ｘ上告受理申

立て。

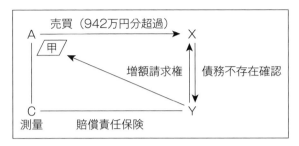

　最高裁は、次のように判示して原判決を破棄し、事件を原審に差し戻した。すなわち、「民法565条（旧法）にいういわゆる数量指示売買において数量が超過する場合、買主において超過部分の代金を追加して支払うとの趣旨の合意を認め得るときに売主が追加代金を請求し得ることはいうまでもない。しかしながら、同条は数量指示売買において数量が不足する場合又は物の一部が滅失していた場合における売主の担保責任を定めた規定にすぎないから、数量指示売買において数量が超過する場合に、同条の類推適用を根拠として売主が代金の増額を請求することはできないと解するのが相当である」。

　判旨は、当事者間に代金増額の合意があればそれに従うが、旧565条の類推適用を根拠として売主の代金増額請求権を導くことができない旨を明らかにする。旧565条は数量超過の場合を予定していないため、その類推を認めるべきではなく、問題を当事者の意思解釈に委ねる判旨は適切であった。そして、当事者間に代金増額の合意が認められない場合においても、当該目的物の性質や、「現況（状）有姿」ではなく実測売買とする趣旨等を勘案して、当事者の意思を解釈すべきである。例えば、山林ではなく市街地の宅地の売買において、実測面積をもとに代金額を算定している場合には、当事者間に、数量超過のときは代金額を補正する意思があると認めることができよう。そして、その場合には、売主の買主に対する代金増額請求権（または超過分の返還請求権）が認められる。ただし、代金の増額は買主に不測の損害を及ぼすおそれがある。例えば、買主に資金がなくて、代金の増額に応じられないこともあろう。そのような場合には、買主に契約の解除権と損害賠償請求権を認める必要がある。

　新法の下では、数量超過の場合も、数量に関する契約不適合の一つとして扱

156　第2部　契約法各論

われる。ただし、数量不足を前提とする562条1項と563条の適用はなく、564条による解除権と損害賠償請求権のみが認められよう。

4　用益的権利・担保権・債権

(1)　用益的権利・担保権

(ア)　具体例　　売買の目的物に契約の内容に適合しない用益物権や担保権が存在する場合には、権利の一部が他人に属する場合と同じく、「売主が買主に移転した権利が契約の内容に適合しない」ものとして、562条から564条が準用される（565条）。ただし、前述のように、買主の権利の行使について、短期の期間制限は認められない（566条参照）。

売買の目的物に契約の内容に適合しない権利が存在する場合としては、旧法を参考にすると、以下のものが挙げられる。すなわち、①「売買の目的物が地上権、永小作権、地役権、留置権又は質権の目的である場合」（旧566条1項）、②「売買の目的である不動産のために存すると称した地役権が存しなかった場合」（旧566条2項前段）、③「その不動産について登記をした賃貸借があった場合」（旧566条2項後段）、および、④「売買の目的である不動産について存した先取特権又は抵当権の行使により買主がその所有権を失ったとき」（旧567条1項）である。もっとも、④について旧法は、「買主がその所有権を失ったとき」に、その買主に契約の解除と損害賠償の請求を認めていた（旧567条1項・2項）。しかし、新法では、売買の目的である不動産に抵当権が存在することが契約の内容に適合しないと認められる場合には、所有権が失われる前であっても、買主が契約を解除し、損害賠償を請求することも可能である。また、不動産に抵当権が設定されていても、それを前提に廉価で買い受けるなど、契約の内容に適合していると認められる場合には、抵当権が実行されたとしても、買主は直ちに契約を解除することはできない（一問一答282-283頁注2）。

(イ)　買主の代金支払拒絶権　　旧576条は、旧売買の目的物について権利を主張する者があることにより、買主がその買い受けた権利の全部あるいは一部を取得することができず、または失うおそれがあるときは、買主は、その危険の程度に応じて、代金の全部または一部の支払を拒むことができる、と規定し

ていた。ただし、売主が相当の担保を供したときは、買主の代金支払の拒絶は認められない。

この規定は、例えば、売買目的物上に用益物権が存在することを主張する第三者が存在する場合にも類推適用されると解されていた。そこで、新法は、「権利を主張する者があること」に「その他の事由」を付加し、その範囲を広げた（576条）。

また、買い受けた不動産について契約の内容に適合しない抵当権、先取特権または質権の登記があるときは、買主は、抵当権消滅請求（379条以下）の手続が終わるまで、その代金の支払を拒むことができる。この場合において、売主は、買主に対し、遅滞なく抵当権消滅請求をすべき旨を請求することができる（577条）。そして、これらの規定によって買主が代金の支払を拒絶したときは、売主は、買主に対して代金の供託を請求することができる（578条）。

(2) 買主の費用償還請求権

旧法下においては、上記のように、売買の目的である不動産について存した先取特権または抵当権の実行により、買主がその所有権を失ったときに、買主は契約を解除することができた（旧567条1項）。また、買主が、弁済（474条）や抵当権消滅請求（379条以下）などにより、費用を支出して所有権を保存したときは、売主に対して費用の償還を請求することができ（旧567条2項）、買主の損害賠償請求権も認められた（同旧3項）。

新法は、旧567条の1項と3項を削除し、質権を追加して2項のみを維持した（570条）。すなわち、買い受けた不動産について、契約の内容に適合しない先取特権、質権または抵当権が存していた場合において、買主が費用を出してその不動産の所有権を保存したときは、買主は、売主に対し、その費用の償還を請求することができるとした。旧567条1項と3項を削除したのは、先取特権・質権・抵当権の実行により買主が目的物の所有権を失う場合には、権利の全部の移転が不能となり、債務不履行の一般法理（415条）によって処理されるため、不要だからである（部会資料75A・23頁）。

もっとも、現実の不動産取引においては、売主が用益権や担保権の存在を買主に説明し、また買主も、これらの負担の有無を調査するのが通常である。そ

れゆえ、570条が問題となることは少ない。

(3) 競売における担保責任

競売における買受人も、541条、542条および563条の規定に従い、契約の解除をし、または代金の減額を請求することができる（568条1項）。この場合に、その相手方は「債務者」であるが、債務者が無資力であるときは、買受人は、代金の配当を受けた債権者に対し、その代金の全部または一部の返還を請求することができる（同2項）。さらに、債務者が、物や権利の不存在を知りながら申し出なかったとき、または債権者がこれを知りながら競売を請求したときは、買受人は、これらの者に対し、損害賠償の請求をすることができる（同3項）。すなわち、買受人は、原則として損害賠償を請求することができず、債務者または債権者の帰責事由を要件として、損害賠償を請求することができる。

また、新法は、競売の目的物の種類・品質に関する不適合については、本条の適用がないとした（568条4項）。この新設された第4項は、前述のように、旧570条ただし書の規律を維持するものである。

(4) 債権

債権の売主にも、以上の契約不適合責任の適用がある（565条による）。民法は、これに加えて、債権の売主が特に債務者の資力を担保したときの規定を設けた（569条）。

5 その他の規定

(1) 契約不適合責任と同時履行

売主が契約不適合責任を負う場合において、当事者双方の原状回復義務が残るときは、公平の観点から、同時履行の抗弁が認められる（533条）。例えば、買主が契約を解除した場合には、売主の代金返還義務・損害賠償義務と買主の目的物返還義務とが同時履行の関係に立つ（新法は、533条に規定し、旧571条を削除した）。

(2) 担保責任免責特約

　売主の担保責任（契約不適合責任）は、任意規定であるため、当事者の特約によって、売主の担保責任を免除・軽減または加重することができるのが原則である。しかし、売買契約の当事者間において担保責任免責特約が結ばれたとしても、民法と消費者契約法が、一定の場合にその効力を制限する。すなわち、民法572条は、売主は、「担保の責任を負わない旨の特約をしたときであっても」、①「知りながら告げなかった事実」、および、②「自ら第三者のために設定し又は第三者に譲り渡した権利」については、その責任を免れることができないとする。これらの行為は、著しく信義則に反するものだからである。また、消費者契約法8条1項は、事業者の「債務不履行」により消費者に生じた損害を賠償する責任の全部または一部を免除する等の条項を無効であるとする（同1号・2号）。民法（債権関係）の改正に合わせて改正される消費者契約法では、この「債務不履行」には契約不適合が含まれ、「瑕疵により消費者に生じた損害を賠償する事業者の責任の全部を免除」する等の条項を無効とした旧8条1項5号を削除した。そして、同2項では、「消費者契約が有償契約である場合において、引き渡された目的物が種類又は品質に関して契約の内容に適合しないとき（当該消費者契約が請負契約である場合には、請負人が種類又は品質に関して契約の内容に適合しない仕事の目的物を注文者に引き渡したとき（その引渡しを要しない場合には、仕事が終了した時に仕事の目的物が種類又は品質に関して契約の内容に適合しないとき。）。以下この項において同じ。）に、これにより消費者に生じた損害を賠償する事業者の責任を免除し、又は当該事業者にその責任の有無若しくは限度を決定する権限を付与するものについて」の例外を規定している。

(3) 目的物の滅失等についての危険の移転——新設規定

　すでに繰り返し触れたように、新法は、目的物の引渡し（とその受取り）の時を基準として、目的物の危険が売主から買主に移転する旨を規定する。すなわち、売主が買主に目的物を引き渡した場合において、その引渡しがあった時以後にその目的物が当事者双方の責めに帰することができない事由によって滅失し、または損傷したときは、買主は、その滅失・損傷を理由とする権利（追

完請求権、代金減額請求権、損害賠償請求権・契約解除権）を行使することができず、代金の支払を拒むこともできない（567条1項）。旧法は、目的物の所有権の移転に伴って危険が買主に移転する（債権者主義—旧534条）としていたのに対し、新法は、所有権の所在とは無関係に、目的物の事実上の支配の移転によって危険が移転するとした。その背景には、所有者責任主義を放棄し、危険を防ぐことができる者が当該危険を負う、との考え方がある。そして、滅失・損傷ではない契約不適合についても、同様に解される。

　なお、この場合において、567条1項前段は、「目的物」が「売買の目的として特定したものに限る」とする。この「特定」は、売主の支配領域にある他の物と区別する程度の意味であり、買主による物の受取りによっても「特定」が認められることは前述したとおりである。

　また、567条2項は、受領遅滞（413条）の特則を定める。すなわち、売主が契約の内容に適合する目的物をもって、その引渡しの債務の履行を提供したにもかかわらず、買主がその履行を受けることを拒み、または受けることができない場合において、その履行の提供があった時以後に当事者双方の責めに帰することができない事由によってその目的物が滅失し、または損傷したときも、危険が買主に移転し、買主はその権利を行使することができない。この場合にも、買主の受領拒絶または受領不能により、売主が持ち帰った目的物がその支配する他の物と区別される、という意味において「特定」されていなければならないことは、いうまでもない。

第3章　消費貸借・利息

第1節　消費貸借

1　意義——信用の供与

　消費貸借とは、当事者の一方（借主）が受け取った物を消費し、種類、品質および数量の同じ物を返還することを約束して、相手方（貸主）から金銭その他の物を受け取ることによって効力を生じる契約である（587条）。すなわち、消費貸借は、借主が受け取った物を返還するのではなく、その物を消費し、それと同種・同等・同量の物を返還する旨の契約であり、この点において、借主が受け取った物を使用収益した後に返還する使用貸借（593条）や賃貸借（601条）と異なる。したがって、消費貸借では、借主は、受け取った物の所有権を取得し、貸主の側には貸した物を使用収益させる債務が生じない（片務契約）。また、消費貸借には、無利息の消費貸借と利息付きの消費貸借とがあり（589条参照）、民法上は無利息が原則である。しかし、商人間における金銭消費貸借では、貸主は、法定利息を請求することができる（商513条）。ただし、民法上の消費貸借も、現実にはその多くが利息付き（有償契約）である。

　ところで、消費貸借は、貸主が借主を信頼して金銭等を貸し付け、将来の一定の日時にその返還を約束するものであり、いわゆる信用取引の一類型である。このような信用取引には、金銭を貸し付ける金銭信用のほか、商品の販売に際してその代金の支払を一定期間の後とする販売信用とがある。そして、それぞれにつき特別法による規制がなされている。すなわち、金銭信用については、

162 第2部 契約法各論

利息制限法、「出資の受入れ、預り金及び金利等の取締りに関する法律」（出資法）および「貸金業の規制等に関する法律」（貸金業法）がある。また、販売信用には、割賦販売法が制定されている。以下では、金銭信用のみを取り上げ、販売信用については消費者法の講義に委ねる。

2　成立——要物契約性

(1)　要物契約

　消費貸借は、使用貸借（593条）・寄託（657条）とともに、当事者の一方が「ある物を受け取ることによって、その効力を生ずる」（587条）、要物契約である。もっとも、消費貸借を要物契約としたのは、ローマ法以来の伝統に基づくものであり、合理的な理由があるわけではない。そこで、学説には、いわゆる諾成的消費貸借を認める見解が多い。また旧法も、一定の場合において、その要物性を緩和してきた。

(2)　旧法における要物性の緩和

　旧法は、次の二つの場合に、消費貸借の要物性を緩和していた。

　第一は、準消費貸借である。例えば売買代金債務など、「金銭その他の物を給付する義務を負う」場合において、当事者がその代金相当額を「消費貸借の目的とすること」を合意したときは、消費貸借が成立したものとみなされる（588条）。このような準消費貸借は、主に債権者の請求を容易にするために行われる。すなわち、従前の複数の債務をまとめて一つの債務とし、新たに借用証書を作成して債権債務関係の明確化を図るとともに、新たに担保を設定し、また、支払方法などを定めることが可能となる。ただし、準消費貸借は、目的物の授受なしに消費貸借の成立を認めるものであるため、要物性との関係が問題となる。この問題については、かつては見解が分かれたが、今日では、民法が消費貸借の要物性を緩和したものであるとの理解が一般的である。すなわち、民法の要物性は、既存の債務の存在をもって足りるというところまで緩和された（我妻・V₂366頁）と解されている。

　第二は、消費貸借の予約である。これは、将来、本契約である消費貸借を締

結すべき旨の契約であり、一般の予約と同じく諾成契約である。旧法は、この消費貸借の予約につき、「その後に当事者の一方が破産手続開始の決定を受けたときは、その効力を失う」とし、その失効原因を定めていた（旧589条）。この趣旨は、借主となるべき者が破産手続開始の決定を受けたときは、弁済の資力がないことが明らかとなり、その信用の基礎が失われることにある。また、貸主となるべき者が破産手続開始の決定を受けたときは、予約がなお有効であるとすると借主は破産債権者として配当加入することになるが、手続が煩雑であり、そこまで契約の効力を維持すべきではないとの考慮に基づく。

　ところで、消費貸借の予約は、目的物の授受に先立つ単なる合意に法的効力を認めないとする要物性と矛盾する。そして、消費貸借の予約が認められる以上、要物契約としての消費貸借は否定され、諾成契約である消費貸借を認めざるをえないとの主張がなされていた（広中・後掲13頁）。もっとも、予約に基づいて本契約である消費貸借を締結するためには、目的物の授受が必要であり（要物契約）、この点において消費貸借の予約と諾成的消費貸借とは異なる。しかし、有償契約である利息付き消費貸借の予約には556条が準用され（559条）、一方の予約において借主となるべき者が予約完結権の行使をすると、相手方の目的物を貸す義務が発生し、結果として諾成的消費貸借が成立することとなる（星野・IV 168頁）。そうだとすれば、消費貸借の予約と諾成的消費貸借の異同は、必ずしも明確ではない。

　そこで、新法は、後述のように、書面でする諾成的消費貸借を有効とする（587条の2）とともに、消費貸借の予約の規定を削除した。

(3)　諾成的消費貸借

　旧法下の学説の多くは、民法の定める要物契約としての消費貸借のほかに、合意のみによって成立する諾成的消費貸借を認めていた。すなわち、通説は、消費貸借を「要物契約とすることには合理的な根拠がない以上、契約自由の原則」に基づき、「一種の無名契約」としての諾成的消費貸借が認められるとする（我妻・V₂ 354頁）。しかし、この見解に対しては、次のような批判がなされていた。すなわち、民法が消費貸借を要物契約としたのは、当事者の意思がどのようなものであっても、単なる合意からは目的物の交付を強制的に実現する

効力を認めないという趣旨であり、その限りにおいて、「契約自由の原則の妥当領域が縮小されている」。そうだとすれば、587条は強行規定であり（鎌野・後掲153頁）、契約自由の原則から直ちに諾成的消費貸借を導くことはできない（潮見・契約各論Ⅰ302頁）。

(4) 判例による修正

消費貸借の要物性が実際に争われたのは、①公正証書と②抵当権の効力の有無に関してである。すなわち、強制執行は債務名義に基づいて実施される（民執25条）が、その債務名義の一つとして、「債務者が直ちに強制執行に服する旨の陳述の記載」された公正証書（執行証書）が挙げられている（民執22条5号）。それゆえ、金銭消費貸借に際して公正証書が作成されることが多く、かつては、公正証書が作成され、抵当権の設定がなされた後に、金銭の交付がなされていた。そこで、このような公正証書および抵当権が消費貸借の成立以前のものであり、その効力を有しないのではないか、ということが問題となった。しかし、判例は、いずれも有効であると解している。すなわち、①公正証書に関しては、その記載内容が多少事実に合わなくても、公正証書上に示された請求権が他の請求権と区別して認識できる程度に具体的に記載されていれば、「有効ナル執行名義」である（大判昭和5・12・24民集9巻1197頁）とし、公正証書作成後に金銭の授受がなされた場合にも、債務名義としての効力が認められるとした（大判昭和8・3・6民集12巻325頁、大判昭和11・6・16民集15巻1125頁）。また、②抵当権に関してはその付従性を緩和し、借主の返還債務は目的物の交付の時に発生するが、抵当権は「後ニ発生シタル債務ヲ有効ニ担保スベク、抵当権設定ノ手続ハ必シモ債務ノ発生ト同時ナルヲ要」しないとした（大判明治38・12・6民録11輯1653頁）。

このように判例は、消費貸借の要物性を維持しつつ、公正証書の記載および抵当権の付従性を緩和することによって、妥当な結論を導いている。

(5) 民法（債権関係）の改正

以上の議論を踏まえて、新法は、要物契約としての消費貸借のほかに、諾成契約としての消費貸借を規定した。そして、この諾成的消費貸借契約は、安易

に合意をすることを防ぐために、「書面」でしなければならない（要式契約─587条の2第1項・4項）。換言すれば、①消費貸借の合意に書面がある場合には目的物の引渡しを要しないで契約が成立し（587条の2）、②消費貸借の合意に書面がない場合には目的物の引渡しがあったときに契約が成立する（587条）ことになる（部会資料70A・50頁）。

　もっとも、諾成的消費貸借契約が成立しても、借主の借りる義務が発生するわけではなく、借主の貸主に対する目的物引渡債権が発生し、貸主が借主に目的物（金銭等）を引き渡すことによって、貸主の借主に対する目的物返還債権（借主の返還債務）が発生することになる（同部会資料50頁）。

　なお、諾成的消費貸借の借主は、貸主から金銭その他の物を受け取るまでは、契約を解除することができる。金銭の引渡し前に借主の資金需要がなくなることもあり、そのような場合の借主に、諾成的消費貸借契約の拘束から解放される手段を与える趣旨である（同部会資料51頁）。ただし、貸主が契約の解除によって損害を受けたときは、貸主は、借主に対し、その賠償を請求することができる（587条の2第2項）。また、諾成的消費貸借は、借主が貸主から金銭その他の物を受け取る前に当事者の一方が破産手続開始の決定を受けたときは、その効力を失う（同3項）。消費貸借の予約に関する旧589条と同様の規律である。その趣旨は、借主が破産手続開始の決定を受けた場合には、借主に弁済の資力がないことが明らかであり、貸主に貸す債務を負わせるのは不公平だからである。また、貸主が破産手続開始の決定を受けた場合には、借主が配当を受けると借主に対する返還請求権が破産財団を構成することになり、手続が煩雑になるからである（同部会資料52頁）。そして、諾成的消費貸借が認められることにより、消費貸借の予約の規定（旧589条）は削除された。

3　消費貸借の効力

(1)　貸主の引渡義務

　新法は、まず、旧法にはない利息に関する規定を設けた。すなわち、「貸主は、特約がなければ、借主に対して利息を請求することができない」と規定して、消費貸借は、無利息が原則であることを明らかにした（589条1項）。そし

て、利息の特約があるときは、「貸主は、借主が金銭その他の物を受け取った日以後の利息を請求することができる」とする（同2項）。これは、要物契約としての利息付消費貸借においては、金銭その他の物の引渡しがあった日（＝契約の成立日）から利息が発生することを前提に、諾成契約としての利息付消費貸借においても、その引渡しがあった日から利息が発生するとする。利息は金銭その他の物の利用の対価であることから、妥当な規律である。ただし、利息の発生日（起算日）を元本の受領日より後の日とする旨の合意を妨げる趣旨ではない（部会資料70A・55頁）。

　この利息に関する規定を踏まえて、590条は、その見出しを「貸主の担保責任」から「貸主の引渡義務等」に改め、次のように規律する。まず、無利息の消費貸借については、贈与の目的が契約不適合である場合の551条を準用する（1項）。そして、消費貸借が利息付きであるか無利息であるかを問わず、「貸主から引き渡された物が種類又は品質に関して契約の内容に適合しないものであるときは、借主は、その物の価額を返還することができる」とした（2項）。

(2)　借主の義務

　借主は、貸主に対して、受け取った物と同種・同等・同量の物を返還しなければならない。その返還が不能となった場合には、不能となった時における物の価額を償還することを要する（592条本文）。ただし、金銭の消費貸借において、特殊の通貨で返還する約束があり、弁済期にその通貨が強制通用力を失ったときは、他の通貨で弁済しなければならない（592条ただし書）。

(3)　消費貸借の終了

　消費貸借の終了とは、借りた物の返還時期（弁済期）の問題である。まず、返還の時期について約定があれば、当然その約定に従う。この場合において、借主がいつから遅滞の責任を負うかについては、412条に規定されている。

　もっとも、返還の時期が定められていても、その期限の到来を待たずに返還する場合が二つある。一つは、期限の利益の喪失であり、民法は、三つの事由を定めている（137条）。このほかにも、他の債権者から差押えを受けたときや利息の支払を怠ったことなど、特約（期限の利益喪失約款）で定められた事由

が生じた場合には、借主が期限の利益を失う。もう一つは、借主が期限の利益を放棄して、期限前に返還することも可能である。ただし、貸主の利益を害することはできず（136条2項）、例えば利息付消費貸借では、借主は、原則として期限までの利息を付することによって期限前に返還することができる、と解されている。

当事者が返還の時期を定めなかったときは、貸主は相当の期間を定めて返還の催告をすることができる（591条1項）。貸主が期間を明示せずに催告した場合においても、支払の準備に相当な期間が経過すれば、借主は返還を拒否することができない（大判昭和5・1・29民集9巻97頁）。

また、新法は、当事者が返還の時期を定めた場合であっても、借主は期限の利益を放棄して期限前に弁済することができる（136条）ことを考慮して、次のように規律した。すなわち、「借主は、返還の時期の定めの有無にかかわらず、いつでも返還をすることができる」（591条2項）。ただし、「当事者が返還の時期を定めた場合において、貸主は、借主がその時期の前に返還をしたことによって損害を受けたときは、借主に対し、その賠償を請求することができる」とする（591条3項）。

(4) 準消費貸借の効力

準消費貸借（588条）は、要物性が緩和されているだけで、その効力は普通の消費貸借と同じである。旧法は、「消費貸借によらないで」と規定していたが、既存の消費貸借上の債務を準消費貸借の目的とすることも認められる（大判大正2・1・24民録19輯11頁）。実際には、延滞利息を元本に組み入れて、新しい消費貸借とされることがある。そこで、新法は、「消費貸借によらないで」という文言を削除した（588条）。

この準消費貸借において問題となるのは、旧債務と準消費貸借契約によって生じた債務との関係である。まず、準消費貸借は無因債務を負うものではないから、旧債務が無効・不存在である場合には、準消費貸借も無効である。ただし、旧債務の不存在については、準消費貸借の効力を争う側がその事実を立証しなければならない（最判昭和43・2・16民集22巻2号217頁）。また、準消費貸借が無効であれば、旧債務も消滅しない。

168 第2部 契約法各論

　旧債務のための担保権や抗弁権については、当事者の意思によって決すべきである。そして、旧債務に伴う物的担保および人的担保は、原則として存続すると解されている。また、判例は、売買代金債務を目的とする準消費貸借契約が締結されても、売主は、自己の所有権移転登記手続債務について有していた同時履行の抗弁を失わないとした（最判昭和62・2・13判時1228号84頁）。

第2節　金銭の消費貸借と利息

1　利息債権の意義

　利息債権は、利息の支払を目的とする債権であり、厳密には、次の二つに分けることができる。すなわち、①元本に対して一定期に一定率の利息を生じることを目的とする基本権としての利息債権と、②その効果として、一定額を支払うべき支分権としての利息債権がある。このうち①は、元本債権に対して付従性を有し、元本債権とともに移転し、かつ、消滅する。これに対して、②は、一度発生すると独立の存在となり、元本債権と分離して譲渡され、また、別個に消滅する。

　利息債権は、契約または法律の規定によって発生し、前者を約定利息、後者を法定利息という。約定利息の利率（約定利率）は、契約によって定まることが多い。しかし、後述する利息制限法による制限がある。また、当事者が利息を付することを合意したものの利率を定めなかったときは、法定利率による（大判明治29・4・14民録2輯57頁）。この法定利率は、旧法では年5分（旧404条）であり、商法上は年6分（商旧514条）であった（固定利率）。これに対して、新法は、法定利率について変動制を採用した。これは、「市中の金利と法定利率との間に大きな乖離があることによる不合理な現状を是正する」ことを目的とする（部会資料74B・1頁）。具体的には、「利息を生ずべき債権について別段の意思表示がないときは、その利率は、その利息が生じた最初の時点における法定利率による」（404条1項）とし、新法施行時の法定利率を、年3パー

セントとする（同2項）。その後、「法定利率は、法務省令で定めるところにより、3年を一期とし、一期ごと」に変動するものとする（同3項）。その各期における法定利率は、法定利率に変動があった期のうち直近のもの（直近変動期）における「基準割合」と当期における「基準割合」との差に相当する割合を直近変動期における法定利率に加算し、または減算した割合とする（同4項）。そして、ここにいう「基準割合」とは、法務省令で定めるところにより、各期の初日の属する年の6年前の年の1月から前々年の12月までの各月における短期貸付けの平均利率（当該各月において銀行が新たに行った貸付け〔貸付期間が1年未満のものに限る〕に係る利率の平均をいう）の合計を60で除して計算した割合（その割合に0.1パーセント未満の端数があるときは、これを切り捨てる）として法務大臣が告示するものをいう（同5項）。なお、この改正に伴い、商事法定利率を定めた商法旧514条は削除された。

　利息の支払が1年分以上延滞した場合において、債権者が催告しても債務者がその利息を支払わないときは、債権者の意思表示によって、これを元本に組み入れることができる（405条）。これは、特約がなくても、債権者に複利（重利）の計算による利息の請求を認めるものであり、法定重利といわれる。また、重利の特約も、原則として有効であるが、利息制限法に反することはできない。

2　利息制限法と出資法による規制

　金銭の消費貸借においては、利息を当事者の自由に委ねると、貸主がその優越的な地位を利用して、高金利による暴利をむさぼるおそれがある。しかし、消費者信用における高金利は、貸主にとっても、無担保で金銭を貸し付ける危険を利息でカバーしなければならず、「ある程度まで不可避の現象」である（我妻・IV 41頁）。そこで、昭和29年、高金利を規制するとともに、消費者信用の健全な発展を図るべく、利息制限法（明治10年太政官布告66号を全面改正）と出資法が制定された。

　まず、利息制限法は、金銭消費貸借契約の利息が次の利率によって計算された金額を超えるときは、その超過部分を民事上「無効」とする（1条1項）。すなわち、元本が10万円未満の場合には年2割、10万円以上100万円未満の場

合には年1割8分、100万円以上の場合には年1割5分である。そして、この制限利率は、利息の天引（2条）および「債権者の受ける元本以外の金銭」（みなし利息＝3条）にも適用される。ただし、債務不履行による賠償額の予定については、1.46倍の利率が認められる（4条1項）。しかし、債務者は、1条1項の「超過部分を任意に支払ったときは、同項の規定にかかわらず、その返還を請求することができない」（1条2項。4条2項でも準用―いずれも平成18年改正によって削除）。

　また、出資法は、次の利率を超える利息の契約をした貸主に対して、刑事罰（5年以下の懲役もしくは1000万円以下の罰金、またはこれを併科）を科すことによって、高金利を規制する。すなわち、一般的には年109.5パーセント（5条1項）であるが、「金銭の貸付けを行う者が業として金銭の貸付けを行う場合」には、年29.2パーセントを超えてはならないとする（5条2項）。

　この二つの特別法によって、民事上は違法である（黒）が、刑事上は違法ではない（白）という「グレーゾーン金利」が生じ、多くの貸金業者は、このグレーゾーン金利によって営業を行ってきた。

3　貸金業法の制定

　制限超過利息を任意に支払った場合における債務者の返還請求権を否定する利息制限法1条2項に関しては、かつて、その元本充当（491条）の可否が争われた。この問題につき、当初、最高裁は、利息制限法1条2項に忠実に従い、「残存元本への充当も許されない」とした（最大判昭和37・6・13民集16巻7号1340頁）。しかしその後、最高裁は判例を変更し、次のように判示して、制限超過利息の元本への充当を認めた。すなわち、「債務者が利息、損害金の弁済として支払った制限超過部分は、強行法規である本法1条、4条の各1項により無効とされ、その部分の債務は存在しないのであるから、その部分に対する支払は弁済の効力を生じない。従って、債務者が利息、損害金と指定して支払っても、制限超過部分に対する指定は無意味であり、結局その部分に対する指定がないのと同一であるから、元本が残存するときは、民法491条（旧法―新489条）の適用によりこれに充当されるものといわなければならない」（最大判

昭和 39・11・18 民集 18 巻 9 号 1868 頁)。

　ところで、この判決によれば、債務者が制限超過利息の支払を続けると、計算上は充当によって元本が完済されてしまう。にもかかわらず、債務者がさらに利息の支払を続けた場合において、最高裁は、債務者がその超過利息の返還を請求することができるとした。その理由は、次のようである。すなわち、「元本債権の存在しないところに利息・損害金の発生の余地がなく、したがって、利息・損害金の超過支払ということも」ありえず、「その後に支払われた金額は、債務が存在しないのにその弁済として支払われたものに外ならないから、この場合には、右利息制限法の法条の適用はなく、民法の規定するところにより、不当利得の返還を請求することができる」(最大判昭和 43・11・13 民集 22 巻 12 号 2526 頁)。そして最高裁は、債務者が制限超過利息と元本とを一括して任意に支払った場合においても、「計算上元利合計額が完済された後にされた支払」については、不当利得として返還請求することができるとした(最判昭和 44・11・25 民集 23 巻 11 号 2137 頁)。

　この一連の最高裁判決により、債務者は、制限超過利息を任意に支払ったとしても、元本充当によって計算上元本が完済された後に債務の不存在を知らないで(705 条)支払った金額については、不当利得として返還請求することができ、利息制限法 1 条 2 項は、実質的には空文化されるに至った。

　ところが、昭和 58 年(1983 年)、貸金業法が制定され、「貸金業を営む者について登録制度を実施し、その事業に対し必要な規制を行う」(1 条)とともに、「みなし弁済」が規定された(43 条 1 項)。すなわち、同条は、①「債務者が利息として任意に支払った金銭の額」が、利息制限法 1 条 1 項に定める「利息の制限額を超える場合」においても、②貸金業者が「契約の内容を明らかにする書面」(17 条 1 項)と受取証書(18 条 1 項)を債務者に交付したときは、「当該超過部分の支払は、同項の規定にかかわらず、有効な利息の債務の弁済とみなす」とする。その結果、貸金業法 43 条の適用がある限り、制限超過利息の元本への充当および過払金の返還請求が認められず、上記の最高裁判決は覆されることとなった。

172　第2部　契約法各論

4　「みなし弁済」と支払の任意性

　貸金業法43条1項の適用に関して、最高裁はかつて、①「債務者が利息として任意に支払った」という実質的要件を緩やかに解し、「債務者において、その支払った金銭の額が利息制限法1条1項又は4条1項に定める利息又は賠償額の予定の制限額を超えていることあるいは当該超過部分の契約が無効であることまで認識していることを要しない」とした（最判平成2・1・22民集44巻1号332頁）。その半面、最高裁は、②書面の交付という形式的要件を厳格に解し、債務者が利息を貸金業者の銀行口座に払い込んだとしても、「特段の事情のない限り、貸金業者は、右の払込みを受けたことを確認した都度、直ちに、（貸金業法）18条1項に規定する書面（受取証書）を債務者に交付しなければならない」とした（最判平成11・1・21民集53巻1号98頁）。その後も最高裁は、②形式的要件を厳格に解釈することにより、43条1項の適用を制限して、「利息制限法の実質的確保」を図っている（判例の整理につき、小野秀誠・ジュリスト1319号28頁以下参照）。判例としては、次の二つが重要であろう。

> **最判平成17・12・15民集59巻10号2899頁**（17条書面の交付）
> 　借入限度額の範囲内であれば繰り返し借入れをすることができ、元金について、返済すべき金額の最低額を超える金額であれば、返済額を自由に決めることができるというリボルビング方式の貸付けにおいて、貸金業者Yが「個々の貸付けの際に、当該貸付けやその時点での残元利金について、確定的な返済期間、返済金額等を17条書面に記載して（債務者）Xに交付することは不可能であった」場合において、XがYに対して過払金の不当利得返還請求をした事案。第一審・第二審ともにXの請求を認容し、Yが上告受理申立てをした。
> 　最高裁は、「仮に、当該貸付けに係る契約の性質上、法17条1項所定の事項のうち、確定的な記載が不可能な事項があったとしても、貸金業者は、その事項の記載義務を免れるものではなく、その場合には、当該事項に準じた事項を記載すべき義務があり、同義務を尽くせば、当該事項を記載したものと解すべ

きであって、17 条書面として交付された書面に当該事項に準じた事項の記載がないときは、17 条書面の交付があったとは認められず、法 43 条 1 項の規定の適用要件を欠く」と判示した（上告棄却）。

最判平成 17・7・19 民集 59 巻 6 号 1783 頁（取引履歴の開示）

債務者 X が貸金業者 Y に対して過去の取引履歴の開示を求めたが、Y がこれに応じなかった。そこで、X は、Y に対し、過払金の返還請求をするとともに、Y が取引履歴を開示しなかったことにより精神的に不安定な立場に置かれたとして、不法行為による慰謝料の支払を求めて訴えを提起した。第一審・第二審ともに X の慰謝料の請求を棄却し、X が上告受理申立てをした。

最高裁は、「貸金業者に業務帳簿の作成・備付け義務を課すことによって、貸金業の適正な運営を確保して貸金業者から貸付けを受ける債務者の利益の保護を図るとともに、債務内容に疑義が生じた場合は、これを業務帳簿によって明らかにし、みなし弁済をめぐる紛争も含めて、貸金業者と債務者との間の貸付けに関する紛争の発生を未然に防止し又は生じた紛争を速やかに解決することを図った」貸金業法の趣旨に加えて、「一般に、債務者は、債務内容を正確に把握できない場合には、弁済計画を立てることが困難となったり、過払金があるのにその返還を請求できないばかりか、更に弁済を求められてこれに応ずることを余儀なくされるなど、大きな不利益を被る可能性があるのに対して、貸金業者が保存している業務帳簿に基づいて債務内容を開示することは容易であり、貸金業者に特段の負担は生じないことにかんがみると、貸金業者は、債務者から取引履歴の開示を求められた場合には、その開示要求が濫用にわたると認められるなど特段の事情のない限り、貸金業法の適用を受ける金銭消費貸借契約の付随義務として、信義則上、保存している業務帳簿（保存期間を経過して保存しているものを含む。）に基づいて取引履歴を開示すべき義務を負うものと解すべきである」とし、「貸金業者がこの義務に違反して取引履歴の開示を拒絶したときは、その行為は、違法性を有し、不法行為を構成するもの」である、と判示した（破棄差戻し）。

さらに、最高裁は、三つの小法廷判決によって、①の実質的要件（支払の任意性）についても、「債務者が、事実上にせよ強制を受けて利息の制限額を超

える額の金銭の支払をした場合には、制限超過部分を自己の自由な意思によって支払ったものということはできず、法43条1項の規定の適用要件を欠く」とする。そして、契約書に、制限超過利率を超える利息の記載がなされた後に期限の利益喪失特約が記載されている場合には、その特約が利息制限法に反し一部無効であるとしても、債務者に対し、支払期日に制限超過部分を含む約定利息を支払わない限り、期限の利益を喪失するとの「誤解を与え、その結果、このような不利益を回避するために、制限超過部分を支払うことを債務者に事実上強制することになる」として、そのような「誤解が生じなかったといえるような特段の事情のない限り、債務者が自己の自由な意思によって制限超過部分を支払ったものということはできない」と判示した（最判平成18・1・13民集60巻1号1頁、最判平成18・1・19判時1926号17頁、最判平成18・1・24民集60巻1号319頁）。

　このように最高裁は、貸金業法43条の適用範囲をできる限り狭める方向にある。そして、平成18年12月20日に公布された「貸金業の規制等に関する法律等の一部を改正する法律」では、みなし弁済制度を廃止する（43条の削除）とともに、出資法の上限金利を利息制限法に合わせ、グレーゾーン金利を撤廃した。また、この改正法により、利息制限法も改正され、判例によって空文化されていた1条2項と4条2項が削除された。

　なお、最高裁は、いわゆるヤミ金融業者による著しい高率の利息（年利数百％〜数千％）の取立てによって被害を受けた者が、同業者に対して不法行為に基づく損害賠償を請求した事案において、次のように判示して、貸付金に相当する利益が損益相殺の対象とならないとした。すなわち、「民法708条は、不法原因給付、すなわち、社会の倫理、道徳に反する醜悪な行為（以下「反倫理的行為」という。）に係る給付については不当利得返還請求を許さない旨を定め、これによって、反倫理的行為については、同条ただし書に定める場合を除き、法律上保護されないことを明らかにしたものと解すべきである。したがって、反倫理的行為に該当する不法行為の被害者が、これによって損害を被るとともに、当該反倫理的行為に係る給付を受けて利益を得た場合には、同利益については、加害者からの不当利得返還請求が許されないだけでなく、被害者からの不法行為に基づく損害賠償請求において損益相殺ないし損益相殺的な調整の対

象として被害者の損害額から控除することも、上記のような民法708条の趣旨に反するものとして許されないものというべきである」（最判平成20・6・10裁時1461号20頁）。

この判決は、ヤミ金融業者から交付された貸付金の返還義務を、不法原因給付（708条）を根拠に否定したものであり、画期的な判決であるといえよう。

【参考文献】　広中俊雄『新版注釈民法（15）』（有斐閣、1989年）、鎌野邦樹『金銭消費貸借と利息の制限』（一粒社、1999年）。

第4章 使用貸借

第1節 使用貸借の意義・成立

1 意義

　使用貸借は、無償で他人の物を借りて使用収益する契約であり、旧法上は、借主が貸主から「物を受け取ることによって、その効力を生ずる」ものであった（旧593条）。借主は、借りた物を返還する点で、消費貸借と異なり、賃貸借と同じである。しかし、使用貸借は、①無償、②要物契約であることのほか、③借主の返還義務が残るだけの片務契約である点において、有償・諾成・双務契約である賃貸借と異なっていた。ただし、旧法上も、使用貸借に関しては、消費貸借におけると同じく、契約自由の原則によって、諾成的使用貸借や使用貸借の予約が認められる、と解されていた。

　ところで、使用貸借は、親族等の情義的な関係によるものも多いが、現代社会においては、経済的な取引の一環として行われることも多く、目的物が引き渡されるまで契約上の義務が生じないと取引の安全が害される。とりわけ、会社員が勤務会社との間で使用貸借として住宅を無償で借りる約束には、契約の拘束力を認める必要がある（部会資料70A・60頁）。そこで、新法は、使用貸借を、要物契約ではなく、諾成契約であるとした。すなわち、「使用貸借は、当事者の一方がある物を引き渡すことを約し、相手方がその受け取った物について無償で使用及び収益をして契約が終了したときに返還をすることを約することによって、その効力を生ずる」とする（593条）。ただし、無償契約は、安易

になされやすい傾向があり、「貸主保護の見地から、軽率な使用貸借を予防し、貸主の意思の明確を期して後日紛争を生ずることを避ける必要」がある（同部会資料61頁）。そこで、貸主は、借主が借用物を受け取るまで、契約の解除をすることができるとし（593条の2本文）、書面による使用貸借については、この解除権を認めないものとした（同ただし書）。

2 成立

　使用貸借の成立に関して問題となるのは、賃貸借との区別である。というのも、使用貸借は、借主の地位が弱く、とりわけ、賃貸借におけるような借主を保護する特別法（借地借家法等）の適用もないからである。

　まず、借主が貸主に対して何らの給付もしない場合には、使用貸借に当たる。しかし、現実に争われるのは、借主が一定の給付をする場合であり、その給付が目的物を使用収益することの「対価」であるか否かが、両者を区別する判断基準となろう。例えば、家主とその妻の叔父との間の部屋の貸借関係において、借主が畳一畳分に相当する金員しか支払っていなかった場合には、その支払金は、部屋の「使用の対価というよりは貸借当事者間の特殊関係に基く謝礼」であり、同貸借が使用貸借であって賃貸借ではないとされた（最判昭和35・4・12民集14巻5号817頁）。また、最高裁は、「建物の借主がその建物等につき賦課される公租公課を負担しても、それが使用収益に対する対価の意味をもつものと認めるに足りる特別の事情のないかぎり、この負担は借主の貸主に対する関係を使用貸借と認める妨げとなるものではない」とした（最判昭和41・10・27民集20巻8号1649頁）。そして、最高裁は、次の場合には、使用貸借契約の成立が推認されるとする。

　　最判平成8・12・17民集50巻10号2778頁（遺産に関する使用貸借の成否）
　　　Aの相続人Yらは、A所有の本件土地建物にAの家族として同居し、家業を営んできた。YはAが死亡した後も本件建物に居住し続けたところ、他の共同相続人であるXらがYに対し、本件土地建物の賃料相当額が不当利得で

あるとして、その支払を求めて訴えを提起した。なお、遺産分割は未だなされ
ていない。第一審・原審ともに、Yによる本件建物の占有がその共有持分を
越える部分については不当利得に当たるとし、Xの請求を認容した。Y上告。

　最高裁は、次のように判示して、原判決を破棄差戻しとした。すなわち、
「共同相続人の一人が相続開始前から被相続人の許諾を得て遺産である建物に
おいて被相続人と同居してきたときは、特段の事情のない限り、被相続人と右
同居の相続人との間において、被相続人が死亡し相続が開始した後も、遺産分
割により右建物の所有関係が最終的に確定するまでの間は、引き続き右同居の
相続人にこれを無償で使用させる旨の合意があったものと推認される」。なぜ
なら、同居の相続人の「居住が被相続人の許諾に基づくものであったことから
すると、遺産分割までは同居の相続人に建物全部の使用権原を与えて相続開始
前と同一の態様における無償による使用を認めることが、被相続人及び同居の
相続人の通常の意思に合致する」からである。

　このような使用貸借契約の合意は、擬制にすぎない。しかし、無償でAの
建物に同居してきたYが、相続開始と同時に賃料相当額の不当利得返還義務
を負うのは妥当でない。むしろ、Yには遺産分割までは従前通りに無償で建
物を使用させ、その後は、遺産分割の結果に従った処理をするのが妥当であろ
う（野山宏・最判解説1003頁）。そして、2018年の相続法の改正では、上記の
平成8年12月17日の最高裁判決を補強する「配偶者短期居住権」が明文化さ
れた（1037条）。すなわち、配偶者は、相続開始時に被相続人の建物（居住建
物）に無償で住んでいた場合には、以下の期間、居住建物を無償で使用する権
利（配偶者短期居住権）を有するものとされた（1037条1項柱書き）。

　①配偶者が居住建物の遺産分割に関与するときは、居住建物の帰属が確定す
る日までの間。ただし、相続開始の時から最低6か月間は保障される（1037条
1項1号）。

　②居住建物が第三者に遺贈された場合や、配偶者が相続放棄をした場合には、
居住建物の所有者から消滅請求（1037条3項）を受けてから6か月（1037条1
項2号）。

　この配偶者短期居住権が認められた背景には、次のような問題が存在した。

すなわち、被相続人と同居の相続人（配偶者）との間における使用貸借の合意の推認を認める判例法理によると、第三者に居住建物が遺贈されてしまった場合や、被相続人が反対の意思を表示した場合には、使用貸借の合意が推認されず、配偶者の居住が保護されないこととなる。そこで、上記のような配偶者短期居住権を認めることによって、被相続人が居住建物を遺贈した場合や、反対の意思を表示した場合であっても、少なくとも相続開始の時から6か月間は、配偶者の居住を保護することが可能となる。

　なお、最高裁は、「内縁の夫婦がその共有する不動産を居住又は共同事業のために共同で使用してきたときは、特段の事情のない限り、両者の間において、その一方が死亡した後は他方が右不動産を単独で使用する旨の合意が成立していたものと推認するのが相当である」とし、相続人による占有者（内縁配偶者）に対する不当利得返還請求を否定した（最判平成10・2・26民集52巻1号255頁）。そして、上記の配偶者居住権は、法律上の「配偶者」に認められるものの内縁配偶者には認められず、内縁配偶者に関しては、なお平成10年2月26日判決の法理が妥当する。

第2節　使用貸借の効力・終了

1　効力——当事者の権利義務

(1)　貸主の義務

　貸主は、借主に対して、使用収益させる義務を負う。ただし、使用貸借は無償であるため、貸主の義務も単に借主の使用収益を認容するという消極的な内容にとどまる。その結果、使用貸借では、賃貸借における（606条）と異なり、貸主が修繕義務を負わず、また、貸主の引渡義務等についても、贈与の規定（551条）が準用されている（596条）。

(2) 借主の義務

　借主は、目的物の使用収益権を有するが、契約または目的物の用法に従ってその物（借用物）を使用収益しなければならない（594条1項）。また、借主は、貸主の承諾を得なければ、第三者に借用物を使用収益させることができない（同2項）。借主がこれらの義務に違反したときは、貸主は、直ちに（無催告で）契約を解除することができる（同3項）。さらに、貸主に損害が生じれば、貸主は借主に対して損害賠償を請求できるが、その損害賠償は、貸主が目的物の返還を受けた時から1年以内に請求しなければならない（600条1項）。新法は、この損害賠償請求権については、貸主が返還を受けた時から1年を経過するまでの間は、時効が完成しない（時効完成の猶予）とした（600条2項）。これは、長期にわたる使用貸借では、借主が用法違反をした時から10年以上経過してもなお使用貸借が存続し、貸主がその事実を知らない間に消滅時効が進行してしまう、という不都合に対処するものである（同部会資料66頁）。

　このほか、借主は、契約の終了に際して、借用物を原状に復して貸主に返還する義務を負う（593条）。ただし、旧598条によれば、借主は、借用物に付属させた物を収去することができた。この旧598条は、借主の収去権のみを規定し、その収去義務については規定していなかった。しかし、借主の収去義務は、使用貸借契約における重要な義務であるため、新法はこれを明文化した。すなわち、借主の収去権（599条2項）に加えて、「借主は、借用物を受け取った後にこれに附属させた物がある場合において、使用貸借が終了したときは、その附属させた物を収去する義務を負う」とした（同1項本文）。ただし、借用物から分離することができない物、または、分離するのに過分の費用を要する物については、収去義務を負わない（同ただし書）。さらに、借用物の損傷についての借主の原状回復義務が新設されている（同3項）。

　また、借主は、借用物を返還するまでの間、その保管については善管注意義務を負い（400条参照）、かつ、借用物の通常の必要費を負担する（595条1項）。通常の必要費以外の費用、すなわち、風水害による修繕費などの非常の必要費と有益費については、583条2項と196条に従い、借主は、貸主に対して償還請求することができる（595条2項）。ただし、この費用償還請求権も、目的物の返還から1年以内に請求しなければならない（600条1項）。

2 終了

旧法は、借用物の返還時期という観点から、使用貸借の終了を規律していた（旧597条）。これに対して、新法は、使用貸借の終了事由の観点から、これを再構成する。すなわち、(1)期限の満了等、一定の事実の発生による終了と、(2)解除による終了である。

(1) 一定の事実の発生による終了

597条は、次のように規定する。まず、①当事者が使用貸借の期間を定めたときは、使用貸借は、その期間が満了することによって終了する（1項）。また、②当事者が使用貸借の期間を定めなかった場合において、使用・収益の目的を定めたときは、使用貸借は、借主がその目的に従い使用・収益を終えることによって終了する（2項）。そして、③使用貸借は、借主の死亡によって終了する（3項）。使用貸借が、借主との特別な人的関係に基づく契約であることを考慮した規定である。

(2) 解除による終了

598条は、次のように規定する。すなわち、①当事者が使用貸借の期間を定めなかった場合において、使用・収益の目的を定めたとき（597条2項の場合）は、貸主は、その目的に従い借主が使用・収益をするのに足りる期間を経過すれば、契約の解除をすることができる（1項）。これに対して、②当事者が使用貸借の期間と使用・収益の目的を定めなかったときは、貸主は、いつでも契約の解除をすることができる（2項）。そして、③借主は、いつでも契約の解除をすることができる（3項）。

第5章　賃貸借

第1節　賃貸借の意義——民法と特別法

1　意義

　賃貸借は、対価（賃料）を支払って他人の物を使用収益する契約であり（601条）、有償・双務・諾成契約である点において、使用貸借とは異なる。また、賃貸借は、いわゆる継続的契約の典型であり、その解除の効果は遡及せず、「将来に向かってのみ」生じる（620条）。

　賃貸借の目的物は、土地と建物のほか、機械や日用品などの動産も含め、あらゆる種類の物に及ぶ。このうち、社会経済的な観点から重要なのは、農耕地、建物を建てるための土地、および、居住や営業のための建物（またはその一部）の賃貸借である。もっとも、他人の土地に建物を建てたり、土地を農耕のために利用する権利としては、賃借権のほかに、地上権と永小作権がある。すなわち、地上権とは、「工作物又は竹木を所有するため」に、他人の土地を使用する権利である（265条）。また、永小作権とは、「小作料を支払って他人の土地において耕作又は牧畜をする権利」である（270条）。両者を比較すると、まず、地上権では、明文上、地代の支払（有償性）がその要素となっていない。しかし実際には、土地の所有者に対して定期の地代を支払う旨の合意がなされるのが通常である（266条1項参照）。結局、両者は、土地に対する権利であり、かつ、その性質が物権である点において共通する。これに対して、賃借権は、賃貸借契約に基づく債権であり、その効力は、物権である地上権・永小作権に比

べると、格段に弱い。そこで、物権と債権とで、具体的にどのような違いがあるのかを、地上権と不動産（特に土地）の賃借権との対比において概観する。

なお、今日では、小作関係に永小作権が設定されるのは稀であり、その多くは賃貸借であるため、永小作権は対象としない。また、他人の建物または動産を使用するための物権はなく、これらについては賃借権のみが利用される。

2　債権としての賃借権——地上権との対比

(1)　沿革

旧民法は、賃借権を物権である（財産編2条2項3号、同第3章）とし、登記によって対抗力が生ずるとしていた（財産編348・350条）。もっとも、旧民法を起草したボワソナード（Boissonade）も、その規定が比較法的には異例であることを認めていた。すなわち、フランスをはじめローマ法を継受した国では、賃借権が賃貸人に対する債権であり、物権であるとは解されていない。にもかかわらず、ボワソナードが賃借権を物権であるとしたのは、賃借人の権利を強固にし、農業と商工業とを発展させるためであった。しかし、法典論争を経て制定された現行民法は、賃借権を、ヨーロッパ諸国にならって債権とした。ただし、民法の起草者は、他人の土地を使用する場合には、賃貸借ではなく地上権が設定されるものと予想していた。しかし現実には、都市における宅地難、および、それに伴う地主と借地人の社会的・経済的な力の格差のために、地主は地上権を設定せず、より効力の弱い賃貸借契約を借り手に強制した。地上権と賃借権の具体的な差異は、①第三者に対する対抗力、②権利の譲渡性、および、③権利の存続期間において現れる。

(2)　第三者対抗力

権利の目的である土地が第三者に売却された場合に、利用権者は、その利用権を不動産の新所有者に対して主張できるか。まず、地上権は物権であるため、誰に対してでも主張することができる。ただし、第三者（新所有者）に対抗するためには、登記が要求される（177条）。これに対して、債権である賃借権は、債務者（賃貸人）に対してしか主張できないため、第三者に対する対抗力はな

い。それゆえ、賃借人は、新所有者に対して賃借権を主張できないというのが原則である（「売買は賃貸借を破る」）。しかしこの原則によれば、所有者が交代すると賃借人が追い出されることとなり、賃借人の地位は著しく弱いものとなる。そこで民法は、不動産の賃借権を登記すれば、「その後その不動産について物権を取得した者に対しても、その効力を生ずる」とした（旧605条）。ところが、この605条は、現実には機能しなかった。なぜなら、登記は、両当事者が共同で申請しなければならず（不登60条）、地主が拒否すれば賃借権の登記はできないからである。もっとも、物権であれば相手に対して登記を請求する権利があり、賃借権にもこのような登記請求権を認めれば問題は解消される。しかし、特約がない限り、債権である賃借権には登記請求権は認められていない（大判大正10・7・11民録27輯1378頁）。したがって、賃借人の地位は著しく弱いものであった。

(3) 権利の譲渡性

物権である地上権は、第三者に自由に譲渡ができる。これに対して、賃借権は、その譲渡性が制限されている。すなわち、賃借人は、賃貸人の承諾を得なければ、その賃借権を譲渡し、または、賃借物を転貸することができず（612条1項）、これに反して第三者に目的物を使用収益させたときは、賃貸人が契約を解除することができる（同2項）。その趣旨は、賃貸借においては、賃借人が誰であるかによって目的物の使用収益の方法が異なるため、賃貸人が賃借人を信頼して契約を結ぶことにある（起草者の見解）。すなわち、賃貸借は、当事者の人的な信頼関係を基礎とする継続的法律関係であるため、賃貸人の承諾なしに賃借人が交代することは認められない。しかしその結果、賃貸人は、賃借人による賃借権の無断譲渡・無断転貸が目的物件のうちのわずかな部分であったり、使用収益の方法が従来と異ならないなど、実質的には解除をする必要のない場合にも、612条によって賃借権を消滅させることができた。

(4) 権利の存続期間

物権である利用権の存続期間は、比較的長期である。すなわち、地上権の存続期間は、当事者が自由に定めるのが原則である（268条1項）が、その定め

のない場合には、裁判所によって、20年以上50年以下の範囲内において定められる（同2項）。また、永小作権の存続期間は、当事者が定める場合には20年以上50年以下でなければならず（278条1項）、その定めのないときは30年となる（278条3項）。このように物権では、少なくとも20年以上の存続期間が予定されている。これに対して、賃借権は、旧法下においては、20年を越えない範囲内であれば自由に定めることができた。そして、契約でこれより長い期間を定めたとしても、その期間は20年とされた（旧604条1項）。つまり、民法では、賃借権につき、更新（同2項）を認めつつも、20年を限度とする存続期間を予定していたと解される（新法は、この存続期間の上限を50年に延長した—604条）。

3 特別法による賃借権の保護

　以上のように、民法における賃借権は、物権である地上権と比較すると著しく弱い権利であり、賃借人の法的地位を保護することは困難であった。とりわけ、日露戦争後の地価騰貴に伴い社会問題となったのが、第三者対抗力との関連における、いわゆる地震売買であった。すなわち、旧605条が機能しないため、土地の賃借人が借地に家を建てても地主がその土地を売却すれば、新所有者は土地の明渡しを請求することができる。その結果、賃借人は家を収去せざるをえず、建物が敷地の売買によってゆさぶられるという意味で、これを「地震売買」と称したのである。そして現実には、地主が地代の値上げを賃借人に要求し、賃借人がそれを拒否すれば、地主が土地を売却して賃借人を追い出し、または、それを武器に地代の値上げを迫るということが横行した。そこで、明治42年、「建物保護ニ関スル法律」（旧建物保護法）が制定され、借地権（建物の所有を目的とする地上権又は土地の賃借権をいう。借地借家2条1号参照）に基づいて、借地権者がその土地の上に登記をした建物を有するときは、借地権の登記がなくとも、その借地権を第三者に対抗することができるとした（1条）。そして、大正10年、主に借地権の存続期間を強固とする旧借地法と、借家人の保護を目的とした旧借家法が制定された。また、昭和13年には、小作につき農地調整法が制定された。これらの特別法は、その後数度の改正を経て、現

在では、旧建物保護法、旧借地法および旧借家法とをあわせた借地借家法（平成3年）と、農地法（昭和27年）とになっている。

ところで、旧建物保護法は、その名称からも明らかなように、建物の保護を目的とした法律である。そのため、当初は、建物が借地権の期間満了前に減失または朽廃したときは、借地権はその後は対抗力を失うとされていた（1条2項）。しかし、明治41年の法律第93号により同項は削除され、その結果、土地の所有権が移転され、登記のある建物を有する借地人が新所有者に対抗している間に建物が減失または朽廃したとしても、その当時の土地所有者に対しては、借地権を対抗できることとなった。ただし、建物の減失後に土地の所有権が移転された場合には、借地権は新所有者に対抗できない。この旧建物保護法1条は、借地借家法の制定とともに、同10条1項に規定された。なお、同2項では、借地上の建物が減失しても、「借地権者が、その建物を特定するために必要な事項、その減失があった日及び建物を新たに築造する旨を土地の上の見やすい場所に掲示するときは、借地権は、なお」第三者に対抗力を有するとされる。ただし、この対抗力は限定的なもので、建物の減失から2年以内に建物を再築し、かつ、その建物について登記をしなければ、その後は対抗力を失うことになる（同条2項ただし書）。その趣旨は、①借地権を保護するとともに、②土地を買い受けようとする者は現地を検分するのが通例であるから、建物減失後の借地権の対抗力を確保する方法として、現地での掲示という明認方法を認めたことにある。そうだとすれば、借地借家法は、単なる建物の保護ではなく、①借地権の保護を図るとともに、対抗要件として、登記ではない現地での「掲示」という制度を創設し、②現地主義を採り入れている。また、旧借家法および農地調整法は、目的物の引渡しに対抗力を認め（旧借家1条・農調8条）、それぞれ借地借家法31条および農地法18条に受け継がれている。

このほか、賃借権の譲渡・転貸を制限する612条に関しては、判例による修正（いわゆる信頼関係理論）がなされた（後述）。加えて、昭和41年、旧借地法の改正により、借地権設定者（賃貸人）に不利となるおそれがないにもかかわらず、借地権設定者が借地権の譲渡・転貸を承諾しない場合には、裁判所は、借地権者の申立てにより、その承諾に代わる許可を与えることができるとした（旧借地9条の2～4）。この規定は、借地借家法に受け継がれている（19条）。

第 5 章　賃貸借　*187*

　また、賃借権の存続期間についても、後述するように、借地借家法では賃借人が保護されている。例えば、借地権の存続期間は 30 年とされ（3 条 1 項）、これより短い期間を定めても無効となる（9 条）。ただし、契約で 30 年より長い期間を定めたときは、その期間となる（3 条 2 項）。しかも、存続期間の満了に際しては、借地権者の更新請求（5 条 1 項）または法定更新（同 2 項）が認められ、借地権設定者が正当の事由に基づき異議を述べない限り（6 条）、契約は更新することになる。

　なお、小作に関しては、法定更新の制度が認められる（農地 19 条）ほか、賃貸人の異議や解約の申入れに都道府県知事の許可が必要とされる（農地 20 条）。

4　借地借家法の適用領域

(1)　対象

　借地借家法は、借地権と建物の賃貸借（借家）を対象とする（1 条参照）。ここにいう「借地権」とは、「建物の所有を目的とする地上権又は土地の賃借権」（2 条 1 号）のことであり、地上権も含まれる。ただし、一時使用目的の借地権（25 条）および建物賃貸借（40 条）については、借地権者および建物の賃借人を保護する規定の適用がない。

　本書では、賃貸借の各項目ごとに、借地・借家に関しては、民法の規定と借地借家法の規定とを対比させることにする。

(2)　定期借地権

　旧借地法では、土地所有者は、自己の土地に借地権を設定すると、その借地期間が満了しても更新を拒絶するための正当事由の具備が容易でなく、土地を取り戻すことが事実上は困難であった。しかも、地価が高騰しても、それに応じて地代を値上げすることも容易でなかった。その結果、地主層の不満が噴出するとともに、所有地に新たに借地権を設定する者が少なくなり、借地制度の活性化を図る必要が生じた。そこで、土地所有者に対し、新たにその所有地を借地として供給させるべく、平成 3 年の借地借家法の制定に際して創設されたのが、定期借地権の制度である。すなわち、定期借地権とは、所定の時期に消

滅することが確実な借地権であり、以下の三つの類型が認められている。この三つはいずれも、契約の更新が保障されずに、当事者の予定した時期に借地権が消滅する点では共通している。しかし、その結果を導くための法律構成と借地上に存在する建物の運命は異なり、その差異に応じて、各類型を利用するであろう土地所有者と借地権者にも、若干の違いがあるとされている。

①（狭義の）定期借地権（22条）　存続期間が50年以上の借地権を設定する場合には、当事者が契約の更新および建物の買取りの請求をしないという特約を結ぶことができる。ただし、この特約は、公正証書等の書面によってなされなければならない。そして、この特約の結果、存続期間の満了（少なくとも50年後）と同時に借地権は当然に消滅し、借地権者は、建物を収去（原状回復）し更地にして土地を明け渡すこととなる。この定期借地権は、長期間借地を利用すれば建物を取り壊しても採算がとれる企業が借地権者として予定されるとともに、長期間の後に更地が戻ってくることを期待する地主が想定されている。そして、現実には、これを利用した定期借地権付分譲住宅や定期借地権付分譲マンションが販売されている。

②事業用定期借地権（23条）　旧規定（旧24条）では、「専ら事業の用に供する建物の所有を目的とし、かつ、存続期間を10年以上20年以下として借地権を設定する場合」には、当然に定期借地権となり、その期間満了の時に借地権者が建物を取り壊し、更地にして土地を明け渡さなければならないとされていた。この借地権は、現実には、投下資本の回収が早い外食産業、量販店、コンビニエンスストア、駐車場等に広く利用された。他方、借地権設定者としては、商業地を所有し、短い借地期間の終了後に、自らその土地を利用して営業を営もうとする地主が予定されていた。

ところが、建物の減価償却期間は一般に20年を超え、実際にも、事業用定期借地権の設定期間が上限の20年とされることが多く、上限の延長が望まれてきた。そこで、平成19年12月21日に成立した「借地借家法の一部を改正する法律」（平成20年1月1日施行）により、「存続期間を30年以上50年未満」とする事業用定期借地権の設定を認めた（23条1項）。そして、改正法では、この存続期間の事業用定期借地権が普通借地権（30年以上）と競合するため、「契約の更新及び建物の築造による存続期間の延長」がなく、建物「買取

りの請求をしないこととする旨」の特約を付したものが事業用定期借地権となる。

　また、「専ら事業の用に供する建物の所有を目的とし、かつ、存続期間を10年以上30年未満として借地権を設定する場合」には、普通借地権は認められず、上記の特約がなくても、当然に事業用定期借地権が設定されたこととなる（23条2項）。

　ただし、1項と2項の事業用定期借地権の「設定を目的とする契約は、公正証書によってしなければならない」とされる（23条3項）。これは、当事者が事業用定期借地権を設定する意図を有していたが、その誤解から普通借地権となり、不測の損害を被るおそれがあることを考慮して、公証人による審査を通じて借地権者の意思を確認する趣旨である（井上和輝・ジュリスト1352号101頁以下）。

　③建物譲渡特約付借地権（24条）　借地権を設定する場合（23条1項の事業用定期借地権を設定する場合を除く）に、「その設定後30年以上を経過した日に借地権の目的である土地の上の建物」を地主に相当の対価で譲渡する旨の特約をし、その時に借地権も消滅する、という借地権である。この場合には、建物は取り壊されず、地主の所有となる。それゆえ、自己の土地が当初の30年間は地代収入をあげ、その後は譲渡を受けた建物の家賃収入を期待する地主の利用が予定されている。

(3)　定期借家権

　平成3年の借地借家法は、賃貸人に「転勤、療養、親族の介護その他やむを得ない事情」がある場合において、一定の期間に限って建物を賃貸し、期間満了時に更新の可能性なく賃貸借を終了させる特約を認めていた（旧38条1項―期限付建物賃貸借）。しかしその後、借家の供給を促進させるために、平成11年の改正により、定期借家権（定期建物賃貸借）の制度が導入された（38条）。すなわち、定期借家権とは、上記のような事情がなくても一般的に、期間の満了により契約の更新なく賃貸借が終了する借家権である。この定期借家権は、公正証書等の書面によって、「契約の更新がないこととする旨」が定められなければならない（同1項）。しかも、定期借家契約に際して賃貸人は、「あらか

じめ」賃借人に対し、「契約の更新がなく、期間の満了により当該建物の賃貸借は終了することについて、その旨を記載した書面を交付して説明」しなければならず（同2項）、この説明を怠ると、「契約の更新がないこととする旨の定めは、無効」となる（同3項）。

この書面について、判例（最判平成24・9・13民集66巻9号3263頁）は、契約書とは別個独立のものでなければならないとする。すなわち、「法38条1項の規定に加えて同条2項の規定が置かれた趣旨は、定期建物賃貸借に係る契約の締結に先立って、賃借人になろうとする者に対し、定期建物賃貸借は契約の更新がなく期間の満了により終了することを理解させ、当該契約を締結するか否かの意思決定のために十分な情報を提供することのみならず、説明においても更に書面の交付を要求することで契約の更新の有無に関する紛争の発生を未然に防止することにあるものと解される」。このような「法38条の規定の構造及び趣旨に照らすと、同条2項は、定期建物賃貸借に係る契約の締結に先立って、賃貸人において、契約書とは別個に、定期建物賃貸借は契約の更新がなく、期間の満了により終了することについて記載した書面を交付した上、その旨を説明すべきものとしたことが明らかである。そして、紛争の発生を未然に防止しようとする同項の趣旨を考慮すると、上記書面の交付を要するか否かについては、当該契約の締結に至る経緯、当該契約の内容についての賃借人の認識の有無及び程度等といった個別具体的事情を考慮することなく、形式的、画一的に取り扱うのが相当である」。そうだとすれば、「法38条2項所定の書面は、賃借人が、当該契約に係る賃貸借は契約の更新がなく、期間の満了により終了すると認識しているか否かにかかわらず、契約書とは別個独立の書面であることを要するというべきである」と判示した。

このほか、「法令又は契約により一定の期間を経過した後に建物を取り壊すべきことが明らかな場合において」、その建物を賃貸借の目的とするときは、建物の取壊しの時に賃貸借が終了する旨の特約をすることができる（39条1項）。ただし、この特約は、「建物を取り壊すべき事由を記載した書面」によってなされなければならない（同2項）。

第 5 章　賃貸借　*191*

第 2 節　賃貸借の成立

(1)　成立要件

賃貸借は、諾成契約であるため、①賃貸人が賃借人に対し目的物の使用収益をさせることと、②賃借人がその対価としての賃料を支払うこと、および、引渡しを受けた物を契約が終了したときに返還することの合意のみによって成立する（601条）。これに加えて新法は、「引渡しを受けた物を契約が終了した後に返還すること」も賃貸借の合意内容であることを明記した。なぜなら、目的物返還債務は、賃借人の基本的な債務の一つであり、他の貸借型契約も、その冒頭規定においては、借主が返還債務を負う旨が明示されている（587条、593条）からである（部会資料69A・41頁）。

使用貸借との区別は対価性の有無であり、従業員専用の寮であったとしても、従業員が世間並みの家賃相当額を使用料として支払っている場合には、賃貸借であると認められる（最判昭和31・11・16民集10巻11号1453頁）。

他人の物の賃貸借も有効であり（559・560条）、目的物が賃貸人の所有に属しないとしても、そのことは原則として重要ではないから要素の錯誤（旧95条）に当たらず、賃借人は錯誤による賃貸借の無効（新法では取消し）を主張できない（大判昭和3・7・11民集7巻559頁）。ただし、賃貸人に賃貸権限のあることを契約の内容としたときは、錯誤による無効（新法では取消し）の主張が認められる（大判大正7・3・27民録24輯599頁）。

なお、権限を有しない者が賃貸借をする場合には、602条で期間が制限されている。この短期賃貸借の規定は、かつては抵当権との関連で問題とされた（旧395条）が、平成15年の改正によって短期賃貸借の保護は廃止されている。

(2)　敷金・権利金の支払

不動産、とりわけ建物の賃貸借に際して、さまざまな名目で、賃借人から賃貸人に対して金銭が交付されることが多い。この金銭は、その名目にかかわらずに大別すると、敷金と権利金とに区別される。

敷金とは、賃借人が賃料債務その他の債務を担保する目的で賃貸人に交付す

る金銭で、賃貸借の終了に際して、賃借人に債務不履行がなければ賃貸人はその金額を返還し、もし不履行があれば、その金額の中から当然に弁済に充当し、残額を賃借人に返還する旨の約束がなされているものである（大判大正15・7・12民集5巻616頁）。このように、敷金は、契約の終了時において賃借人の債務の担保として機能するものであるから、契約の存続中に賃借人による賃料の不払があったとしても、賃貸人が同意しない限り、賃借人は敷金をもって充当すべきことを主張できず（大判昭和5・3・10民集9巻253頁）、賃貸人は、賃料の延滞を理由に、催告をして契約を解除することができる（最判昭和45・9・18判時621号57頁）。

　新法は、敷金について1箇条を設け、その意義を明らかにするとともに、判例法理を明文化した（622条の2）。同条は、まず、敷金を次のように定義する。すなわち、「いかなる名義をもってするかを問わず、賃料債務その他の賃貸借に基づいて生ずる賃借人の賃貸人に対する金銭の給付を目的とする債務を担保する目的で、賃借人が賃貸人に交付する金銭をいう」とする（1項括弧書）。そして、賃貸人は、賃借人に対し、次の二つの場合には、その受け取った敷金の額から賃貸借に基づいて生じた賃借人の賃貸人に対する金銭の給付を目的とする債務の額を控除した残額を返還しなければならないとする（1項本文）。一つは、「賃貸借が終了し、かつ、賃貸物の返還を受けたとき」（1項1号）であり、もう一つは、「賃借人が適法に賃借権を譲り渡したとき」（1項2号）である。いずれも、後述する判例法理を明文化したものである。また、同2項は、上記の判例（前掲大判昭和5・3・10）を明文化して、次のように規定する。すなわち、「賃貸人は、賃借人が賃貸借に基づいて生じた金銭の給付を目的とする債務を履行しないときは、敷金をその債務の弁済に充てることができる。この場合において、賃借人は、賃貸人に対し、敷金をその債務の弁済に充てることを請求することができない」。

　権利金とは、賃借人から賃貸人に対して交付される、敷金以外の金銭であり、その内容は、通常は次の三つである。すなわち、①場所的利益の対価、②賃料の一部の一括前払、および、③賃借権譲渡の承諾料である。このうち、③はあまり例がなく、本来は、主として都会における店舗を借りる際の対価（①）として発展してきたとされる（来栖・契約法327頁）。いずれにせよ、権利金は、

敷金と異なり、特別な事情のない限り、賃借人には返還されない。

第3節　賃貸借の効力

1　当事者の権利義務

(1)　賃貸人の義務

(ア)　使用収益させる義務　　賃貸人の主たる債務は、①目的物を賃借人に使用収益させることである（601条）。すなわち、賃貸人は、目的物を賃借人に引渡し、かつ、賃貸借の存続する期間中、目的物を使用収益に適した状態にする義務を負う。このほか、賃貸人は、②修繕義務、③費用償還義務、および、④担保責任を負う。

(イ)　修繕義務　　賃貸人は、賃貸物の使用収益に必要な修繕をする義務を負う（606条1項）。この義務は、①の使用収益させる義務から当然に導かれるものである。これに加えて、新法は、「賃借人の責めに帰すべき事由によってその修繕が必要となったとき」は、賃貸人に修繕義務がないことを明記した（同ただし書）。

　ところで、賃貸人に修繕義務があるということは、その費用を減価償却費等とともに、必要経費として賃料に含ませることを認めるものである。他方、修繕義務を特約によって免除したり、一定の範囲の修繕を賃借人の義務とすることも認められる（最判昭和29・6・25民集8巻6号1224頁）。そこで問題となるのは、賃借人に対して過大な修繕義務を負わせる特約の効力である。この問題につき、最高裁は、例えば「入居後の大小修繕は賃借人がする」という条項は、単に賃貸人が修繕義務を負わないとの趣旨であり、賃借人に対して、「家屋の使用中に生ずる一切の汚損、破損個所を自己の費用で修繕し、家屋を賃借当初と同一状態で維持すべき義務」を認める趣旨ではない、と制限的に解釈した（最判昭和43・1・25判時513号33頁）。そして最高裁は、修繕義務ではないが、建物の賃貸借が終了する際に、目的物の通常の使用に伴い生じる損耗について

194　第2部　契約法各論

賃借人が原状回復義務を負う旨の特約（通常損耗補修特約）の効力に関し、次の判決を公にした。

> **最判平成17・12・16裁時1921号61頁（通常損耗補修特約の成否）**
> 　Xは、Y供給公社の共同住宅を賃借し、敷金35万円を交付した。その後、賃貸借の解約により住宅を引き渡したXに対し、Yは、敷金から通常損耗についての補修費用を含む30万円を差し引いた5万円を返還した。そこで、Xは、Yに対して、敷金の返還を求めて訴えを提起した。争点となったのは、通常損耗補修特約の成否であり、第一審・第二審ともにこれを認め、Xの負担すべき補修費用の額も相当であるとして、Xの請求を棄却した。Xが上告受理申立てをした。
> 　最高裁は、次のように判示して、原判決を破棄差戻しとした。すなわち、「賃貸借契約は、賃借人による賃借物件の使用とその対価としての賃料の支払を内容とするものであり、賃借物件の損耗の発生は、賃貸借という契約の本質上当然に予定されているものである。それゆえ、建物の賃貸借においては、賃借人が社会通念上通常の使用をした場合に生ずる賃借物件の劣化又は価値の減少を意味する通常損耗に係る投下資本の減価の回収は、通常、減価償却費や修繕費等の必要経費分を賃料の中に含ませてその支払を受けることにより行われている。そうすると、建物の賃借人にその賃貸借において生ずる通常損耗についての原状回復義務を負わせるのは、賃借人に予期しない特別の負担を課すことになるから、賃借人に同義務が認められるためには、少なくとも、賃借人が補修費用を負担することになる通常損耗の範囲が賃貸借契約書の条項自体に具体的に明記されているか、仮に賃貸借契約書では明らかでない場合には、賃貸人が口頭により説明し、賃借人がその旨を明確に認識し、それを合意の内容としたものと認められるなど、その旨の特約が明確に合意されていることが必要であると解するのが相当である」。しかし、本件ではそのような条項も説明もなく、通常損耗補修特約の合意は成立していないとした。

　この判決は、通常損耗補修特約の有効性を認めつつ、「減価償却費や修繕費等の必要経費分を賃料の中」に含ませるのが通常であることから、賃借人に通常損耗補修義務が認められるためには、その旨の特約が明確に合意されている

ことが必要であるとする。新法も、賃借人の原状回復義務の規定を設けている（621条）が、「通常の使用及び収益によって生じた賃借物の損耗」と「賃借物の経年変化」は、原状回復の対象とされていない。

賃貸人が修繕義務を履行しない場合には、賃貸人の債務不履行となる。この場合において、賃借人は、目的物の使用収益の可能な程度に応じて、賃貸人に対して賃料の支払を拒絶することができる。すなわち、賃借人は、全く使用収益できないときは賃料全額の支払を拒むことができるが、使用収益が一時的に妨げられたときは、その割合に応じた賃料の一部の支払を拒絶できる（大判大正5・5・22民録22輯1011頁、最判昭和38・11・28民集17巻11号1477頁）。問題となるのはこの拒絶権の根拠であり、賃借人が目的物を使用収益することができないときは、その対価としての賃料支払義務も生じないと解される。

なお、賃借物が修繕を要する場合で、賃貸人もそのことを知らないときは、賃借人は遅滞なくその旨を賃貸人に通知しなければならない（615条）。新法は、賃借人がこの通知をし、または賃貸人が修繕が必要である旨を知ったにもかかわらず、賃貸人が相当の期間内に必要な修繕をしないときは、賃借人がその修繕をすることができるとした（607条の2第1号）。このほか、急迫の事情があるときも、賃借人は修繕をすることができる（2号）。

賃貸人が保存行為をしようとする場合には、賃借人はこれを拒むことはできない（606条2項）。ただし、その保存行為が賃借人の意思に反し、そのために賃借をした目的を達することができないときは、契約を解除することができる（607条）。

　(ウ)　費用償還義務　　必要費と有益費とが区別されている。必要費とは、物の保存・管理に必要な費用であり、賃借人がこれを支出したときは、賃貸人に対し、直ちにその償還を請求することができる（608条1項）。例えば、借地における盛土の費用は必要費であるとされる（大判昭和12・11・16民集16巻1615頁）。

これに対して、有益費は、改良のように、物の客観的価値を増加させるために支出された費用である。賃借人がこの有益費を支出したときは、賃貸借終了の時に、賃貸人の選択に従い、その支出した金額または増加額（196条2項）が償還されることになる。ただし、裁判所は、賃貸人の請求により、相当の期

限を許与することができる（608条2項）。

　以上の費用償還請求権は、貸主が目的物の返還を受けた時から1年以内に請求しなければならない（621条による600条の準用）。また、建物の賃借人が有益費を支出した後に、建物の所有権の譲渡により賃貸人が交代したときは、特段の事情のない限り、新賃貸人が有益費の償還義務を承継し、旧賃貸人はその償還義務を負わない（最判昭和46・2・19民集25巻1号135頁）。一般的に、既発生の債権債務が新賃貸人に当然に承継されるかは疑問である。しかし、判旨は、「（608条2項の）賃貸人とは賃貸借終了当時の賃貸人を指し、民法196条2項にいう回復者とは占有の回復当時の回復者を指す」ことを理由に、賃借人が旧賃貸人に対して「有益費の償還を請求することはできない」とする。そして、有益費は「賃貸借の終了の時」でなければ償還請求できないものであるから、判旨は適切であると解される。新法は、この判例法理を明文化し、賃貸人の地位が第三者（譲受人またはその承継人）に移転したときは、608条の規定による費用の償還に係る債務（および敷金の返還に係る債務）は、譲受人またはその承継人が承継すると規定した（605条の2第4項）。

　なお、費用償還請求権は、「その物に関して生じた債権」（295条1項）であるので、賃借人は、その償還を受けるまで目的物を留置することができる（大判昭和10・5・13民集14巻876頁）。ただし、建物の賃借人が債務不履行により契約を解除された後、建物を占有すべき権原がないことを知りながら不法にこれを占有していた間に支出した有益費の償還請求権に基づいて、建物に対する留置権を主張することはできない（295条2項類推適用—最判昭和46・7・16民集25巻5号749頁）。これに対しては、留置権の成立を認めつつ、悪意の占有者は裁判所の期限の許与（196条2項ただし書）によってはじめて留置権を失うとする見解（295条2項類推適用否定説）も有力である。しかし、権原のない占有者が必要費や有益費を支出すれば適法な占有となるとするのは妥当でない。悪意の不法占拠者に留置権を否定する判例が適切である。

　(エ)　契約不適合責任　　賃貸借には売買の規定が準用されるため（559条）、賃貸人は、562条以下の契約不適合責任を負うことになる。その結果、例えば、他人の不動産を賃借した者が所有権者から明渡しを求められた場合には、それ以後の賃料の支払を拒絶することができる（576条の準用—最判昭和50・4・25

民集 29 巻 4 号 556 頁)。

(2) 賃借人の権利義務

（ア）　使用収益権　　賃借人の使用収益権の範囲は、契約によって定められる（616 条による 594 条 1 項の準用）。例えば、借地契約においては、①建築すべき建物の種類・構造等を定める特約や、②建物を増改築するには賃貸人の承諾が必要である旨の特約（無断増改築禁止特約）がなされることが多い。もっとも、借地上の建物は借地権者の所有であるため、その増改築は、本来的には借地権者の自由に委ねられる。にもかかわらず、②の特約がなされる理由は、建物の増改築によって、借地権の存続期間満了前に建物が朽廃したときは借地権が消滅するとした旧借地法 2 条ただし書の適用が妨げられ、かつ、建物買取請求（借地借家 13 条）の際の建物価格が増大することにある。それゆえ、これらの特約も有効であり、賃借人がそれに違反すると債務不履行の問題となる。ただし、①②については、借地借家法に特別の規定が置かれているほか、判例によって賃貸人の解除権が制限されている。

　まず、借地借家法は、①につき、「建物の種類、構造、規模又は用途を制限する旨の借地条件がある場合において、法令による土地利用の規制の変更、付近の土地の利用状況の変化その他の事情の変更により現に借地権を設定するにおいてはその借地条件と異なる建物の所有を目的とすることが相当であるにもかかわらず、借地条件の変更につき当事者間に協議が調わないとき」は、裁判所が「その借地条件を変更することができる」とした（17 条 1 項）。また、②についても、「土地の通常の利用上相当とすべき増改築につき当事者間に協議が調わないときは、裁判所は、借地権者の申立てにより、その増改築についての借地権設定者の承諾に代わる許可を与えることができる」とする（同 2 項）。これらは、昭和 41 年の旧借地法の改正によって認められ、現行の借地借家法に受け継がれた規定である。

　ところで、賃借人が②の特約に違反した場合にも、判例は、その違反が「賃貸人に対する信頼関係を破壊するおそれがあると認めるに足りないとき」は、賃貸人による解除権の行使が認められないとする。そのリーディング・ケースとなるのは、次の最高裁判決である。

198　第2部　契約法各論

　　最判昭和41・4・21民集20巻4号720頁（増改築禁止特約と信頼関係法理）

　　Xはその所有する土地を、Yに対し、住宅用普通建物の所有を目的として期間20年で賃貸した。その賃貸借契約には、賃借人が賃貸人の承諾を得ないで賃借地内の建物を増改築するときは、賃貸人は催告を要しないで、賃貸借契約を解除することができる旨の特約（以下、「増改築禁止特約」という）があった。にもかかわらず、Yは、Xに無断で、Yの家族のみの居住用であった旧建物の二階部分を拡張して総二階造りとし、その居室全部を賃貸アパートに改造した。そこで、Xは、増改築禁止特約に基づき賃貸借契約を解除して、Yに対し、建物収去と土地の明渡しを請求した。第一審はXの請求を認容したが、原審は、二階部分の増改築がなされても、建物の同一性は失われず、「この程度の増築は借地の効率的利用のため通常予想される合理的な範囲」であるとして、Xの請求を棄却した。Xが上告した。

　　最高裁は、「一般に、（無断増改築禁止特約）があるにかかわらず、賃借人が賃貸人の承諾を得ないで増改築をした場合においても、この増改築が借地人の土地の通常の利用上相当であり、土地賃貸人に著しい影響を及ぼさないため、賃貸人に対する信頼関係を破壊するおそれがあると認めるに足りないときは、賃貸人が前記特約に基づき解除権を行使することは、信義誠実の原則上、許されないものというべきである」と判示した。そして、本件におけるYの増改築は、土地の通常の利用上相当であるとして、Xの上告を棄却した。

　　この判決は、612条の解除に関して展開された信頼関係法理を、増改築禁止特約違反を理由とする解除にも適用したものである。このように、信頼関係法理は、賃借人の債務不履行があった場合にも、賃貸人に対する信頼関係を破壊しなければ解除原因とはならないとすることで、解除権を制限する。半面、賃借人に債務不履行がなくても、賃貸人との信頼関係を破壊する場合には解除原因となるという、解除権を積極的に認める機能をも有している（星野・Ⅳ195頁）。その意味では、信頼関係法理は、両刃の剣であることに注意を要する。

　(イ)　賃料支払義務　　賃借人の主たる義務であり、動産、建物および宅地については、賃料は、毎月末に支払われなければならない（614条）。この賃料は、契約によって定められる。しかし、民法は、次の二つの場合に、賃借人からの

賃料減額請求を認めている。

一つは、小作人が「不可抗力によって賃料より少ない収益を得たとき」に、賃料減額請求（609条）と解除（610条）ができるとした。小作人を保護する規定であるが、「収益の額に至るまで」賃料の減額を請求することができるにすぎず、収益の全部を支払わなければならないため、意味がない。そこで、農地法は、農業委員会が小作料の減額を勧告することにした（農24条）。

もう一つは、賃借物の一部滅失等による賃料の減額である。旧法下においても、賃借物の一部が滅失した場合には、賃借人に賃料の減額請求権が認められていた（旧611条1項）。しかし、賃借物の十分な使用収益ができなくなるのは、賃借物の一部滅失の場合に限られず、しかも、賃借人が減額請求をしなくても、賃借物の使用収益ができない場合には当然に賃料が減額されるとするのが合理的である（一問一答322頁）。そこで、新法は、「賃借物の一部が滅失その他の事由により使用及び収益をすることができなくなった場合」として、その適用場面を拡張するとともに、それが賃借人の責めに帰することができない事由によるものであるときは、「賃料は、その使用及び収益をすることができなくなった部分の割合に応じて」、当然に減額されるとした（611条1項）。また、旧法は、「賃借人の過失によらないで」一部滅失した場合において、残存する部分のみでは契約をした目的を達することができないときは、賃借人に契約解除権を認めていた（旧611条2項）。しかし、これを反対解釈すると、賃借人の過失によって賃借物が一部滅失した場合には、賃借人は、賃貸借契約を解除することができなくなり、契約をした目的を達することができなくても契約に拘束されるという不合理な結果となる。そこで、新法は、賃借人の責めに帰すべき事由の有無にかかわらず、「賃借物の一部が滅失その他の事由により使用及び収益をすることができなくなった場合において、残存する部分のみでは賃借人が賃借をした目的を達することができないときは、賃借人は、契約の解除をすることができる」とした（611条2項）。

なお、新法は、賃借物の全部が滅失その他の事由により使用および収益をすることができなくなった場合には、賃貸借契約が当然に終了する旨の明文を設けている（616条の2―後述）。

さらに、借地借家法は、当事者に地代（11条）・家賃（32条）の増減請求権

を認めた。これは、事情変更の原則を立法化したものであり、その要件は、租税その他の負担の増減、土地または建物の「価格の上昇若しくは低下その他の経済事情の変動により」、または近傍の賃料に比較して、賃料が「不相当となった」ことである。もっとも、これらの事情は例示であり、結局は、事情の変更によって賃料が不相当となったことが要件となる。しかも、条文上、「契約の条件にかかわらず」当事者が賃料の増減を請求できるとされ、この規定が強行規定であることを示している（我妻・V₂507頁）。したがって、不減額特約があったとしても、賃借人は賃料の減額請求ができる（大判昭和13・11・1民集17巻2089頁―旧借地法12条）。そして、この点をめぐっては、後述のように、建物のサブリースに借地借家法32条の適用が認められるかが争われた。

賃料増減請求権は、形成権であり、かつ、裁判外で行使することができる。それゆえ、請求者の意思表示が相手方の到達した時に上記の要件が備わっていれば、賃料は以後相当額に増減されたことになる（最判昭和36・2・24民集15巻2号304頁）。ただし、その額につき当事者間に協議が調わないときは、裁判が確定するまで、当事者は「相当と認める額」を支払えばよい（借地借家11条2・3項、32条2・3項）。

(ウ)　目的物返還義務　　以上のほか、賃借人は、賃貸借契約の終了時に目的物の返還義務を負う（601条）。この点は、賃貸借の終了の項で扱う。

(3)　サブリースと借地借家法32条の適否

(ア)　サブリースの意義　　サブリースとは、建物の所有者が、不動産事業者に対して一括してその建物を賃貸し、不動産事業者は、建物の各フロアや各部屋を、例えばオフィスとして第三者に転貸するものである。このサブリースという用語は、本来は転貸借を意味する。しかし、わが国では、転貸借契約ではなく、「転貸を最初から予定した所有者・業者間の契約」をサブリースとしている（松岡久和「建物サブリース契約」法学教室273号22頁〔2003年〕）。サブリースの形態はさまざまであるが、その多くは、不動産事業者が建物所有者との間の契約において、空室保証・賃料保証という形で一定額の賃料収入を所有者に保証し（賃料保証条項）、また、地価の上昇を見込んで、一定期間ごとに賃料を自動増額する旨の条項が定められている。

このようなサブリース契約は、1980年代後半のバブル経済の時期に結ばれた。というのも、地価が高騰し、不動産事業者にとっても土地を取得してオフィスビルを建築することが大きな負担となり、むしろ不動産事業者が土地所有者にビルを建築させ、それを一括賃借して転貸するサブリースが合理的だったからである。しかし、1990年頃のバブル経済の崩壊に伴い、地価が下落し、オフィスビルの賃料も急激に下落したため、不動産事業者の収益も大幅に減少し、多額の赤字となった。そこで、不動産事業者が所有者に対して、サブリースにも借地借家法32条の適用があるとして、賃料の減額を求める訴訟が頻発した。争点となったのは、①サブリース契約が賃貸借であるか、②仮に賃貸借に当たるとしても、借地借家法32条の適用が肯定され、賃料の減額が認められるかである。

　(イ)　従来の学説　　この問題につき、従来の学説は、次の三つに分かれていた。

　第一は、強行法規である借地借家法32条の適用が認められ、賃料不減額特約は無効となり、賃借人は賃料の減額を請求することができるとする適用肯定説である。その論拠は、サブリースも、当事者の一方が他方に建物を使用収益させ、他方がその対価を支払うものであるから賃貸借（601条）に該当することにある（道垣内弘人「不動産の一括賃貸と借賃の減額請求」NBL 580号27頁〔1995年〕）。

　第二は、サブリースに借地借家法32条の適用がないとする適用否定説である。もっとも、その論拠は分かれ、一方では、上記①を問題とし、サブリースは賃貸借とは異なる共同事業であり、賃借人の保護を目的とする借地借家法の適用はないとする見解（澤野順彦「サブリースと賃料増減請求」NBL 554号36頁〔1994年〕）がある。他方では、②の点を問題とし、サブリースも賃貸借であるが、自己責任の原則に従い、賃料保証特約を伴うサブリース契約は賃料相場の変動リスクを不動産事業者が引き受けることにその本質があるから、借地借家法32条の介入する余地はないとする見解（松岡・後掲法学論叢172頁）もある。

　第三は、借地借家法32条の適用を肯定しつつ、賃料保証をした事業者側の態様やサブリースの特殊性を考慮して、賃料の減額請求の可否を決する折衷説である。この折衷説も、具体的な結論においては、賃料減額請求を認めるべき

202　第2部　契約法各論

とする見解からその否定を主張する見解まで、さまざまである。しかし、最高裁は、基本的にはこの折衷説を採用した。

　(ウ)　最高裁の見解　　上記の学説に合わせて、下級審裁判例の解決もさまざまであったが、最高裁は、その有する三つの小法廷が同旨の判決を公にすることにより、判断の統一を図った。ここでは、民集に搭載された平成15年10月21日の第三小法廷判決を引用する（このほか、最判平成15・10・21判時1844号50頁、最判平成15・10・23判時1844号54頁、最判平成16・11・8判時1883号52頁）。

> **最判平成15・10・21民集57巻9号1213頁（サブリースと借地借家法32条の適否）**
> 　Xは、その所有する土地上に賃貸用高層ビルを建築することを計画し、1988年12月、Yとの間で、Yにビルを一括して賃貸する予約をした。そしてXは、Yから支払われる敷金50億円に加え、銀行から180億円の融資を受けることによってビルの建設資金を調達した。1991年4月にビルが完成し、Xは、Yとの間で、上記の予約に基づき次のような契約を締結した。すなわち、①Xは、Yに対し、ビルを一括して15年間賃貸し、Yは、これを自己の責任と負担において第三者に転貸する。賃貸期間中は、当事者に重大な違約違反等が生じた場合のほかは、中途解約できない。②賃料は年額20億円、共益費は年額3億円とし、Yは、毎月末日に賃料の12分の1を支払う。③賃料は、3年を経過するごとに、その直前の賃料の10%相当額の値上げをする（賃料自動増額特約）。ただし、経済事情の著しい変動によって値上げ率および敷金が不相当になったときは、XとYの協議のうえ、値上げ率を変更することができる（調整条項）。その後、バブル経済の崩壊によって賃料水準が著しく低下し、1994年2月以降、Yは、Xに対し、繰り返し賃料の減額請求を行った。そこで、XがYに対し、賃料自動増額特約に従って賃料が増額したと主張して、未払賃料の支払を求めて訴えを提起した。これに対してYは、Xに対し、借地借家法32条1項に基づき賃料が減額されたことの確認を求める反訴を提起した。第一審は、Yの賃料保証を重視し、当事者間では借地借家法32条の適用を排除していたこと、および、本件では賃借人保護の要請がないことから、賃料の増額を認めてXの請求を認容した。そして原審も、本件契約が典型的

な賃貸借ではなく、事業委託的無名契約の性質をも有し、借地借家法 32 条の適用が調整条項によって制限されるとして、X の請求を一部認容した。XY の双方が上告受理申立て。

最高裁は、次のように判示して、原判決を破棄差戻しとした。

①「本件契約における合意の内容は、X が Y に対して本件賃貸部分を使用収益させ、Y が X に対してその対価として賃料を支払うというものであり、本件契約は、建物の賃貸借契約であることが明らかであるから、…本件契約には、借地借家法が適用され、同法 32 条の規定も適用される」。

②「本件契約には本件賃料自動増額特約が存するが、借地借家法 32 条 1 項の規定は、強行法規であって、本件賃料自動増額特約によってもその適用を排除することができないものであるから、本件契約の当事者は、本件賃料自動増額特約が存するとしても、そのことにより直ちに上記規定に基づく賃料増減額請求権の行使が妨げられるものではない」。

③ Y の「減額請求の当否及び相当賃料額を判断するに当たっては、賃貸借契約の当事者が賃料額決定の要素とした事情その他諸般の事情を総合的に考慮すべきであり、本件契約において賃料額が決定されるに至った経緯や賃料自動増額特約が付されるに至った事情、とりわけ、当該約定賃料額と当時の近傍同種の建物の賃料相場との関係（賃料相場とのかい離の有無、程度等）、Y の転貸事業における収支予測にかかわる事情（賃料の転貸収入に占める割合の推移の見通しについての当事者の認識等）、X の敷金及び銀行借入金の返済の予定にかかわる事情等をも十分に考慮すべきである」。そして、「Y の賃料減額請求の当否等について更に審理を尽くさせるため、……本件を原審に差し戻すこととする」。

この判決は、サブリース契約に借地借家法 32 条の適用を認めつつ、「減額請求の当否」については、Y の引き受けたリスクや賃料自動増額特約の趣旨など、サブリース契約の特殊性をも含む「諸般の事情を総合的に考慮」して決すべきであるとし、減額請求を否定する余地をも残している（ただし、前掲最判平成 15・10・23 の差戻審［東京高判平成 16・12・22 判タ 1170 号 122 頁］は肯定）。その意味では、前記の適用肯定説と否定説とを折衷するものであり、多様なサブリースの形態に「柔軟に対応できる」との積極的な評価（近江幸治「最判平

成 16・11・8 の判批」金融商事判例 1205 号 2 頁）もなされている。しかし、判旨に対しては、賃料の「増額特約を有効としつつ減額請求を肯定するという、奇妙な論理」を採用したとの批判もある。この批判によれば、Y は、「長期契約の賃料相場変動リスクを自ら引き受ける趣旨で本件合意をしているのである」から、当事者が予測していないリスクを対象とする事情変更の原則と、この原則を明文化した借地借家法 32 条が「適用されることはありえない」とされる（内田貴・平成 15 年度重判 82 頁）。

　当事者の自己責任を厳しく問う立場からは、判旨の論理と結論には問題があろう。しかし、賃貸人の借入金利も下落し、その金利負担も減少したこと（最判平成 16・11・8 の滝井繁男裁判官による補足意見）をも含め、「諸般の事情を総合的に考慮」して「減額請求の当否」を決する判旨は、妥当な解決を導くものである。

2　賃借権の対外的効力

　賃借人は、目的物を無権原で占有してその使用収益を妨げる者が存在するとき、賃貸借契約に基づき、賃貸人に対して、目的物を使用収益させるよう請求することができる。しかし、妨害者に対して直接に、債権である賃借権に基づき妨害排除を請求しうるかが問題となる。まず、賃借人が目的物の引渡しを受け、占有を開始した後であれば、占有の訴え（197 条以下）によって保護される。それゆえ、問題となるのは、賃借人が目的物をいまだ占有していない場合であり、具体的には、次の二つの場合が考えられる。すなわち、①第三者が権原なくして目的物を不法占有している場合と、②目的物の所有者が同じ物を二重に賃貸借した場合における未占有の第一賃借人と第二賃借人との関係である。そして判例は、必ずしも明確ではないが、以下のように①と②を区別していると解される。

> **大判昭和 4・12・16 民集 8 巻 944 頁（①不法占有の事案）**
> 　X が A から土地を賃借したところ、Y が同地上にバラックを建築し、不法に占拠した。そこで X は、A が物権的返還請求権を行使しないので、自己の

賃借権を保全するために債権者代位権（423 条）によって、A の Y に対する物権的請求権を代位行使した。第一審・第二審ともに X の請求を認容し、大審院も、X は、「賃借人トシテ有スル債権ヲ保全スル為賃貸人即土地所有者ニ属スル妨害排除請求権ヲ適法ニ行使セルモノ」であると判示した（上告棄却）。

最判昭和 28・12・18 民集 7 巻 12 号 1515 頁（②二重賃貸借の事案）

X が A から土地を賃借し家屋を建てて占有したところ、昭和 20 年、戦災で家屋が焼失した。他方、本件土地の所有権は A から B に譲渡され、B が本件土地を Y に賃貸し、Y が建物を建築した。そこで X は、自己の賃借権が対抗力（罹災都市借地借家臨時処理法 10 条）を有していることを根拠に、Y に対し建物収去土地明渡しを請求した。第一審・第二審ともに X の請求を認容し、最高裁も、「（土地の賃借権が）第三者に対抗できる場合にはその賃借権はいわゆる物権的効力を有し、……その土地につき賃借権を取得した者にも対抗できる」ため、X は Y に対し「直接にその建物の収去、土地の明渡を請求することができる」と判示した（上告棄却）。

判例は、①不法占有の事案では債権者代位権（423 条）の転用により、また、②二重賃貸借の事案では、対抗力（605 条・605 条の 2 第 1 項、借地借家 10 条・31 条）のある賃借権に土地の返還請求を認める。なお、判例は、①不法占有の事案においても、対抗力のある不動産賃借権に基づく返還請求権の行使を認める（最判昭和 30・4・5 民集 9 巻 4 号 431 頁—罹災都市借地借家臨時処理法 10 条の事案）ため、①②ともに、対抗要件を備えた賃借権に物権的効力を認めている。

これに対して、有力な見解は、①につき、端的に賃借権に基づく妨害排除請求を認めるべきであるとする（星野・借地・借家法 440 頁）。なぜなら、不法占有者と賃借人との間に利益考量の必要はなく、これを認めることが賃貸人にとっても便利だからである。他方、②の結論について異論がない。対抗問題（177 条）として処理できるからである。

新法は、上記の判例法理を明文化し、次のように規定した（605 条の 4）。すなわち、不動産の賃借人は、対抗要件（605 条の 2 第 1 項参照）を備えた場合において、「その不動産の占有を第三者が妨害しているとき」は、「その第三者に

206　第2部　契約法各論

対する妨害の停止の請求」をすることができ（1号）、また、「その不動産を第三者が占有しているとき」は、「その第三者に対する返還の請求」をすることができる（2号）とする。

第4節　賃貸借における当事者の交替

1　賃貸人の交替

(1)　借地借家権の対抗力——対抗要件

（ア）　借地借家法の規定　　民法は、不動産の賃貸借につき、登記による第三者対抗力を認めた（605条）。しかし、現実には賃貸借の登記はなされず、賃借権に基づく登記請求権も否定されたため、旧建物保護法1条や旧借家法1条によって賃借人の保護が図られたことは前述した（本章第1節）。そして、これらの規定を受けて、借地借家法は、借地権につき、「その登記がなくても、土地の上に借地権者が登記されている建物を所有するときは、これをもって第三者に対抗することができる」とし（10条1項）、借家権についても、「建物の引渡しがあったときは」、対抗力があるとした（31条1項）。

（イ）　建物の登記　　借地借家法10条1項に規定する建物の登記は、表示の登記（不登27条以下、44条以下）でもよく（最判昭和50・2・13民集29巻2号83頁）、また、「錯誤または遺漏により、建物所在の地番の表示において実際と多少相違していても、建物の種類、構造、床面積等の記載と相まち、その登記の表示全体において、当該建物の同一性を認識」できるような場合には、「当該借地権は対抗力を有する」とされる。なぜなら、「土地を買受けようとする第三者は現地を検分して建物の所在を知り、ひいて賃借権等の土地使用権原の存在を推知することができるのが通例」であり、借地権の対抗力を認めても、第三者の「利益を不当に害するもの」ではないからである（最大判昭和40・3・17民集19巻2号453頁）。

しかし、最高裁は、「地上建物を所有する賃借権者が、自らの意思に基づき、

他人名義で建物の保存登記をしたような場合には、当該賃借権者はその賃借権を第三者に対抗することはできない」とした。その理由は、他人名義の登記が、実質上の権利と符合しない無効の登記であって、対抗力を生じないこと、および、その対抗力を認めると、第三者の利益を害することにある（最大判昭和41・4・27民集20巻4号870頁）。具体的には、賃借人と氏を同じくし、かつ、同居する未成年の長男名義の保存登記（最大判昭和41・4・27）、および、妻名義の保存登記（最判昭和47・6・22民集26巻5号1051頁）の対抗力が否定された。この最高裁の見解に対しては、学説の反対が多い。例えば、我妻博士は、「自分の所有建物を妻や子の名義にすることは、わが国の社会には必ずしも稀なこと」ではなく、「そこまでの事情を知った第三者」が借地権の対抗を受けたとしても、不測の損害を被ることはないとする（「判批」法学協会雑誌84巻4号584頁）。

　上記の最高裁の見解は、不動産の二重譲渡における対抗要件としての「登記」（177条）に対する考え方を、605条や旧建物保護法（借地借家10条）の解釈に当てはめるものである。しかし、わが国では、賃貸借が土地所有権の譲渡に伴って譲受人に移転するというのが古くからの慣習であり、民法の起草者も、賃借権の対抗力を承認しつつ、賃借権の公示を目的として「登記」（605条）を要求したにすぎない（野澤・後掲322頁）。そして、旧建物保護法が制定され、「建物登記をもって対抗要件としたときに、すでに新地主に対する賃借権の公示という趣旨は、大部分が失われていた」（星野・借地・借家法403頁）といえよう。そうだとすれば、605条・借地借家法10条を177条と同様に解すべき必然性はなく、「無効」な登記であっても、第三者が借地権の存在を知っていた場合には、当該借地権の対抗力を認めて差し支えない。結論としては、前掲最大判昭和40・3・17の論理を徹底させ、土地を買い受けようとする第三者が「現地を検分して建物の所在を知り、ひいて賃借権等の土地使用権原の存在を推知すること」ができた場合には、建物の所有名義が異なっていたり、その所在の表示が多少くい違っていたとしても、借地権の対抗力を認めるべきである。

　(ｳ)　未登記建物の場合　　借地権または建物の登記がなければ、借地権の対抗力は認められず、原則として土地の譲受人は、借地権者に対して建物収去・土地明渡請求をすることができる。しかし、最高裁は、次のような場合には、

借地権者に対する土地明渡請求が権利濫用になるとした。すなわち、Aの所有する土地をYが賃借した後に、AからBが買い受け、BはこれをX会社に譲渡し、その旨の移転登記がなされた。しかし、BはAの実子であり、XもAの経営する同族会社であって、「Yの賃借権の存在を知悉しながら、Yを立ち退かせることを企図として本件土地を買い受けたもの」であり、Yが建物の保存登記をしようとしたところAがそれを妨げたという事情がある場合に、最高裁は、XのYに対する土地明渡請求が権利の濫用として許されないとした原審の判断が正当であるとした（最判昭和38・5・24民集17巻5号639頁）。

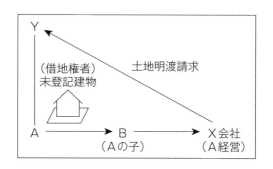

また、このような主観的な害意がなくても、土地の譲受人が、同地上に建物を所有して営業している借地権者の存在を知り、時価よりも著しく低廉な、しかも賃借権付評価で本件土地を取得したにもかかわらず、「たまたま借地権者の賃借権が対抗力を欠如していることを発見し、これを奇貨として予想外の新たな利益を収めよう」として、借地権者側の「営業ならびに生活に多大の損失と脅威を与えることを意に介せず」土地明渡請求訴訟を提起した事案につき、最高裁は、土地明渡請求が権利濫用にあたるとした（最判昭和43・9・3民集22巻9号1817頁）。これは、権利濫用の判断に際して、「権利の行使によって生じる権利者個人の利益と相手方または社会全体に及ぼす害悪との比較衡量、という客観的な判断基準を重視する」判例の傾向（四宮＝能見・民法総則18頁）と軌を一にするものである。なお、建物収去土地明渡請求が権利濫用となる場合でも、土地の譲受人は、借地権者に対し、土地の違法占有を理由に損害賠償を請求することは可能である（最判昭和43・9・3民集22巻9号1767頁）。

　㈥　建物の引渡し　　借家権の対抗要件は、建物の引渡しであり（借地借家

31条1項)、その趣旨は借家人の保護である。この「引渡し」には、占有改定(183条)も含むとする見解(我妻・V₂517頁)もあるが、借家人が建物に居住していることが借家権の公示となることを考えると、現実の引渡しに限るべきである。

なお、動産の賃借権については、605条に相当する規定がなく、不動産賃借権と同じような第三者対抗力は認められない。ただし、動産の新旧所有者間において賃貸借を承継する旨の合意が認められれば、賃借権は存続しよう。

(2) 賃貸人の地位の当然承継——対抗の効果

旧605条は、登記をした不動産の賃貸借が目的不動産の取得者に対しても「その効力を生ずる」と規定するのみで、その効果が明らかではない(新法は「対抗することができる」とした)。しかし、民法の起草者は、前主(旧所有者)の賃貸人の地位がそのまま取得者(新所有者)に移転し、前主は賃貸借契約から離脱すると考えていた(法典調査会・民法議事速記録四350頁)。そして学説も、賃貸借契約が目的不動産の新所有者に承継されることでは一致していた。ただし、旧所有者が賃貸借契約から離脱するか否かについては見解が分かれ、大審院は次のように判示して、旧所有者が賃貸借関係から「脱退」するとした。すなわち、「賃貸人ガ賃貸借ノ目的ヲ第三者ニ譲渡シタルトキハ、其旧所有者ト賃借人トノ間ニ存在シタル賃貸借関係ハ法律上当然其新所有者ト賃借人間ニ移リ、新所有者ハ旧所有者ノ賃貸借契約上ノ地位ヲ承継シ、旧所有者即チ旧賃貸人ハ全然其関係ヨリ脱退スルモノトス。蓋シ、旧所有者ハ、目的物ヲ譲渡スルニ依リテ賃貸借ニ付キ何等利害関係ヲ有セザルニ至ルベケレバナリ」(大判大正10・5・30民録27輯1013頁)。

戦後の最高裁も、旧借家法1条に関し、「自己の所有建物を他に賃貸している者が賃貸借継続中に建物を第三者に譲渡してその所有権を移転した場合には、特段の事情のないかぎり、賃貸人の地位もこれに伴って第三者に移転する」とした(最判昭和39・8・28民集18巻7号1354頁)。かくして、賃借権に対抗要件がある場合には、賃貸人の地位が不動産の譲受人に当然に承継されるというのが確立した判例の準則となった。そして、賃貸人の地位の移転に伴い、旧所有者と賃借人との間の賃料の取立債務の約定(最判昭和39・6・26民集18巻5号

968頁）や敷金も新所有者に承継される。すなわち、「旧賃貸人に差し入れられた敷金は、賃借人の旧賃貸人に対する未払賃料債務があればその弁済としてこれに当然充当され、その限度において敷金返還請求権は消滅し、残額についてのみその権利義務関係が新賃貸人に承継される」とする（最判昭和44・7・17民集23巻8号1610頁）。また、判例は、「賃貸借終了後に家屋所有権が移転し、したがって、賃貸借契約自体が新所有者に承継されたものでない場合には、敷金に関する権利義務の関係のみが新所有者に当然に承継されるもの」ではないとした（最判昭和48・2・2民集27巻1号80頁）。

　新法は、このように確立した判例法理を明文化した。すなわち、605条の2第1項は、民法605条、借地借家法10条または31条「その他の法令の規定による賃貸借の対抗要件を備えた場合において、その不動産が譲渡されたときは、その不動産の賃貸人たる地位は、その譲受人に移転する」と規定した。そして、前述のように、「賃貸人たる地位が譲受人又はその承継人に移転したときは、民法第608条の規定による費用の償還に係る債務及び第622条の2第1項の規定による同項に規定する敷金の返還に係る債務は、譲受人又はその承継人が承継する」と明記した（605条の2第4項）。

　以上の結論を、通説は、かつてのドイツで主張された「状態債務」概念を用いて説明する。すなわち、賃貸借契約が「賃貸目的物の所有権と結合する一種の状態債務関係」であり、その所有権とともに移転すると解している（我妻・V₂420頁、潮見・新債権総論II537頁注40）。しかし、賃借権に対抗力がある場合には、その法定効果として賃貸借契約の承継が認められると考えれば足り（前掲大判大正10・5・30参照）、これを内容の明確でない「状態債務」概念を用いて説明する必要はない。しかも、状態債務の概念は、ドイツではすでに支持を失い、フランスでも19世紀末に放棄されていることを考えると、この概念を維持することにどれだけの実益があるかは疑わしい（野澤・後掲125頁）。

(3)　賃貸人の地位の留保特約

　ところで、前掲の最高裁昭和39年8月28日判決は、賃貸人の地位の移転が否定される「特段の事情」を留保していた。そこで、次の判決では、どのような場合に「特段の事情」が認められるかが問題とされた。

第5章　賃貸借　*211*

最判平成 11・3・25 判時 1674 号 61 頁（賃貸人の地位を旧所有者に留保する旨の合意の効力）

不動産小口化商品（サブリースの一種）に関する事案。X は、A の所有しているビルの一部を賃借し（以下、「本件賃貸借契約」という）、A に対して敷金の性質を有する保証金（3383 万余円）を交付した。その後、平成 2 年 3 月 27 日、本件ビルにつき、①売主を A、買主を B ほか 38 名とする売買契約、②譲渡人を B ら、譲受人を Y（信託銀行）とする信託譲渡契約、③賃貸人を Y、賃借人を D 株式会社とする賃貸借契約、④賃貸人を D、賃借人を A とする賃貸借契約がそれぞれ締結された。そして、①および②契約の締結に際し、本件賃貸借契約における賃貸人の地位を A に留保する旨の合意がなされた。しかし、X は、平成 3 年 9 月 12 日に A が破産宣告を受けるまで、②の売買契約等が締結されたことを知らず、A に対して賃料を支払い、A 以外の者が X に対して賃貸人の権利を主張したこともなかった。X は、②の売買契約等が締結されたことを知った後、本件賃貸借契約における賃貸人の地位が Y に移転したと主張したものの、Y がこれを認めなかった。そこで、X は、平成 4 年 9 月 16 日、Y に対し、Y が本件賃貸借契約における賃貸人の地位を否定するので信頼関係が破壊されたとして、本件賃貸借契約を解除する旨の意思表示をし、本件ビルから退去して、Y に対し保証金の返還を求めて訴えを提起した。第 1 審・原審ともに、賃貸人の地位がビルの所有権の移転に伴い A から B、B から Y へと順次に移転したとの理由で、X の請求を認容した。Y 上告。争点となったのは、新旧所有者間における賃貸人の地位を旧所有者に留保する旨の合意が、賃貸人の地位の移転を否定する「特段の事情」にあたるか否かである。

最高裁は、次のように判示して、Y の上告を棄却した。すなわち、「自己の所有建物を他に賃貸して引き渡した者が右建物を第三者に譲渡して所有権を移転した場合には、特段の事情のない限り、賃貸人の地位もこれに伴って当然に右第三者に移転し、賃借人から交付されていた敷金に関する権利義務関係も右第三者に承継されると解すべきであり（前掲最判昭和 39・8・28、前掲最判昭和 44・7・17 参照）、右の場合に、新旧所有者間において、従前からの賃貸借契約における賃貸人の地位を旧所有者に留保する旨を合意したとしても、これをもって直ちに前記特段の事情があるものということはできない」。なぜなら、「新旧所有者間の合意に従った法律関係が生ずることを認めると、賃借人は、

212 第2部 契約法各論

```
                    賃貸借
         A ─────────────────→ X（賃借人）
         ↑←──────────────────
         │    保証金（3383万円）
  ①売買  │         ④賃貸借
         ↓
    Bほか38名          D（リース会社）
   （持分権者）              ↑
         │                   │
  ②信託譲渡              ③賃貸借
         ↓                   │
         Y（受託者─信託銀行）
```

建物所有者との間で賃貸借契約を締結したにもかかわらず、新旧所有者間の合意のみによって、建物所有権を有しない転貸人との間の転貸借契約における転借人と同様の地位に立たされることとなり、旧所有者がその責めに帰すべき事由によって右建物を使用管理する等の権原を失い、右建物を賃借人に賃貸することができなくなった場合には、その地位を失うに至ることもあり得るなど、不測の損害を被るおそれがあるからである」。

　この法廷意見に対しては、藤井正雄裁判官による反対意見が付されている。この反対意見は、「YがXに対し本件保証金の返還債務を負担する」とした「法廷意見には賛成することができない」とする。

　もっとも、同裁判官も、(i)「甲が、その所有の建物を乙に賃貸して引き渡し、賃貸借継続中に、右建物を丙に譲渡してその所有権を移転したときは、特段の事情のない限り、賃貸人の地位も丙に移転し、丙が乙に対する賃貸人としての権利義務を承継するものと解されていることは、法廷意見の説くとおりである」とする。

　しかし、(ii)「甲が、丙に建物を譲渡すると同時に、丙からこれを賃借し、引き続き乙に使用させることの承諾を得て、賃貸（転貸）権能を保持しているという場合には、甲は、乙に対する賃貸借契約上の義務を履行するにつき何の支障もなく、乙は、建物賃貸借の対抗力を主張する必要がないのであり、甲乙間の賃貸借は、建物の新所有者となった丙との関係では適法な転貸借となるだけ

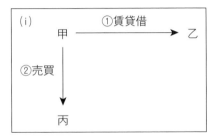

で、もとのまま存続するものと解すべきである」とする。そして、この場合には、「賃貸人の地位の丙への移転を観念することは無用である」という。

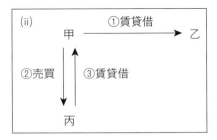

　本件は(ii)の事案であり、「賃貸借の終了に当たり、Xに対し本件保証金の返還義務を負うのはAであって、Yではない」と解される。「Xとしては、Aが破産しているため、実際上保証金返還請求権の満足を得ることが困難になるが、それはやむをえない。もし法廷意見のように解すると、小口化された不動産共有持分を取得した持分権者らが信託会社を経由しないで直接にサブリース契約を締結するいわゆる非信託型の契約形態をとった場合には、持分権者らが末端の賃借人に対する賃貸人の地位に立たなければならないことになる」。しかし、「これは、不動産小口化商品に投資した持分権者らの思惑に反するばかりでなく、多数当事者間の複雑な権利関係を招来することにもなりかねない」。

　新旧所有者間における賃貸人の地位の留保特約の効力を認めると、賃借人が転借人と同様の地位に立たされ、旧所有者に新所有者に対する債務不履行によって賃貸借契約を解除されると、賃借人の利用権が確保されないおそれがある。そこで、法廷意見は、新旧所有者間の合意の効力を否定して、不動産の所有権に伴い賃貸人の地位が移転すべきであるとした。しかし、そうすると、本件の

214　第2部　契約法各論

ような不動産小口化商品を購入した投資家が不測の損害を被るおそれがある。そこで、新法は、上記の反対意見と同様の規律を設けた。

　まず、「不動産の賃貸人たる地位の移転」について、前述のように、605条の2は次のように規定した。すなわち、民法605条、借地借家法10条または31条その他の法令の規定による賃貸借の対抗要件を備えた場合において、その不動産が譲渡されたときは、その不動産の賃貸人たる地位は、その譲受人に移転する（1項）。しかし、「不動産の譲渡人及び譲受人が、賃貸人たる地位を譲渡人に留保する旨及びその不動産を譲受人が譲渡人に賃貸する旨の合意をしたときは、賃貸人たる地位は、譲受人に移転しない」（2項前段）とし、譲渡人の地位の留保特約を有効とする。そして、「この場合において、譲渡人と譲受人又はその承継人との間の賃貸借が終了したときは、譲渡人に留保されていた賃貸人たる地位は、譲受人又はその承継人に移転する」（2項後段）とし、賃借人の保護が図られている。不動産の証券化等に対応した規律であるといえよう。

(4)　賃貸人の地位の移転の対抗要件

　旧法下の判例は、目的不動産の譲受人が賃借人に対して賃貸人の地位（賃料請求権・解除権）を主張するために、登記を要求した。すなわち、賃借人は、当該不動産の所有権の得喪につき利害関係を有する第三者であるから、譲受人は、所有権の移転登記を経由しなければ賃借人に対して賃貸人の地位を主張することができない（177条）とする（大判昭和8・5・9民集12巻1123頁—賃料請求、最判昭和25・11・30民集4巻11号607頁—解約申入れ、最判昭和49・3・19民集28巻2号325頁—債務不履行解除）。これに対しては、所有権者が賃借権の存立を認めたうえで権利を行使するのであるから、177条の対抗問題は生ぜず、登記は不要であるとの見解（舟橋・川島）がある。しかし、賃貸人の地位は原則として目的不動産の譲渡に随伴するため、その所有権が誰に帰属したかが重要であり、これを明確にするのは登記である（権利資格保護要件）。そうだとすれば、判例が妥当であろう。

　新法は、この判例法理を明文化した。すなわち、不動産の譲渡に伴う賃貸人の地位の移転、および、譲渡人に留保されていた賃貸人の地位の移転に関しては、「賃貸物である不動産について所有権の移転の登記をしなければ、賃借人

に対抗することができない」とした（605条の2第3項）。

(5) 賃借権に対抗要件がない場合——合意による賃貸人の地位の移転

　賃借権に対抗力がない場合には、最高裁は、新旧所有者間の合意によって賃貸人の地位が移転し、相手方（賃借人）の承諾は不要であるとする（最判昭和46・4・23民集25巻3号388頁）。その理由は、①賃貸人の義務が、不動産の所有者であれば果たせるものであり、所有者が交代しても賃借人の不利益はないこと、および、②賃借人にとっても、賃貸借契約の存続を認める方が有利であることにある。

　新法は、この判例法理も明文化した。すなわち、「合意による不動産の賃貸人たる地位の移転」として、605条の3は、「不動産の譲渡人が賃貸人であるときは、その賃貸人たる地位は、賃借人の承諾を要しないで、譲渡人と譲受人との合意により、譲受人に移転させることができる」（前段）と規定した。そして、賃貸人の地位の移転に関して、賃貸物である不動産について所有権の移転の登記をしなければ、賃借人に対抗することができない旨を規定する605条の2第3項、および、費用償還債務と敷金返還債務の承継を規定する605条の2第4項の規定は、合意による賃貸人の地位の移転にも準用される（605条の3後段）。

2　賃借人の交替

(1) 賃借権の譲渡・賃借物の転貸の意義

　賃借権の譲渡とは、賃借人と譲受人との契約により、賃借人の地位を譲受人に移転することである。また、賃借物の転貸とは、賃借人が賃借物を第三者（転借人）に貸すことである。賃貸借においては、目的物の使用収益の方法が人によって異なるため、賃借人の交替は原則として認められない。そこで民法は、賃借人の交替には「賃貸人の承諾」を必要とし（612条1項）、これに反して賃借人が「第三者に賃借物の使用又は収益をさせたときは」、賃貸人が「契約を解除することができる」とした（同2項）。したがって、ここにいう「賃貸人の承諾」とは、①賃借人の交替の禁止を解除し、賃借人に対して、賃借権

の譲渡・転貸を可能とする権能を与える意思表示であり（我妻・V₂ 456 頁）、②賃借権の譲渡に際して、賃借人が賃貸人との関係を離脱し、その債務を免れるための免責的債務引受に対する債権者の承諾とは区別される（野澤・後掲 346 頁）。もっとも、現実には、賃借権の譲渡に際して、賃貸人の承諾が、①と②の両者を含む趣旨でなされることも多い。しかしその場合においても、延滞賃料債務や賃借人の保管義務違反による損害賠償債務などの既発生の債務は、別個に債務引受契約がなされない限り、譲受人には移転しない（我妻・V₂ 461 頁、野澤・後掲 360 頁）。また、賃貸人の承諾は、譲渡・転貸の前後を問わずになすことができ、譲渡人に対してではなく、譲受人に対してなされてもよい（最判昭和 31・10・5 民集 10 巻 10 号 1239 頁）。ただし、この承諾を撤回することはできない（最判昭和 30・5・13 民集 9 巻 6 号 698 頁）。

なお、土地の賃借権が賃貸人の承諾を得て旧賃借人から新賃借人に移転されたとしても、旧賃借人または第三者が賃貸人に対して交付した敷金についての権利義務関係は、新賃借人には承継されない。なぜなら、「敷金をもって将来新賃借人が新たに負担することとなる債務についてまでこれを担保しなければならないものと解することは、敷金交付者にその予期に反して不利益を被らせる結果」となるからである（最判昭和 53・12・22 民集 32 巻 9 号 1768 頁）。新法は、この判例法理を明文化した。すなわち、「賃借人が適法に賃借権を譲り渡した」場合には、賃貸人は、賃借人に対し、「その受け取った敷金の額から賃貸借に基づいて生じた賃借人の賃貸人に対する金銭の給付を目的とする債務の額を控除した残額を返還しなければならない」とする（622 条の 2 第 1 項 2 号）。ただし、判旨は、「敷金交付者が、賃貸人との間で敷金をもって新賃借人の債務不履行の担保とすることを約し、又は新賃借人に対して敷金返還請求権を譲渡するなど特段の事情」がある場合には、この限りでないとする。

ところで、一般的には、賃借物の使用収益の方法が賃借人によって異なるとしても、建物所有のための土地の賃貸借では、その使用収益の方法は大きく異ならない。にもかかわらず、借地上の建物の譲渡がなされた場合には、借地権も建物の譲受人に移転するため（大判昭和 2・4・25 民集 6 巻 182 頁、最判昭和 40・5・4 民集 19 巻 4 号 811 頁）、賃貸人の承諾がないと借地権の無断譲渡となる。そこで、借地借家法は、第三者が土地の上の建物を取得した場合において、

借地権設定者が借地権の譲渡・転貸を承諾しないときは、その第三者に借地権設定者に対する建物買取請求権を認めた（14条）。また、「借地権者が賃借権の目的である土地の上の建物を第三者に譲渡しようとする場合」（19条）や第三者がそれを「競売又は公売により取得した場合」（20条）において、借地権設定者が不利となるおそれがないにもかかわらず、賃借権の譲渡・転貸を承諾しないときは、裁判所は、「借地権設定者の承諾に代わる許可を与えることができる」とした。この裁判によって、今日では借地権の譲渡・転貸が可能である。

(2) 承諾（許可）のない譲渡・転貸の効力

　賃借権の無断譲渡・転貸は、民法上は解除原因となる（612条2項）。これに対しては、判例による重要な制限が加えられている。しかし、その前提として、賃借権の譲渡の有無が問題となることがある。

> **最判平成8・10・14民集50巻9号2431頁（経営者の交代と賃借権の譲渡）**
> 　Y有限会社は、A所有の本件土地を賃借し、同地上に車庫を建築して運送業を営んでいたところ、XがAから本件土地を買い受けた。Yは、Bとその家族が持分全部を保有する同族会社であり、Bが経営していたが、Bらは、Yの持分全部をCに譲渡し、Cが経営者となって引き続き運送業を営んだ。そこでXは、Yに本件土地の所有権に基づく建物収去土地明渡しを求め、Yの賃貸借の抗弁に対し、①Yの経営者の交代が賃借権の無断譲渡に当たり、また、②経営者の交代によってXY間の信頼関係が破壊されたとして、賃貸借を解除したとの再抗弁を提出した。第一審は、①を否定したが、②を認めてXの請求を認容した。これに対して原審は、①を認めてXの請求を認容した。Y上告。

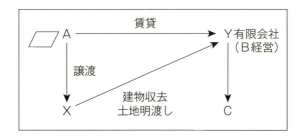

　最高裁は、①を否定して原判決を破棄し、②について判断するよう事件を原審に差し戻した。すなわち、「賃借人が法人である場合において、右法人の構成員や機関に変動が生じても、法人格の同一性が失われるものではないから、賃借権の譲渡には当たらないと解すべきである。そして、右の理は、特定の個人が経営の実権を握り、社員や役員が右個人及びその家族、知人等によって占められているような小規模で閉鎖的な有限会社が賃借人である場合についても基本的に変わるところはないのであり、右のような小規模で閉鎖的な有限会社において、持分の譲渡及び役員の交代により実質的な経営者が交代しても、同条にいう賃借権の譲渡には当たらないと解するのが相当である。賃借人に有限会社としての活動の実体がなく、その法人格が全く形骸化しているような場合はともかくとして、そのような事情が認められないのに右のような経営者の交代の事実をとらえて賃借権の譲渡に当たるとすることは、賃借人の法人格を無視するものであり、正当ではない」。

　わが国では、その実態が個人企業と変わらない小規模で閉鎖的な株式会社が多く、このような会社が土地建物を賃借する場合において、賃貸人は、会社の経営者を信頼して契約を締結するのが通常である。そうだとすれば、賃貸人からは、会社の経営者が交代すれば、実質的には賃借権の譲渡がなされたと考えることができる。しかし、これを直ちに賃借権の譲渡と解するのは、法人格を無視することとなり、妥当でない（山下郁夫・最判解説797頁）。他方、賃貸人は、賃借人が無断で役員や資本構成を変動させたときは契約を解除することができる旨の特約をすることによって、その不利益を防ぐこともできる。判旨は妥当であると解される。

　なお、最高裁は、借地人が借地上の建物に譲渡担保権を設定したとしても、

設定者が引き続き建物を使用している場合には、建物の敷地について賃借権の譲渡・転貸があったとは解されないが、譲渡担保権者が建物の引渡しを受けて使用収益するときは、612 条にいう賃借権の譲渡・転貸に該当するとした（最判平成 9・7・17 民集 51 巻 6 号 2882 頁）。賃借物の使用収益が人によって異なることを考慮した 612 条からは、譲渡担保権設定者ではなく譲渡担保権者が賃借建物を使用収益する場合には、同条の適用が認められよう。

ところで、612 条 2 項に関しては、第二次世界大戦後の住宅事情の悪化を背景として、解除権を制限する下級審裁判例が相次ぎ、次の最高裁判決がその法理を確立する。

> 最判昭和 28・9・25 民集 7 巻 9 号 979 頁（信頼関係法理による解除権の制限）
>
> Y₁ は、昭和 7 年頃から X の所有する 200 坪の土地を賃借し、同地上に 2 棟の建物を建てて一棟を Y₂ に賃貸していたところ、建物が戦災によって焼失した。そこで Y₂ は、昭和 21 年 10 月、罹災都市借地借家臨時処理法 3 条に基づき、これまで利用していた建物の敷地約 50 坪の借地権を譲り受け、そこに建物を建築した。その際に、Y₁ から 20 坪の土地を転借した。X は、この 20 坪の土地の転貸が 612 条に反するとして本件賃貸借契約を解除し、Y₁ および Y₂ に対して 200 坪の土地全部の明渡しを求めた。第一審・第二審ともに X の請求を棄却した。X 上告。
>
>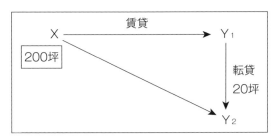
>
> 最高裁は、次のように判示して X の上告を棄却した。すなわち、「賃借人が賃貸人の承諾なく第三者をして賃借物の使用収益を為さしめた場合においても、賃借人の当該行為が賃貸人に対する背信的行為と認めるに足らない特段の事情がある場合においては、（612 条の）解除権は発生しないものと解するを相当

220　第2部　契約法各論

|　とする」。

　この判決において最高裁は、賃借権の無断譲渡・転貸であっても、賃貸人との信頼関係を破壊しない場合には、612条2項の解除権が発生しないことを明らかにした。この信頼関係法理は、後の最高裁でも踏襲され、その適用領域を賃借権の無断譲渡・転貸に限定せず、賃借人による賃料の延滞や保管義務違反などを理由とする解除（541条）にも広く適用されている。ただし、「信頼関係」の意味については、賃借人の資力に代表される即物的・物質的な信頼関係に限定されるのか、より広く人的な信頼関係を含むのかが争われた。具体的には、転借人の職業や素行が解除原因となりうるかが問題となる。この問題につき判例は、閑静な住宅街における借家の無断転貸が駐留軍の将校の愛人に対してなされたものであり、その女性がオンリー（一種の売春婦）と見られてもやむをえない場合には、「背信行為と認めるに足らない特段の事情」がなく、解除が認められるとした（最判昭和33・1・14民集12巻1号41頁）。賃貸人は、賃借人の資力のみならず、賃借物の使用収益の方法との関連において、その職業や性格などをも広く考慮して契約を締結するのが通常であるから、人的信頼関係も含むとするのが妥当である。

　この「背信的行為と認めるに足らない特段の事情」の主張・立証責任は、賃借人にあり（最判昭和41・1・27民集20巻1号136頁）、賃借人がその立証に成功すると、賃貸人の解除権は発生しない。そして、賃借権の無断譲渡の場合において最高裁は、賃貸借契約が「賃貸人と譲受人との間の契約関係に移行して、譲受人のみが賃借人となり、譲渡人たる前賃借人は、右契約関係から離脱し、特段の意思表示がないかぎり、もはや賃貸人に対して契約上の債務を負うこともない」とする（最判昭和45・12・11民集24巻13号2015頁）。しかし、賃借人の地位が譲受人に移転するとしても、承諾の機会を奪われた賃貸人の意思を無視するのは妥当でない。この場合には、譲渡人に併存的な責任を認め、その免責は賃貸人の意思に委ねるのが妥当であると考える。

(3)　適法な転貸の効果

　転貸が適法とされる場合には、転借人は賃貸人に対して転貸借に基づく債務

を直接に履行する義務を負う（613条1項前段）。賃借物を使用収益している転借人に対する請求を認めることによって、賃貸人を保護する趣旨である。具体的には、目的物の保管義務や賃料支払義務などであり、賃料に関して転借人は、転貸人に対する前払をもって賃貸人に対抗することができない（同1項後段）。また、賃貸人が転借人に対して請求できる額は、賃貸人が賃借人に対して請求できる賃借料と、賃借人（転貸人）が転借人に対して請求できる転借料の、どちらか小さい方に限られる。新法は、「賃貸人と賃借人との間の賃貸借に基づく賃借人の債務の範囲を限度として」という文言を入れて、この点を明確にした（613条1項前段）。以上のことは、賃貸人の賃借人に対する権利の行使を妨げるものではない（613条2項）。

　賃貸人と賃借人が賃貸借契約を合意解除しても、特別の事情のない限り、転借人の権利は消滅しない（大判昭和9・3・7民集13巻278頁ほか多数）。当事者間の合意のみによって、第三者の権利を覆すことはできないからである。新法は、この判例法理を明文化した。すなわち、「賃借人が適法に賃借物を転貸した場合には、賃貸人は、賃借人との間の賃貸借を合意により解除したことをもって転借人に対抗することができない」とする（613条3項本文）。ただし、「その解除の当時、賃貸人が賃借人の債務不履行による解除権を有していたとき」は、合意解除も転借人に対抗できる（同ただし書─傍論ではあるが、最判昭和62・3・24判時1258号61頁参照）。そして、賃借人の債務不履行による解除の場合には、転借人は転借権を賃貸人に対抗することができず（最判昭和36・12・21民集15巻12号3243頁）、転貸借は、「賃貸人が転借人に対して目的物の返還を請求した時に、転貸人の転借人に対する債務の履行不能により終了する」とされる。なぜなら、この時には、「転貸人が賃貸人との間で再び賃貸借契約を締結するなどして、転借人が賃貸人に転借権を対抗し得る状態を回復することは、もはや期待」できず、転貸人の転借人に対する債務が履行不能と解されるからである（最判平成9・2・25民集51巻2号398頁）。

　なお、判例は一貫して、賃貸人が賃料不払を理由に契約を解除するには、転借人に通知等をして賃料の代払いの機会を与える必要はないとする（例えば、最判平成6・7・18判時1540号38頁）。その理由は、①転貸借が賃貸借の存在を前提とするものであり、転借人もその地位が賃貸借の影響を受けることをあら

かじめ承知しているから、転借人に特別の不利益はないことにある。また、②賃貸人は転貸借を承諾しても、それによって転借人に対する義務を負うものではなく、転借人に通知をしなければならないとすれば、契約の解除につき法の定めていない義務を賃貸人に課すこととなる。反対説も有力である（星野・借地・借家法375頁）が、判例が妥当である。

第5節　賃貸借の存続期間・終了

1　存続期間——民法の規定

(1)　契約によって期間を定める場合

旧法下においては、賃貸借の存続期間は20年を超えることができず、これより長い期間を定めたとしても、その期間は20年に短縮された（旧604条1項）。この期間は、更新することができるが、その場合においても、更新の時から20年を超えることができない（同2項）。このように、旧法が賃貸借の最長期を20年としたのは、起草者の次の考えに基づく。すなわち、地上権（268条2項）と永小作権（278条）は20年以上の存続期間を予定しているから、他人の土地を20年以上利用する場合には、地上権または永小作権を設定すればよく、賃貸借による必要はない（梅・民法要義三636頁）。しかし、現実には地上権・永小作権の設定は少なく、主に賃貸借が利用されたため（本章第1節参照）、借地借家法による修正が必要とされた。そして、新法は、賃貸借の存続期間の上限を50年に延長し（604条1項）、その更新についても、「更新の時から50年を超えることができない」とした（同2項）。

ところで、賃貸借の期間が満了した後においても、賃借人が賃借物の使用または収益を継続し、賃貸人がこれを知りながら異議を述べない場合には、「従前の賃貸借と同一の条件で更に賃貸借をしたものと推定」される（619条1項前段—黙示の更新）。ただし、賃貸人は、617条に従い、いつでも解約をすることができる（619条1項後段）から、更新後の賃貸借は、期間の定めのないも

第5章　賃貸借　*223*

のと同じになる。また、従前の賃貸借について当事者が保証などの担保を供していたときは、その担保は、期間の満了によって消滅し、更新後の賃貸借には受け継がれない。ただし、敷金はこの限りではない（619条2項）。このような黙示の更新は、当事者の意思の推定に基礎をおくものであるから、反対の意思が立証されれば、更新は認められない（大判明治42・2・15民録15輯102頁）。

(2)　契約に期間の定めがない場合

　当事者が賃貸借の期間を定めなかった場合には、「各当事者は、いつでも解約の申入れをすることができる」（617条1項前段）。解約の申入れがなされると、その意思表示が相手方に到達してから、土地では1年、建物では3ヶ月、動産および貸席では1日を経過した時に賃貸借が終了する（同後段）。この期間を、(明渡)猶予期間という。ただし、収穫の季節がある土地の賃貸借では、その季節の後次の耕作に着手する前に、解約の申入れがなされなければならない（同2項）。また、当事者が賃貸借の期間を定めた場合であっても、当事者の一方または双方がその期間内に解約をする権利を留保したときは、その解約は、期間を定めない場合におけると同一の猶予期間の経過によって効力を生じる（618条）。

2　存続期間——借地借家法による修正

(1)　借地権の存続期間と更新

　借地権の存続期間は、定期借地権を除くと、一律に30年とされる（借地借家3条本文）。ただし、契約で30年より長い期間を定めたときは、その期間となる（同ただし書）。この点につき、旧借地法2条は、「石造、土造、煉瓦造又ハ之ニ類スル」堅固な建物と非堅固の建物とを区別し、存続期間に差を設けていた。しかし、両者の区別は難しく、また、現在の建築技術からすれば、両者を区別する合理的な理由もない。そこで、借地借家法は、この区別を廃止し、借地権の存続期間を一律に30年とした。なお、旧借地法は、賃貸借の存続期間中であっても、建物が朽廃したときは、借地権が消滅する旨を定めていた（2条1項ただし書）。しかし、朽廃の意義が明確ではなく、かつ、建物の修繕

224　第2部　契約法各論

も可能であることを考慮して、この規定も廃止された。

　借地権は、上記の期間の満了によって当然に消滅するのではなく、以下のような更新が認められている。

　(ア)　合意による更新　　まず、当事者は、合意によって借地契約を更新することができる。ただし、最短期間の定めがあり、最初の更新にあっては20年、それ以降は更新の日から10年とされる（4条）。

　ところで、借地権の更新に際しては、借地権者から借地権設定者に対して、更新料が支払われることが多い。しかし、借地権者の更新料支払義務は、「商慣習ないし事実たる慣習」によって当然に生じるものではなく、あくまで当事者の合意に基づくものである（最判昭和51・10・1判時835号63頁）。問題となるのは、更新料の合意がなされたにもかかわらず、借地権者がそれを支払わなかった場合において、賃貸人が賃貸借契約を解除することができるか否かである。この問題につき、最高裁は、「諸般の事情を総合考量したうえ、具体的事実関係に即して判断されるべき」であるとしつつ、更新料の支払が、「賃料の支払と同様、更新後の賃貸借契約の重要な要素として組み込まれ、その賃貸借契約の当事者の信頼関係を維持する基盤をなしている」場合には、「その不払は、右基盤を失わせる著しい背信行為として本件賃貸借契約それ自体の解除原因となりうる」とした（最判昭和59・4・20民集38巻6号610頁）。

　(イ)　借地権者の更新請求による法定更新　　借地権の存続期間が満了する場合において、借地権者が契約の更新を請求したときは、建物があるときに限って、従前の契約と同一の条件で契約を更新したものとみなされる（5条1項本文）。建物の敷地として土地を利用するために借地契約が更新されるのであるから、建物が存在しないときは法定更新が認められず、当事者は合意によって更新するほかはない。ただし、借地上の建物が滅失し、借地権者がこれを再築しようとしたのに、借地権設定者が再築を禁止し、土地明渡しの調停を申し立て、その調停の係属中に借地期間が満了した場合には、借地権設定者は、借地上に建物がなくても、借地権者の更新請求を否定できない（最判昭和52・3・15判時852号60頁）。

　借地権者の更新請求に対し、借地権設定者は、遅滞なく異議を述べることによって、更新を阻止することができる（同ただし書）。ただし、この異議は、

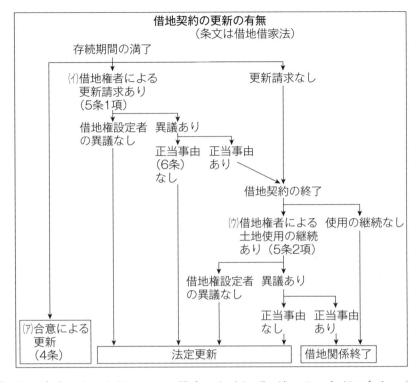

「正当の事由があると認められる場合でなければ、述べることができない」（6条）。そして、正当事由の有無は、①借地権設定者および借地権者（転借地権者を含む）が土地の使用を必要とする事情のほか、②借地に関する従前の経過、③土地の利用状況、④「借地権設定者が土地の明渡しの条件として又は土地の明渡しと引換えに借地権者に対して財産上の給付をする旨の申出をした場合におけるその申出」（立退料提供の申出）を考慮して決せられる。また、正当事由の有無の判断基準は、「異議が申し出られた時」であるが、「正当の事由を補完する立退料等金員の提供ないしその増額の申出は、土地所有者が意図的にその申出の時期を遅らせるなど信義に反するような事情がない限り、事実審の口頭弁論終結時までにされたものについては、原則としてこれを考慮することができる」とされる（最判平成6・10・25民集48巻7号1303頁）。

(ウ) 使用の継続による法定更新　借地権の存続期間が満了した後に、借地権者が土地の使用を継続するときも、借地権設定者が正当事由のある異議を遅

滞なく述べないと、建物がある場合には、法定更新が認められる（5条2項）。

以上の更新をまとめると、上の図のようになる。

㈡　**建物買取請求権**　　借地権の存続期間が満了した場合において、契約の更新がないときは、借地権者は、借地権設定者に対し、建物その他借地権者が権原により土地に付属させた物を時価で買い取るよう請求することができる（13条1項）。その趣旨は、①借地権者の投下した資本を回収させることと、②建物の取壊しから生じる国民経済の損失を防ぐことにある。このほか、③更新を間接的に強制することも立法目的として挙げられる。しかし、上記のように、更新拒絶には正当事由が必要とされるため、建物買取請求権による更新の強制の必要性はない。また、買取価格には借地権の価格が含まれない（最判昭和35・12・20民集14巻14号3130頁）ため、借地権設定者は、建物を買い取っても損失はなく、買取請求をおそれて更新をすることもない。それゆえ、③の機能は「全くなくなっている」とされる（星野・借地・借家法207頁）。なお、買取請求権は、借地権の譲渡・転貸がなされたが、借地権設定者がこれを承諾しない場合における建物の譲受人にも与えられる（14条）。

建物買取請求権（13条1項）の要件は、①有効な借地権が存在し、②存続期間が満了したが契約の更新がないことである。問題となるのは、賃借人の債務不履行によって賃貸借契約が解除された場合（民541条）にも、買取請求権が認められるか否かであり、最高裁はこれを否定した（最判昭和35・2・9民集14巻1号108頁）。明文上②が要件とされていること、および、債務不履行をして解除された借地権者に建物の買取請求を認めるのは信義則に反することから、判例が妥当である。なお、建物買取請求権は、一時使用のための借地には認められない（25条）。

建物買取請求権は、その意思表示の時に売買契約の成立が認められる形成権であり、物件移転義務と代金支払義務とが同時履行の関係となる（大判昭和7・1・26民集11巻169頁）。そして、借地権者は、代金の提供があるまで建物のみならず土地を留置することができるが、土地の占有については、賃料相当額を不当利得として返還しなければならない（最判昭和35・9・20民集14巻11号2227頁）。その代金は、建物等の「時価」であり、借地権価格は含まれないが、建物の存在する場所的環境は斟酌される（前掲最判昭和35・12・20）。しか

し、建物に抵当権が設定されていても減額されない（最判昭和 39・2・4 民集 18 巻 2 号 233 頁）。なお、建物買取請求権の消滅時効期間は 10 年（167 条 1 項）である（最判昭和 42・7・20 民集 21 巻 6 号 1601 頁）。

(2) 借地上の建物の滅失

借地権の存続期間は 30 年という長期にわたるため、その満了前に建物が滅失することがある。例えば、建物が火災で焼失し、また、借地権者自らが建物を取り壊す場合もあろう（滅失の原因は問わない―最判昭和 38・5・21 民集 17 巻 4 号 545 頁）。これらの場合において、借地権はどのように扱われるか。この問題につき、借地借家法は、(ア)更新前と(イ)更新後における建物の滅失とを区別している。

(ア) 更新前の滅失　　借地権者が残存期間を超えて存続すべき建物を再築するには借地権設定者の承諾が必要であり、その承諾があれば、「借地権は、承諾があった日又は建物が築造された日のいずれか早い日から 20 年間存続する」。ただし、残存期間が 20 年よりも長く、また、当事者が 20 年より長い期間を定めたときは、その期間となる（7 条 1 項）。そして、上記の承諾がなくても、借地権者が再築する旨を通知し、借地権設定者が 2 ヶ月以内に異議を述べなかったときは、承諾があったものとみなされる（同 2 項本文）。この異議には正当事由が不要であり、借地権設定者が異議を述べれば、借地権の存続期間は延長しない。もっとも、その場合にも、存続期間の満了に際しては法定更新が認められることがある。ただし、正当事由の判断においては、建物の再築に借地権設定者の承諾がなく、承諾しないことに相当な理由があったか否かが考慮されよう。そして、更新が認められない場合には、借地権者は建物買取請求権を行使することができ、買取価格は新しい建物の時価となる。しかし、借地権設定者が再築を承諾していなかった場合には、その請求により、裁判所が「代金の全部又は一部の支払につき相当の期限を許与する」（13 条 2 項）ことができ、仮に代金の全部につき期限の許与が認められると、借地権者の建物の引渡しが先履行となる。

(イ) 更新後の滅失　　この場合にも、再築について借地権設定者の承諾があれば、20 年間の期間延長が認められる（7 条 1 項）。しかし、その承諾は擬制

されず（同2項ただし書）、借地権設定者の承諾がない場合には、借地権者は、建物の滅失を契機に、「地上権の放棄又は土地の賃貸借の解約の申入れをすることができる」（8条1項）。また、借地権者が承諾なしに建物を再築した場合には、借地権設定者も、地上権の消滅請求または賃貸借の解約の申入れをすることができる（同2項）。これらの場合において、借地権は、解約等の申入れから3ヶ月後に消滅し（同3項）、再築建物については、買取請求も認められない（13条1項参照）。

　ところで、借地権者の再築に「やむを得ない事情があるにもかかわらず、借地権設定者がその建物の築造を承諾しないとき」は、裁判所が、「借地権設定者の承諾に代わる許可を与えることができる」（18条1項）。この場合において、裁判所は、借地権の延長期間や借地条件を柔軟に決めることができ、また、借地権者に対して財産上の給付を命じることもできる。結局、借地借家法は、借地権の当初の存続期間を保障しつつ、更新後に建物が滅失した場合においては、当事者間の権利関係を裁判所によって調整すべきものとする（内田勝一・後掲842頁）。

(3) 建物賃貸借の存続期間と更新

　(ア) 法定更新　　建物の賃貸借について期間の定めがある場合には、当事者が期間満了の1年前から6ヶ月前までの間に、相手方に対して更新拒絶の通知をしなければ、従前の契約と同一の条件で契約を更新したものとみなされる。ただし、更新後の賃貸借は、期間の定めのないものとなる（26条1項）。また、賃貸人による更新拒絶には、正当事由が必要である（28条）。これに対して、期間の定めのない建物の賃貸借は、賃貸人による解約申入れの日から6ヶ月を経過することによって終了する（27条1項）。ただし、解約の申入れにも正当事由が必要である（28条）。なお、期間を1年未満とする建物の賃貸借は、期間の定めのないものとみなされる（29条1項）。

　上記の正当事由の判断基準は、基本的には借地の場合（6条）と同様であるが、「建物の現況」が要素として加えられている。それゆえ、建物の朽廃が迫り、これを大修繕するために賃貸借を終了させる必要がある場合には、賃貸人による解約の申入れに正当事由が認められることがある（最判昭和35・4・26

民集 14 巻 6 号 1091 頁)。

更新拒絶の通知または解約の申入れにつき正当事由が認められても、期間の満了後に賃借人が建物の使用を継続する場合には、賃貸人が遅滞なく異議を述べないと、法定更新が認められる（26条2項・27条2項）。また、建物が転貸されている場合には、転借人による建物の使用の継続が、賃借人がする建物の使用の継続とみなされ、法定更新が適用される。

(ｲ) 造作買取請求権　　建物の賃貸借が期間の満了または解約の申入れによって終了するときに、賃借人は、賃貸人に対して、その同意を得てまたは賃貸人から買い受けて「建物に付加した畳、建具その他の造作」を時価で買い取るよう請求することができる（33条1項）。これは、借地における建物買取請求権（13条）に対応する。造作買取請求権の趣旨は、①造作を取りはずすことによる賃借人の不利益を救済し、その投下資本の回収を図ることにある。もっとも、民法は、賃借人の有益費償還請求権を規定し（608条2項）、目的物の改良のための費用の回収を認めている。造作買取請求権は、その「進展とみるべきもの」（我妻・V_2 519頁）である。そのほか、副次的には、②造作を取りはずすことによって生じる社会経済的損失の防止、および、③賃貸人の明渡請求を間接的に抑制する趣旨もあった。しかし、賃貸人による更新拒絶・解約申入れに正当事由が要求される以上、③の機能がないことは、建物買取請求権におけると同様である。しかも今日では、その典型とされる畳・建具が標準備品となり、また、造作の価値が相対的に低下したため、造作買取請求権の有用性そのものが低下している。そこで、借地借家法は、旧借家法6条が造作買取請求権を（片面的）強行規定としていたのに対し、これを任意規定とした（37条参照）。その意味では、造作買取請求権は、あまり重要ではない。以下では、解釈上問題となる点を簡単に指摘する。

まず、「造作」とは、「建物に付加された物件で、賃借人の所有に属し、かつ建物の使用に客観的便益を与えるもの」である（最判昭和29・3・11民集8巻3号672頁）。無形の造作である老舗は含まれない（大判昭和15・11・17新聞4646号13頁）。また、賃借人の債務不履行を理由とする解除において、判例は、建物買取請求権と同じく、造作買取請求権を否定する（大判昭和13・3・1民集17巻318頁）。

230 第2部 契約法各論

造作買取請求権も形成権であり、その行使によって、賃貸人と賃借人との間に造作の売買契約が成立する（大判昭和2・12・27民集6巻743頁）。そして、賃借人は、賃貸人が造作の代金を支払うまで造作の引渡しを、同時履行の抗弁（533条）または留置権（295条1項）の行使によって拒むことができる。しかし、賃借人が建物の明渡しを拒むことができるかについては争いがある。判例は、造作買取代金債権が造作に関して生じた債権で、建物に関して生じた債権ではないとの理由で、賃借人が同時履行の抗弁によって建物の明渡しを拒むことはできず（最判昭和29・7・22民集8巻7号1425頁）、建物についての留置権も否定している（最判昭和29・1・14民集8巻1号16頁）。これに対して、多数説は、有益費償還請求権について留置権や同時履行の抗弁を認めるのであれば、造作についても同様に解すべきであり、また、造作を取りはずすことは造作買取請求を認めた趣旨に反することを理由に、判例に反対する。

3　賃貸借の終了

(1)　通常の終了原因

民法では、期間の定めのある賃貸借は、原則として、その期間の満了によって終了し（622条による597条1項の準用）、期間の定めのない賃貸借は、解約の申入れによって終了する（617条）。しかし、前述したように、借地借家法はこれを修正した。

賃貸借が終了すると、賃借人は、目的物の返還義務を負う（601条）。そして、新法は、新たに賃借人の原状回復義務の規定を設け、賃借人は、賃借物を受け取った後にこれに生じた損傷がある場合において、賃貸借が終了したときは、その損傷を原状に復する義務を負うとした（621条本文）。ただし、前述のように（195頁）、原状回復の対象となる「損傷」からは、「通常の使用及び収益によって生じた賃借物の損耗」と「賃借物の経年変化」は除かれる（同括弧書）。また、「その損傷が賃借人の責めに帰することができない事由によるものであるとき」は、賃借人は原状回復義務を負わない（同ただし書）。

問題となるのは、建物の賃貸借契約が終了した場合において、賃借人の建物の明渡債務と賃貸人の敷金返還債務とが同時履行の関係にあるか否かである。

第 5 章　賃貸借　*231*

この問題は、敷金返還請求権の発生時期が賃貸借の終了時と明渡時のいずれか
という問題とも関連する。そして最高裁は、敷金返還債務が明渡時に発生する
とし〔最判昭和 48・2・2 民集 27 巻 1 号 80 頁—新法はこれを明文化した〔622 条の
2 第 1 項 1 号〕〕、これと建物の明渡義務とが同時履行の関係にはないとした。

> **最判昭和 49・9・2 民集 28 巻 6 号 1152 頁（敷金の返還と建物の明渡し）**
> 　Y は、昭和 44 年 9 月 1 日、A の所有する本件建物の一部を期間 2 年で賃借
> し、敷金 800 万円を差し入れた。しかし、本件建物には、すでに B 銀行のた
> めに根抵当権の設定登記がなされていて、この根抵当権が実行され、X がこ
> れを競落した。X の所有権に基づく明渡請求に対して、Y は、仮に明渡義務
> があるとしても、敷金返還請求権を有するから、同時履行の抗弁があると主張
> した。第一審は X の請求を棄却したが、原審は、Y の賃貸借が期間の満了に
> よって終了し、敷金返還請求権では同時履行の抗弁が生じないとして、X の
> 請求を認容した。Y 上告。
> 　最高裁は、以下のように判示して、Y の上告を棄却した。
> 　①「賃貸借における敷金は、賃貸借の終了後家屋明渡義務の履行までに生ず
> る賃料相当額の損害金債権その他賃貸借契約により賃貸人が賃借人に対して取
> 得することのある一切の債権を担保するものであり、賃貸人は、賃貸借の終了
> 後家屋の明渡がされた時においてそれまでに生じた右被担保債権を控除してな
> お残額がある場合に、その残額につき返還義務を負担するものと解すべきもの
> である」（前掲最判昭和 48・2・2 を引用）。そして、②「敷金契約は、このよ
> うにして賃貸人が賃借人に対して取得することのある債権を担保するために締
> 結されるものであって、賃貸借契約に附随するものではあるが、賃貸借契約そ
> のものではないから、賃貸借の終了に伴う賃借人の家屋明渡債務と賃貸人の敷
> 金返還債務とは、一個の双務契約によって生じた対価的債務の関係にあるもの
> とすることはできず、また、両債務の間には著しい価値の差が存しうることか
> らしても、両債務を相対立させてその間に同時履行の関係を認めることは、必
> ずしも公平の原則に合致するものとはいいがたいのである。一般に家屋の賃貸
> 借関係において、賃借人の保護が要請されるのは本来その利用関係についてで
> あるが、当面の問題は賃貸借終了後の敷金関係に関することであるから、賃借
> 人保護の要請を強調することは相当でなく、また、両債務間に同時履行の関係

232 第2部 契約法各論

を肯定することは、右のように家屋の明渡までに賃貸人が取得することのある一切の債権を担保することを目的とする敷金の性質にも適合するとはいえないのである。このような観点からすると、賃貸人は、特別の約定のないかぎり、賃借人から家屋明渡を受けた後に前記の敷金残額を返還すれば足りるものと解すべく、したがって、家屋明渡債務と敷金返還債務とは同時履行の関係にたつものではないと解するのが相当」である。

　敷金返還請求権の発生時期の問題と、それが明渡債務と同時履行の関係にあるかという問題は、関連はするが、論理必然的なものではない。そこで判旨も、敷金返還請求権が明渡時に発生することを前提に、同時履行の抗弁を認めることが敷金の性質に適合しないとしつつ、「それだけで結論を導かず」に、次のような実質的根拠を挙げる。すなわち、建物の明渡債務と敷金返還債務の間には「著しい価値の差が存し」、同時履行の関係を認めることが公平の原則に合致せず、また、賃貸借終了後の敷金関係においては、「賃借人保護の要請を強調することは相当」でないとした（川口富男・最判解説215頁）。

　なお、建物の転借人と借地上の建物の賃借人は、建物の賃貸借や借地契約が終了すると、建物を明け渡さなければならない。しかし、彼らがもとの契約の終了を知らない場合には不測の損害を被るおそれがあるため、借地借家法は、このような転借人・賃借人を保護する規定を設けている（34条・35条）。

(2)　特別な終了原因

　(ア)　賃借人の債務不履行を理由とする解除　　民法は、612条に賃貸人の解除権を規定するのみで、保管義務違反や賃料不払などの債務不履行については規定しない。そこで、かつては雇用に関する628条を類推適用し、「やむを得ない事由があるとき」に限って解除を認める見解があった。しかし、判例・通説は、541条の適用を認めつつ、賃貸人との信頼関係を破壊しない場合には解除権が発生しないという信頼関係法理を認めている。

　なお、賃貸借の解除は、将来に向かってのみその効力を生じる（620条前段）。継続的契約においては、その遡及的消滅を認めることは無意味だからである。

　(イ)　目的物の使用不能　　目的物の全部滅失等による全部の使用不能の場合

には、賃貸人の債務は消滅し、目的物の使用収益の対価である賃料債務も発生せず、結局、賃貸借が終了すると解されている（我妻・V₂470頁。最判昭32・12・3民集11巻13号2018頁―賃貸建物の朽廃の事案）。新法も、前述のように、これを明文化した（616条の2）。これに対して、目的物の一部の使用が不能となる場合には、賃貸借は終了せず、611条に従って処理される。

（ウ）賃借人の死亡　　使用貸借（599条）におけると異なり、賃貸借は、賃借人の死亡によって終了せずに相続される。問題となるのは、建物の賃借人が死亡した場合において、同居していた内縁の配偶者や事実上の養親子をどのように保護するかである。というのも、これらの者には、相続権が認められないからである。

まず、居住用の建物の賃借人が相続人なしに死亡した場合には、その賃借人と「事実上夫婦又は養親子と同様の関係にあった同居者」が、「建物の賃借人の権利義務を承継する」こととなる（借地借家36条1項）。しかし、他に相続人がいる場合には同条の適用がないため、内縁の配偶者等が賃貸人の明渡請求に応じなければならないか否かが問題となる。

この問題につき最高裁は、相続権のない内縁の妻が、賃借人の死亡後においても引き続き賃借家屋に居住することを認めている。すなわち、相続人が存在する場合に、賃貸人からの家屋の明渡請求に対して内縁の妻は、相続人の「賃借権を援用して（賃貸人）に対し本件家屋に居住する権利を主張することができる」とした（最判昭和42・2・21民集21巻1号155頁）。ただし、内縁の妻は賃料債務を負担せず、その債務は相続人が負うこととなる。

上記の賃借権の援用理論によると、内縁の妻等は、賃貸人に対する関係では賃借人（相続人）の賃借権を援用することによって保護される。しかし、相続人からの明渡請求には対処できない。そこで、そのような明渡請求を、権利濫用であるとして認めない、という解決が考えられよう（最判昭和39・10・13民集18巻8号1578頁参照）。

【参考文献】　星野英一『借地・借家法』（有斐閣、1969年）、広中俊雄編『注釈借地借家法』（有斐閣、1993年）、澤野順彦『不動産法の理論と実務』（商事法務、改訂版、2006年）。サブリースについては、松岡久和「建物サブリース契約と借地借家法三二条の適用」法学論叢154

234 第2部 契約法各論

巻 4-6 号 131 頁（2003 年）、同「サブリースを語る」判例タイムズ 1202 号 4 頁（2006 年）。当事者の交替については、野澤正充『契約譲渡の研究』（弘文堂、2002 年）。

第6章　雇用

第1節　雇用の意義

1　請負・委任・寄託との区別

　雇用は、当事者の一方（労働者）が、相手方（使用者）に対して労働に従事することを約束し、使用者がこれに対して報酬を与えることを約束することによって効力を生ずる（623条）、有償・双務・諾成の契約である。雇用は、他人の労働の利用を目的とする他の典型契約とは、以下の点において異なる。

　(ア)　請負は、労働の結果（仕事の完成）を目的とする（632条参照）。それゆえ、請負人が仕事の完成のためにどのような労働を用いるかは請負人に委ねられ、その仕事を第三者に請け負わせること（下請負）も、原則として許される。ただし、建設業者は、「発注者の書面による承諾」なしに、その請け負った建設工事を「一括して他人に請け負わせてはならない」（建設業22条）。これに対して、雇用は、仕事の完成ではなく、労働者自身の労働を目的とする。それゆえ、労働者が使用者の承諾を得ずに、自己に代わって第三者を労働に従事させた場合には、使用者は、契約を解除することができる（625条2・3項）。

　(イ)　委任は、特定の訴訟事件の処理や特定の病人の治療など、一定の事務を処理するための労働を目的とする（643・656条）。もっとも、弁護士や医師の契約も雇用と解される場合もあり、委任と雇用の区別は明確ではない。通常は、使用者の指揮命令に服し、労働者の裁量が認められない場合が雇用であるのに対し、労働者が自己の知識や経験等によって仕事を行い、その自主性が認めら

れる場合が委任であると説明される。しかし、この説明によっても両者の区別は困難であり、具体的に個々の契約内容を検討する以外にない。

(ウ) 寄託は、他人の物を保管する（657条）という、特殊な労働を目的とするものであり、他の典型契約との区別は明確である。

2　労働法による規律

　雇用も契約の一つであるため、かつては契約自由の原則が妥当するとされていた。しかし、①使用者は労働者に対して指揮命令権を有し、かつ、両者の間の経済的な格差も著しい。また、②企業は多数の労働者を雇用するため、その契約内容も画一的なもの（付合契約）となる。それゆえ、使用者と労働者との個別の契約では、労働者の労働条件は著しく不当なものとなった。そこで、特に第二次大戦以降、雇用に関しては、労働法という特別な法領域が形成されるに至った。その要因としては、上記の①と②に対応して、次の二つを指摘することができる。

　一つは、使用者との間の社会的・経済的格差を解消し、対等の交渉力を獲得するために、労働者が労働組合を結成して、労働争議を行い、労働条件の改善を図ったことである（①に対応）。労働組合と労働争議に関する法律としては、労働組合法（昭和24年）と労働関係調整法（昭和21年）がある。

　もう一つは、国が、雇用契約の内容に最低限の法的規制を加える必要があることである（②に対応）。すなわち、労働組合の結成されない領域では、労使交渉によって労働条件を改善することが著しく困難であり、法律によって労働条件を合理的なものとしなければならない。そこで、このような労働条件を合理化する法律として、労働基準法（昭和22年）、労働者災害補償保険法（昭和22年）、最低賃金法（昭和34年）などが制定された。そして現在は、判例法理を採り入れ、労働契約のルールを法律によって規律する「労働契約法」（平成19年12月5日法律128号）が施行されている。その背景には、就業形態の多様化に伴う個別労働関係紛争の増加がある。そして、多発する紛争を判例法理によって解決するのでは、労働者および使用者にとって予測可能性がない。そこで、労働契約の基本的な理念・原則と、判例法理に従った労働契約に関する民

事的なルールを「一つの体系としてまとめるべく」、労働契約法が制定されたのである（厚生労働省労働基準局監督課「労働契約法の概要」ジュリスト1351号34頁）。

この法律によれば、「労働契約は、労働者及び使用者が対等の立場における合意に基づいて締結し、又は変更すべき」旨が確認されている（労働契約3条1項）。そして、信義誠実の原則（同4項）や権利濫用の禁止（同5項）が規定される。また、民法との関連では、使用者の安全配慮義務が明文化されたことが特筆に値する。すなわち、「使用者は、労働契約に伴い、労働者がその生命、身体等の安全を確保しつつ労働することができるよう、必要な配慮をするものとする」（労働契約5条）とされた。このほか、判例法理を取り入れた規定としては、就業規則による労働契約の内容の変更に関する9条・10条と、解雇権濫用法理に関する16条が重要であろう。さらに、近年は、有期労働契約の増加に伴い、その更新等を定めた19条をめぐる紛争が増えている（後述）。以上の労働契約法の詳細は、労働法の講義に委ねる。

労働法は、雇用の特別法として、一般法である民法に優先する。とりわけ、労働基準法と上記の労働契約法が民法の特別規定を多く含んでいるため、民法の雇用に関する規定の役割はあまりない。

第2節　雇用の効力

1　労働者の義務

労働者の基本的な義務は、労働に従事する義務である。その労働に際して、労働者は、善管注意義務を負い、これに違反するときは、債務不履行責任を負う、と解されている（我妻・V₃ 565頁）。ただし、労働が特に高度な注意や特別の技能を要する場合には、使用者は、労働者の能力を考慮してこれを適切に配置しなければならない。

2　使用者の義務

　使用者の基本的な義務は、報酬支払義務である。問題となるのは、使用者の責めに帰すべき事由によって労働することができなかった場合における、労働者の報酬請求権の有無である。具体的には、使用者によって解雇されたが、その解雇が解雇権の濫用に当たり無効とされたとき（最判昭和50・4・25民集29巻4号456頁）に問題となる。この問題は、民法の危険負担によって規律される。すなわち、536条2項前段によれば、労働者は報酬請求権を失わない（74頁参照）。ただし、労働者がその解雇期間中、他に職を得るなどして「利益を得たとき」は、これを使用者に「償還しなければならない」（同項後段）。これに対して、判例は、使用者がいわゆるロックアウト（作業所閉鎖）をした場合において、そのロックアウトが正当な争議行為として是認されるときは、対象労働者に対するその期間中の報酬支払義務を免れるとした（最判昭和50・4・25民集29巻4号481頁）。

　なお、新法は、労働者が、所定の場合には、「既にした履行の割合に応じて報酬を請求することができる」とした（624条の2）。すなわち、①使用者の責めに帰することができない事由によって労働に従事することができなくなったとき（1号）、または、②雇用が履行の中途で終了したとき（2号）である。

　以上のほか、使用者の雇用契約上の付随義務としては、安全配慮義務が認められる（→債権総論）。

第3節　雇用の終了

1　期間の定めのある雇用の解除

(1)　民法の規律

民法は、期間の定めのある雇用については、「5年を経過した後」は、当事

者がいつでも契約を解除することができるとする（626条1項）。あまりに長期間、労働者を契約によって拘束するの適切ではないからである。ただし、契約の解除をしようとする者は、それが使用者であるときは3ヵ月前に、また、労働者であるときは2週間前に、その予告をしなければならない（同2項）。旧法は、労働者も3か月前に解除の予告をしなければならない旨を規定していた（旧626条）が、退職を決意している労働者の解除が3ヵ月後になるのでは、労働者の自由が過度に制約されることになりかねない。そこで、新法は、後述のように、期間の定めのない雇用が解約申入れの日から2週間の経過で終了すること（627条1項）との均衡も考慮して、労働者が解除の予告をすべき時期を解除の2週間前に改めたのである（一問一答333頁）。

　また、雇用期間の満了後にも、労働者が引き続きその労働に従事し、使用者がこれを知りながら異議を述べないときは、従前の雇用と同一の条件で更に雇用をしたものと推定される（629条1項前段）。

　なお、雇用契約は継続的契約であるため、その解除は、将来に向かってのみ効力を生じ、遡及しない（630条による620条の準用）。

(2) 労働法による修正

　労働契約法は、以下のように、期間の定めのある労働契約（有期労働契約）における労働者の保護を図っている。

　①　使用者は、有期労働契約については、やむを得ない事由がある場合でなければ、その契約期間が満了するまで労働者を解雇することができない（労契17条1項）。

　②　有期労働契約が反復更新されて、その通算した契約期間が5年を超えたときは、労働者の申込みにより、当該有期労働契約は、同一条件の無期労働契約に転換される（労契18条1項）。

　③　有期労働契約であっても、次のいずれかに該当する場合には、契約期間が満了する日までの間に労働者が更新の申込み等をすると、原則として、「使用者は、従前の有期労働契約の内容である労働条件と同一の労働条件で当該申込みを承諾したもの」とみなされる（労契19条柱書き）。

　一つは、「当該有期労働契約が過去に反復して更新されたことがあるもので

あって、その契約期間の満了時に当該有期労働契約を更新しないことにより当該有期労働契約を終了させることが、期間の定めのない労働契約を締結している労働者に解雇の意思表示をすることにより当該期間の定めのない労働契約を終了させることと社会通念上同視できると認められる」場合である（労契19条1号）。

もう一つは、「当該労働者において当該有期労働契約の契約期間の満了時に当該有期労働契約が更新されるものと期待することについて合理的な理由があるものであると認められる」場合である（労契19条2号）。

2　期間の定めのない雇用の解約の申入れ

(1)　民法の規律

期間の定めのない雇用については、各当事者は、いつでも解約の申入れをすることができる（627条1項前段）。この場合に、雇用は、解約申入れの日から2週間を経過することによって終了する（同後段）。

ところで、旧法は、「期間によって報酬を定めた場合には、解約の申入れは、次期以後についてすることができる」とし、「その解約の申入れは、当期の前半にしなければならない」と規定していた（旧627条2項）。また、「6箇月以上の期間によって報酬を定めた場合には、前項の解約の申入れは、3箇月前にしなければならない」としていた（旧627条3項）。しかし、これらの規律は、労働者にとっては合理性がない。例えば、6ヵ月以上の期間によって報酬を定めた場合に、労働者が退職を決意しているのに契約の終了が3ヵ月後になるのでは、労働者の自由が過度に制約されている、と解される。そこで、新法は、これらの規律を、使用者からの解約の申入れに限って認め（627条2項・3項）、労働者からの解約の申入れについては、いつでも解約の申入れができ、その申入れの日から2週間の経過によって雇用が終了するものとした（627条1項）。

(2)　労働法による修正

労働基準法は、上記の民法の規律を、次のように修正している。すなわち、使用者は、労働者を解雇しようとする場合においては、少くとも30日前にそ

の予告をしなければならない」か、または、「30日分以上の平均賃金を支払わなければならない」とする（労基20条1項）。また、判例は、解雇権濫用の法理を確立し、使用者からの労働者の解雇を厳しく制限した。そして、この解雇権濫用の法理は、労働契約法に明文化されている。すなわち、「解雇は、客観的に合理的な理由を欠き、社会通念上相当であると認められない場合は、その権利を濫用したものとして、無効とする」（労契16条）と規定された。

3　その他の終了原因

その他の雇用契約の終了原因としては、以下の三つがある。

①　「やむを得ない事由」による解除　　628条前段は、「当事者が雇用の期間を定めた場合であっても、やむを得ない事由があるときは、各当事者は、直ちに契約の解除をすることができる」とする。ただし、そのやむを得ない事由が、当事者の一方の過失によって生じたものであるときは、その者は、相手方に対して、損害賠償をしなければならない（同後段）。

②　使用者の破産手続開始決定　　使用者が破産手続開始の決定を受けた場合には、労働者または破産管財人は、627条の規定により、解約の申入れをすることができる（631条）。

③　当事者の死亡　　労働者の死亡は、雇用契約の終了原因である。なぜなら、労働者の労務提供義務は、一身専属的なものだからである。しかし、使用者の死亡は、通常は雇用契約の終了原因とはならない。

第7章　請負

第1節　請負の意義

1　意義

　請負とは、当事者の一方（請負人）がある仕事を完成することを約束し、相手方（注文者）がその仕事の結果に対して報酬を与えることを約束することによって効力を生じる（632条）、有償・双務・諾成の契約である。請負の典型は、建築工事請負契約である。しかし、民間の大規模な工事については、「四会連合協定工事請負契約約款」（四会＝日本建築学会、日本建築家協会、日本建築協会、全国建設業協会）があり、また、公共工事については、「公共工事標準請負契約約款」がある。このため、民法の請負に関する規定は、一般の居住用家屋などの建築工事にのみ適用される。このほか、運送契約やクリーニング契約も請負である。

2　製作物供給契約

(1)　問題の所在

　請負と他の典型契約との区別については、前述した。このほか、請負については、売買との区別が問題となる。次の設問を考えてみよう。

設問

　Aは、自己の経営する工場に機械（代替物。以下「本件機械」という）を設置するため、Bにその一切の工事を総額500万円で発注し、Bは、その工事の履行のために、機械の製作会社であるCに本件機械を代金420万円で発注した。Cが納期に本件機械をBに引き渡し、BはそれをAの工場に設置した。

　①CがBの指示に基づいて本件機械を製作したところ、欠陥が生じ、Aに損害を与えた場合におけるABC間の法律関係はどうなるか。

　②BがCに本件機械の代金を支払う前に破産したため、Cは、動産売買先取特権を行使し、BがAに対して有する請負報酬債権につき420万円を限度として差し押さえた。Cの動産売買先取特権に基づく物上代位権の行使は認められるか。

　AB間の契約は、本件機械の売買という要素を含むものの、Bの仕事の完成を目的とした請負契約（632条）である。これに対して、BC間の契約は、Cが調達した材料を用いてBの注文する物を製作し、これを引き渡す旨の契約であるため、請負と売買の中間的な形態である「製作物供給契約」に該当する。しかし、その法的性質については見解が分かれ、①②もこの点が問題となる。

　まず、①では、AがBに対して請負人の担保責任（634条以下）を追及し、また、直接の契約関係がないCに対しては、不法行為責任（709条）ないし場合によっては製造物責任（製造物責任法3条）を追及しうることは問題がない。問題となるのは、Aから責任を追及されたBが、Cに対していかなる責任を追及しうるかであり、その適用条文は、BC間の契約をどのように理解するかによって異なる。

　また、②では、同じくBC間の契約の法的性質に応じて動産売買先取特権（311条5号、321条）の適否が問題となる。そして、仮にこの問題が肯定に解

されたとしても、請負報酬債権についての物上代位（304条）の可否が争われよう。

(2) 製作物供給契約の法的性質

製作物供給契約については、(a)これを売買と請負のいずれかに分類しうるとする見解と、(b)両者の混合契約であるとする見解とが対立する。このうち(a)では、売買と請負の区別の基準が問題となり、当事者の意思に従うとする見解（梅・民法要義三703頁）や、目的物が代替物であれば売買・不代替物であれば請負とする見解（我妻・V₃606頁）がある。他方、(b)の混合契約説においては、いかなる場合に売買と請負の規定を適用すべきかが問題となる。そしてこの点では、物の製作に関して請負の規定を、また、製作物の供給に関しては売買の規定を（類推）適用すべきであるとの見解（鳩山・債権法各論下565頁、内田・II259頁）が有力に主張されている。

では、①はどうか。(b)混合契約説によれば、本件機械の欠陥がBの指図に基づくときには、BはCの担保責任を追及しえない（636条本文）。他方、(a)本件機械が代替物であることから、BC間の契約を売買であると解しても、「自己の指図によって生じた瑕疵について相手方の責任を問うことは信義則上許されない」と考えれば、Bは、Cの債務不履行責任（415条）を問うことはできなくなる（広中俊雄・新版注民⑯120頁）。そうだとすれば、①では、製作物供給契約の法的性質についていずれの見解に立っても、BはCの責任を追及できない。

(3) 動産売買先取特権の適否

②では、結論的には、CのBに対する動産売買先取特権が認められよう。なぜなら、(a)BC間の契約を売買と解せば当然であるが、(b)混合契約説によっても、Cの被担保債権が代金債権であり、本件機械の供給段階における問題であるため、売買に関する規定が適用されると考えられるからである。もっとも、公示のない動産先取特権を安易に認めると、他の債権者に不測の損害を与えるおそれがあるため、それを認めることには慎重でなければならない。しかし、動産売買先取特権の立法趣旨が、売却により当該動産が買主の一般財産となっ

たのであるから、売主の代金債権を特に優先させるべきであるという公平の原則に存する（梅・民法要義二 369 頁）ことからすれば、BC 間の契約に基づく代金債権は動産先取特権の被担保債権となりうると解される（東京高決平成 12・3・17 判時 1715 号 31 頁参照）。

(4)　請負報酬債権への物上代位

ところで、C の B に対する先取特権が認められるとしても、B はすでに A に本件機械を引き渡しているため、C は先取特権を行使しえない（333 条）。しかし、B が A に対して請負報酬債権を有しているため、C は、動産売買先取特権に基づく物上代位権（304 条）を行使できるか否かが問題となる。すなわち、形式的には請負が 304 条の「目的物の売却」にあたらず、また実質的にも、請負の報酬には、本件機械の転売代金に加えて B の労働や他の原材料費も含まれるため、「目的物の売却……によって」B が「受けるべき金銭その他の物」とは解されない点が問題となる。

この問題につき大審院は、請負の報酬が工事の完成に要する一切の労務・材料等に対する報酬を包含するものであることを理由に、否定に解した（大判大正 2・7・5 民録 19 輯 607 頁）。しかし、最高裁は、原則としては大審院の判断を踏襲しつつ、「請負代金全体に占める当該動産の価額の割合や請負契約における請負人の債務の内容等に照らして請負代金債権の全部又は一部を右動産の転売による代金債権と同視するに足りる特段の事情がある場合」には、請負報酬債権について物上代位権を行使することができるとした（最決平成 10・12・18 民集 52 巻 9 号 2024 頁）。そうだとすれば、本件においても、請負の報酬のうちの大部分が本件機械の代金に相当するため、実質的には転売代金債権と同視することができ、B の A に対する請負報酬債権について C の物上代位権の行使が認められよう。

(5)　まとめ

本問では、製作物供給契約の法的性質をどのように解するかにかかわらず、①B は C の責任を追及しえないとともに、②C は B に対する動産売買先取特権とそれに基づく物上代位権を行使しうることになる。そうだとすれば、製作

物供給契約の法的性質論は、具体的な問題の解決において、大きな差異をもたらすものではない。ただし、製作物供給契約には請負的要素があることを否定できず、請負に特有の規定（634-641条）を適用すべき場合があるとすれば、(b)混合契約説が適切であろう。

第2節　請負の効力

1　目的物の所有権の帰属

(1)　問題の所在

　物の製作を目的とする請負においては、完成した目的物の所有権が請負人と注文者のどちらに帰属するかが問題となる。そして、仮に請負人に所有権が帰属するとすれば、それがいつ注文者に移転するかも問題となる。これらの問題は、現実には建物の建築請負について生じる。しかし、まず、動産の場合を検討する。

　前掲の設問では、完成した機械の所有権は、次のように考えられる。まず、機械の材料・部品が機械製作会社であるCの所有するものである場合には、代金の支払がない限り、完成した機械の所有権はCに帰属し、その所有権の注文者Bへの移転は、売買の問題として処理される（製作物供給契約）。これに対して、材料・部品がBの所有に属する場合には、加工の規定（246条）によって処理され、通常は、246条1項ただし書により、Cに所有権が帰属する。

　では、建物（不動産）の建築請負はどうか。

　まず、建物の増築工事の場合は、付合の規定（242条）によって処理される。すなわち、注文者の所有する建物を、請負人が自己の材料を用いて増築しても、その建物に「従として付合した物の所有権」は、注文者が取得する。

　これに対して、注文者の土地の上に建物を新築する場合には、付合の規定では処理できない。なぜなら、わが国では、建物は、土地とは別個の独立した不動産であり（370条本文、不動産登記2条1号参照）、土地に付合しないからであ

る。そこで、建物の新築の場合における所有権の帰属が問題となる。この問題は、次の二つの場面で争われる。一つは、請負人の報酬債権の確保であり、仮に建物の所有権が請負人に帰属するとすれば、請負人は報酬債権の満足を受けるために、その所有権を「交渉材料として」利用し、報酬債権の支払をめぐる紛争の解決を促進する機能があるとされる（内田・II 264頁）。もう一つは、請負の一方当事者の信用が悪化し、その債権者が完成した建物を差し押さえた場合には、他方当事者が建物の所有権を主張して、第三者異議の訴え（民執38条1項）を提起することが考えられる（水野・後掲282頁）。したがって、完成した建物の所有権の帰属は、講学上の問題にとどまらない。

(2) 判例の準則——請負人帰属説

判例は、材料の提供者および代金支払の有無を基準に所有権の帰属を判断している、と理解されている。すなわち、①注文者が材料の全部または主要な部分を提供した場合には、建物の所有権は、竣工と同時に、注文者に帰属する（大判昭和7・5・9民集11巻824頁）。これに対して、②請負人が材料の全部または主要な部分を提供した場合には、建物の所有権は請負人に帰属し、引渡しによって注文者に移転する（大判大正3・12・26民録20輯1208頁）。ただし、③請負人が材料を提供した場合でも、建物の所有権をその完成前に注文者に帰属させる旨の特約があれば、竣工と同時に、所有権は注文者に移転する（大判大正5・12・13民録22輯2417頁）。そして、④注文者が建物の完成前に請負代金の全額を支払った場合には、当事者間において、「建築家屋ハ工事完成ト同時ニ、註文者……ノ所有トスベキ暗黙ノ合意アリタルモノト推認スル」とした（大判昭和18・7・20民集22巻660頁）。また、注文者が「全工事代金の半額以上を棟上げのときまでに支払い、なお、工事の進行に応じ、残代金の支払をして来た」という事案において、最高裁は、「特段の事情のないかぎり、建築された建物の所有権は、引渡をまつまでもなく、完成と同時に原始的に注文者に帰属するもの」とした（最判昭和44・9・12判時572号25頁）。さらに、⑤最高裁は、「建物建築の請負契約において、注文者の所有または使用する土地の上に請負人が材料全部を提供して建築した建物の所有権は、建物引渡の時に請負人から注文者に移転するのを原則とするが、これと異なる特約が許されないも

のではなく、明示または黙示の合意により、引渡および請負代金完済の前においても、建物の完成と同時に注文者が建物所有権を取得するものと認めることは、なんら妨げられるものではない」と判示した（最判昭和46・3・5判時628号48頁）。

　このうち、⑤判決に関しては、「代金が支払われていなくても」、完成と同時に注文者に建物の所有権が帰属する旨の合意が認められたとの理解もなされている（星野・IV 261頁）。しかし、その事案は、請負人が「請負代金の全額につきその支払のための手形を受領」し、判旨は、「手形全部の交付を受けた機会」に、建物の所有権をその完成と同時に注文者に帰属させる旨の合意を認定した。そうだとすれば、請負人の報酬債権の確保という観点からは特約を認めることができ、従来の判例を踏襲したものであると解される（水野・後掲283頁）。

　以上の判例は、請負人の報酬債権の確保に資する（我妻・V₃617頁）。すなわち、材料と労働を提供した請負人に建物の所有権を帰属させ、その所有権の移転と引換えに注文者に報酬を支払わせることにより、請負人が確実に報酬を受け取ることができる。しかし、これに対しては、請負人は、建物の所有権が帰属しても敷地の利用権を有しないため、注文者が建物収去・土地明渡請求をすると建物を収去せざるをえないとの批判（星野・IV 261頁）がある。

(3) 注文者帰属説とその問題点

　学説においては、請負が注文者のためのものであるとの当事者の合理的意思を考慮して、建物の所有権は注文者に原始的に帰属するという注文者帰属説が有力である。この見解によれば、請負人の報酬債権の確保のためには、不動産工事の先取特権（327条）のほか、同時履行の抗弁（533条）と留置権（295条）を利用することとなる。しかし、不動産工事の先取特権の効力を保存するためには、工事を始める前にその費用の予算額を登記しなければならず（338条1項）、現実にはこの登記はなされていない。というのも、登記を申請するには注文者の協力が不可欠であり（不登60条）、請負人が注文者の債務不履行を想定して協力を依頼することは、事実上困難だからである。これに対して、同時履行の抗弁は実効性がある。すなわち、目的物引渡債務と報酬支払債務とは同時履行の関係に立ち（大判大正5・11・27民録22輯2120頁）、請負人は、報酬

の支払を受けるまで、建物の引渡しを拒むことができる。留置権も同様である。ただし、同時履行の抗弁は、注文者が建物を第三者に譲渡すると、その第三者には主張しえなくなる。また、民法上の留置権は、破産財団に対してはその効力を失う（破産66条3項）。そして、いずれの手段も、注文者が建物の引渡しを積極的に求めた場合にのみ実効性を有し、そうでないときは有効に機能しない（水野・後掲281頁）。さらに、注文者帰属説は、当事者の合理的意思を根拠とする。しかし、この点についても、そのような意思が現実に認められるのか、また、材料と労働を提供して未だ報酬を得ていない請負人が、建物の所有権を注文者に帰属させる意思を有しているとは考えられない、との批判がなされている。

　結論的には、判例（請負人帰属説）が妥当である。なぜなら、注文者の土地に請負人が自己の材料で建物を建築した場合には、その建物は、土地に付合せず、材料の所有者である請負人の所有となるはずであり、注文者帰属説は、このような物権法の原則に反するからである。そして、この原則に反してまで注文者帰属説を採る実益もないと思われる。

　なお、建物所有権の帰属は、前述のように、下請負人と注文者との間でも問題となる（28頁）。

2　請負人の報酬債権——注文者の義務

　請負契約における請負人の基本的な義務は仕事の完成であり、これに対する注文者の基本的な義務は、報酬支払義務である（632条）。この報酬について、民法は、仕事の目的物の引渡しと同時に支払わなければならないとする（633条本文）。すなわち、目的物引渡債務と報酬支払債務が同時履行の関係に立つことになる（大判大正5・11・27民録22輯2120頁）。ただし、物の引渡しを要しないときは、雇用の規定（624条1項）を準用して、請負人は、仕事を終わった後でなければ、報酬を請求することができない（633条ただし書）として、後払いの原則を採用している。

　ところで、建物その他土地の工作物の工事請負契約につき、工事全体が未完成の間に注文者が請負人の債務不履行を理由に契約を解除した場合には、既施

工部分についての請負人の報酬債権が有無が問題となる。この問題につき、判例（最判昭和56・2・17金法967号36頁）は、①工事内容が可分であり、しかも②当事者が既施工部分の給付に関し利益を有するときは、特段の事情のない限り、既施工部分については契約を解除することができず、ただ未施工部分について契約の一部解除をすることができるにすぎないものと解するのが相当である」とした。この結果、請負人は、注文者に対して、既施工部分に対応する報酬の支払を請求することができることになる。

　新法は、この判例法理を採用して、「注文者が受ける利益の割合に応じた報酬」（634条）を認めた。すなわち、注文者の責めに帰することができない事由によって仕事を完成することができなくなった場合（1号）、または、請負が仕事の完成前に解除された場合（2号）において、請負人が既にした仕事の結果のうち可分な部分の給付によって注文者が利益を受けるときは、その部分は仕事の完成とみなされる。そして、請負人は、注文者が受ける利益の割合に応じて報酬を請求することができるとする。これに対して、注文者の責めに帰すべき事由によって仕事を完成することができなくなった場合には、536条2項によって、請負人は報酬の全額を請求することができよう（最判昭和52・2・22民集31巻1号79頁）。

3　請負人の契約不適合責任

(1)　概説

　旧法は、仕事の目的物に瑕疵がある場合における請負人の担保責任を規定していた（旧634-旧640条）。もっとも、請負も有償契約であるため、売主の瑕疵担保責任（旧570条・旧566条）の準用（559条）も考えられた。しかし、請負における目的物の瑕疵は、物の瑕疵のみならず、請負人の不完全な仕事からも生じるため、特別の内容が定められていた。これに対して、新法は、「現代社会においては売買の担保責任と大きく異なる規律とする合理性に乏しい」ことから、請負にも、559条をとおして、売買における契約不適合責任（562条-564条）を準用することとした。そして、売買と重複する規定や合理性の認められない規定（旧法の634条・635条・638条-640条）を削除するとともに、請

負に特有の担保責任に関する規定（636条・637条）を改めている（一問一答336頁）。

(2) 請負人の責任の内容

上記のように、請負人の契約不適合責任には、売買における売主の契約不適合責任の規律が準用される（559条）。それゆえ、注文者は、仕事の目的物が請負契約の内容に適合しない場合には、①履行の追完請求、②報酬減額請求、③損害賠償請求、および、④契約の解除をすることができる。

(ア) 追完請求権（修補請求権）　「引き渡された目的物」が契約の内容に適合しない場合には、注文者は、請負人に対し、目的物の修補（仕事の内容によっては、代替物の引渡し）による履行の追完を請求することができる（562条1項）。この規律は、仕事の目的物が引渡しを要しない場合（例えば、家屋の増築工事請負など）にも準用されよう。もっとも、修補に過分の費用を要するときは、修補が「取引上の社会通念に照らして不能である」こととなり、注文者は、請負人に対して、修補を請求することはできない（412条の2第1項）と解される（一問一答341頁注1）。

ところで、旧634条2項前段は、仕事の目的物に瑕疵（不適合）がある場合には、注文者が、「瑕疵の修補に代えて、又はその修補とともに、損害賠償の請求をすることができる」としていた。そして、判例も、「仕事の目的物に瑕疵がある場合には、注文者は、瑕疵の修補が可能なときであっても、修補を請求することなく直ちに修補に代わる損害の賠償を請求することができる」（最判昭和54・3・20判時927号184頁）とした。しかし、旧法の下では、債務不履行による損害賠償請求権が、「本来の債権と同一性を有する」と解されていた（我妻・IV 101頁）。すなわち、債権の成立によって、債権者は債務者に対して履行請求権を取得し、その履行請求権が債務者の債務不履行によって損害賠償請求権に変わるとされてきた。そうだとすれば、旧634条2項は、履行請求ができる場合にも、直ちに損害賠償請求を認める例外的な規定となる。そこで、同規定を削除した新法では、どのように解すべきかが問題となる。

この問題について、学説の中には、追完請求権（履行請求権）の優位性を認め、注文者は、まずは追完を催告し、そのうえで、請負人が追完に応じないと

きに初めて損害賠償（塡補賠償）を請求しうるとする見解もある（潮見・概要264頁）。しかし、新法は、必ずしも履行請求権（追完請求権）の優位性という考え方を採用しているわけではない。すなわち、履行請求権が損害賠償請求権に変わるのではなく、両者の併存を認めている（415条2項2号・3号参照）。そして、売買における契約不適合責任の規定も、上記の①から④を買主が選択できることとなる（ただし、①追完請求権と②代金減額請求権との間では、追完請求権の優位性が認められる―563条1項参照）。

そうだとすれば、415条2項の1号から3号は、限定列挙ではなく、塡補賠償が請求できる典型的な場合を列挙したに過ぎず、請負契約において、修補に代わる損害賠償請求を認めるこれまでの判例は、新法においても引き続き維持されると考えられる（結論的には、一問一答341頁注2もこれを認める）。

　(イ)　報酬減額請求権　　注文者が請負人に対して履行の追完を請求した場合において、相当な期間を定めて履行の追完の催告をし、その期間内に追完がないときは、注文者は、その不適合の程度に応じて、報酬の減額を請求することができる（563条1項）。ただし、①修補が不能であるとき、②請負人が修補を拒絶する意思を明確に表示したとき、③一定の期間内に修補しなければ目的を達することができない場合において、請負人がその時期を経過したとき、④そのほか、催告をしても修補を受ける見込みがないときは、注文者は、催告をすることなく、直ちに報酬の減額を請求することができる（同2項）。

　もっとも、不適合が注文者の責めに帰すべき事由によるものであるときは、注文者は、報酬の減額を請求することができない（同3項）。

　(ウ)　損害賠償請求権　　上記のように、注文者は、不適合の(i)修補に代えて、または(ii)修補とともに、損害賠償の請求をすることができる（564条・415条）。ただし、損害賠償責任は、請負人が、「契約その他の債務の発生原因及び取引上の社会通念に照らして」、その責めに帰することができない事由による不適合であることを立証した場合には、免責されることになる（415条1項ただし書）。

　(i)　修補に代わる損害賠償請求　　注文者は、415条2項とは関係なく（上記のように、同項は限定列挙である）、415条1項により、請負人に対して、修補に代わる損害賠償を請求することができる（一問一答341頁注2参照）。その損

害賠償の範囲は、416条によって規律される。

　ところで、旧法下においては、注文者は、建物その他の土地の工作物の瑕疵を理由に請負契約を解除することはできない（旧635条ただし書）とされていた。その趣旨は、解除を認めると原状回復に多額の費用を要し、請負人の損失が過大となることに加えて、社会経済的な損失も大きいことに存した。それゆえ、判例（最判平成14・9・24判時1801号77頁）は、「請負人が建築した建物に重大な瑕疵があって建て替えるほかはない場合に、当該建物を収去することは社会経済的に大きな損失をもたらすものではなく、また、そのような建物を建て替えてこれに要する費用を請負人に負担させることは、契約の履行責任に応じた損害賠償責任を負担させるものであって、請負人にとって過酷」ではないから、「建て替えに要する費用相当額の損害賠償請求をすることを認めても、同条ただし書の規定の趣旨に反するもの」ではないとする。そうして、「建築請負の仕事の目的物である建物に重大な瑕疵があるためにこれを建て替えざるを得ない場合には、注文者は、請負人に対し、建物の建て替えに要する費用相当額を損害としてその賠償を請求することができる」とした。この判決は、履行利益に応じた損害賠償として、建物の建替費用相当額の賠償を認めるものである。

　また、前述のように（65頁）、旧法下の判例は、請負契約の目的物に瑕疵（不適合）がある場合には、注文者が、請負人から瑕疵の修補に代わる損害賠償を受けるまで、報酬全額の支払を拒むことができるとした（前掲最判平成9・2・14）。

　(ⅱ)　修補とともにする損害賠償請求　　注文者は、請負人に対して、目的物の契約不適合について修補を請求するとともに、仕事の完成が遅れたことなどによる損害の賠償を請求することができる。

　(エ)　請負契約の解除　　注文者が請負人に対して、相当の期間を定めて契約不適合についての修補の催告をしたにもかかわらず、その期間内に修補しないときは、注文者は請負契約を解除することができる。ただし、不適合が軽微であるときは、契約を解除できない（546条・541条）。また、不適合によって請負契約をした目的を達することができない場合には、注文者は、催告をすることなく契約を解除することができる（546条・542条1項—場合によっては、一部

254　第2部　契約法各論

解除も認められよう〔同2項〕)。

　前述のように、旧法下においては、注文者は、建物その他の土地の工作物の瑕疵を理由に請負契約を解除することはできなかった（旧635条ただし書）。しかし、新法は、これを削除した。建物その他土地の工作物の請負についてのみ、特別な規律を設ける必要性がないからである。とりわけ、旧635条ただし書は、上記の判例（前掲最判平成14・9・24）により、注文者に建物の建替費用相当額の損害賠償請求権が認められ、経済的には解除をしたのと同等であるから、その存在意義が失われていた。

(3)　請負に特有の規律

　請負人が、種類または品質に関して、契約の内容に適合しない仕事の目的物を注文者に引き渡したとき（その引渡しを要しない場合にあっては、仕事が終了した時に仕事の目的物が種類または品質に関して契約の内容に適合しないとき）は、注文者は、注文者の供した材料の性質または注文者の与えた指図によって生じた不適合を理由とする履行の追完請求、報酬の減額請求、損害賠償の請求、および、契約の解除をすることができない。ただし、請負人が、その材料または指図が不適当であることを知りながら告げなかったときは、注文者の権利が認められる（636条）。

　この規律は、旧636条を維持したものであるが、請負人の瑕疵担保責任ではなく、種類・品質に関する契約不適合責任に改めたものである（636条は、数量に関する不適合には適用されない）。注意を要するのは、注文者の供した材料の性質または注文者の与えた指図によって生じた不適合については、一般的なルールである562条2項や563条3項ではなく、この636条により、追完請求や報酬減額請求の可否が決まることである（一問一答344頁注2）。

(4)　不適合責任の権利の期間制限

　(ア)　起算点　　旧法下においては、担保責任の権利行使期間は、原則として、目的物の引渡しまたは仕事の終了から1年であった（旧637条）。しかし、この規律によれば、注文者が瑕疵を知らない場合であっても、目的物の引渡しまたは仕事の終了から1年以内に、かつ、その権利の行使までしなければならな

いため、注文者の負担が過重であった（一問一答345頁）。

　新法は、このような注文者の負担を軽減し、請負人が種類・品質に関して契約の内容に適合しない仕事の目的物を注文者に引き渡した場合（その引渡しを要しない場合にあっては、仕事が終了した時に仕事の目的物が種類又は品質に関して契約の内容に適合しないとき）において、「注文者がその不適合を知った時から1年以内にその旨を請負人に通知しないときは、注文者は、その不適合を理由とする履行の追完の請求、報酬の減額の請求、損害賠償の請求及び契約の解除をすることができない」とした（637条1項）。ただし、仕事の目的物を注文者に引き渡した時（その引渡しを要しない場合にあっては、仕事が終了した時）において、請負人が契約不適合を知り、または重大な過失によって知らなかったときは、注文者の権利が認められる（同2項）。

　(イ)　削除された旧規定　　上記のように、旧法下においては、担保責任の権利行使期間は、原則として1年であった。ただし、土地の工作物については、その期間が延長されていた。すなわち、請負人は、工作物または地盤の瑕疵について、引渡しの後5年間担保責任を負い、石造、土造、れんが造、コンクリート造、金属造その他これらに類する構造の工作物については、10年とされていた（旧638条1項）。土地の工作物の瑕疵は、発見が容易でないからである。もっとも、現実には、約款または特約により、その期間が短縮されていた。そして、新法は、旧638条を削除した。なぜなら、新法の下では、注文者が契約不適合の事実を知らないままに、担保責任の存続期間が終了するという事態は生ぜず、建物その他土地の工作物の請負についてのみ、特別な規律を設ける必要性がないからである。

　また、旧639条は、請負人の担保責任を、「消滅時効の期間内に限り、契約で伸長することができる」と規定していた。しかし、一方では、「契約で伸長することができる」という規定がなくても、合意によって期間を伸長できることは自明である。また、他方では、「消滅時効の期間内に限り」との規定がなくても、消滅時効の規定が適用されるため、存続期間が長期にわたることはない（一問一答346頁）。そこで、新法は、同規定を削除した。

256 第2部 契約法各論

(5) その他

旧640条は、請負人が担保責任を負わない旨を特約しても、知りながら告げなかった事実については免責されない旨を規定していた。しかし、売買に関する572条が請負にも準用される（559条）ため、旧640条は不要であり、削除された。

このほか、仕事の完成が不可能となった場合等における危険負担については、すでに述べた（74頁）。

第3節　請負の終了

請負は、仕事の完成によって終了する。また、請負は、債務不履行解除および担保責任による解除によっても終了する。しかし、雇用（630・620条）におけると異なり、解除が将来に向かってのみ効力を生じる旨の規定は準用されない。請負は、継続的契約ではないからである。

請負に特有の解除原因としては、注文者の任意による解除権がある。すなわち、請負人が仕事を完成しない間は、注文者は、いつでも損害を賠償して契約の解除をすることができる（641条）。請負は注文者の利益のためになされ、その多くは注文者にとってのみ意味を有する。それゆえ、注文者に不要となった仕事を完成させても無意味であり、請負人に損失を被らせないことを条件として、自由な解除が認められる。

このほか、注文者が破産手続開始の決定を受けたときは、請負人または破産管財人は契約を解除することができる（642条1項本文）。その趣旨は、請負人の仕事完成義務が先履行であり、注文者が危機的状況になっても仕事を完成させない限り報酬を得ることができないから、請負人による解除を認めて、その不測の損害を回避することにある。そうだとすれば、すでに仕事が完成している場合には、請負人による解除を認める必要がない。そこで、新法は、仕事を完成した後は、請負人による契約の解除は認められないとした（642条1項ただし書）。

第7章　請負　*257*

　注文者が破産手続開始の決定を受けて契約が解除された場合には、請負人は、すでにした仕事の報酬およびその中に含まれていない費用について、破産財団の配当に加入することができる（642条2項-旧642条1項後段から移設）。また、契約の解除によって生じた損害の賠償は、請負人が契約の解除した場合には請求できない。しかし、破産管財人が契約の解除をした場合には、自らに解除原因がないにもかかわらず解除された請負人は、損害賠償を請求することができ、破産財団の配当に加入する（642条3項）。

【**参考文献**】　淡路剛久「製作物供給契約」『現代契約法大系7』（有斐閣、1984年）332頁以下、山野目＝野澤編『ケースではじめる民法』（弘文堂、補正版、2005年）282頁（水野謙執筆）。

第8章　委任

第1節　委任の意義・成立

1　意義

　委任は、当事者の一方（委任者）が、法律行為をすることを相手方（受任者）に委託し、相手方がこれを承諾することによって効力を生じる契約である（643条）。もっとも、委任の規定は、「法律行為でない事務の委託」についても準用される（656条―準委任）ため、広く他人に事務を委託する契約が委任であるということになる。

　なお、契約ではなく、法律上他人の事務を処理する場合にも、委任の規定の一部が準用される。例えば、親権者による子の財産管理（831条）、後見人による被後見人の財産管理（869・874条）、相続人または遺言執行者による相続財産の管理（940・944・950・1012条）などである。また、義務なく他人のために事務の管理をする場合（事務管理）にも、委任の規定が準用される（701条）。その意味では、「民法の委任の規定は、他人の事務を処理する法律関係の通則」である（我妻・V_3 666頁）。

　委任の典型は、弁護士への訴訟の委託である。ただし、弁護士が会社に雇われる場合（企業内弁護士）には雇用となる。雇用と委任の区別は難しく、その実益は、雇用であれば労働基準法が適用されることにある。そして最高裁は、顧客から有価証券の売買委託を受けた外務員が証券会社に通じて証券取引を成立させる義務を負い、これに対して証券会社が報酬を支払うとともに、外務員

の受けた売買委託を受理すべき義務を負う旨の契約が、雇用でなく、「委任若しくは委任類似の契約」であり、労働基準法 20 条の適用がないとした（最判昭和 36・5・25 民集 15 巻 5 号 1323 頁）。

　また、いわゆる学納金返還請求訴訟では、在学契約が委任であるか否かが争われた。最高裁は、これを準委任ではなく、「有償双務契約としての性質を有する私法上の無名契約」であるとした。その理由は、在学契約が「複合的な要素を有する」とともに、「教育法規や教育の理念によって規律されることが予定されており、取引法の原理にはなじまない側面」も存することにある（最判平成 18・11・27 民集 60 巻 9 号 3437 頁など）。この判旨は、実質的にも妥当である。なぜなら、在学契約は、大学側からの学生に対する一方的な解除を想定せず、当事者の双方に任意解除権を認める委任（651 条）とは異なるからである。

　ところで、本人が代理人に代理権を授与する旨の契約の多くは委任であり、民法も、任意代理を、「委任による代理」という（104 条・111 条 2 項）。しかし、代理権は、委任に限られず、請負や雇用によっても授与されることがある。

2　成立・法的性質

　委任は、委任者と受任者の合意によって成立する諾成契約である。ただし、代理権の授与を伴う委任においては、委任状が交付されることが多い。しかし、委任状は、代理人の代理権を証明する証拠であり、契約の成立要件ではない。

　民法は、委任が原則として無償であって、受任者は、特約がなければ、委任者に対して報酬を請求することができないとする（648 条 1 項）。委任を無償とする原則は、沿革的な理由に基づく。すなわち、ローマ法においては、知的な高級労働は対価に適さないと考えられていた。しかし、今日の社会において重要な作用を営む委任は、特約または慣習によって有償であり、無償の委任は例外である（我妻・V₃ 658 頁）。委任は、有償であれば双務契約であり、無償であれば片務契約となる。ただし、報酬の有無にかかわらず、受任者は善管注意義務を負う。

　委任の事務は、継続的なものであるから、委任も継続的契約である。それゆえ、民法は、委任の解除の遡及効を否定する（652 条・620 条）とともに、委任

が受任者の責めに帰すことのできない事由によって履行の中途で終了したとき
でも、受任者は、すでにした履行の割合に応じて報酬を請求することができる
とした（648条3項）。

第2節　委任の効力

1　受任者の義務

(1)　事務処理義務

　受任者は、委任の本旨に従い、善良な管理者の注意をもって、委任事務を処
理する義務を負う（644条）。ここにいう「善良な管理者の注意」（善管注意）と
は、受任者の職業・地位・知識などに応じて一般的に要求される注意であり、
雇用における被用者にも同様の義務が課されるが、受任者の義務はそれより高
度のものである。また、受任者には、無償であっても、無償の受寄者のように、
「自己の財産におけると同一の注意」（659条）ではなく、高度の注意が要求さ
れる。なぜなら、委任は、特に当事者間の信頼関係をその中核とする契約だか
らである（人的信頼関係の絶対性）。これに対して、無償の委任については注意
義務が軽減されるとする見解もある（我妻・V₃ 672頁）。しかし、判例は、生命
保険会社の嘱託医の診察につき、「報酬ノ多寡ニ拘ワラズ」、委託の本旨に従い
善管注意をもって処理する義務を負うとした（大判大正10・4・23民録27輯757
頁）。

　このように委任は、とりわけ当事者間の信頼関係を基礎とするため、相手方
の承諾なしに、委任者または受任者の地位を第三者に譲渡することはできない
（大判大正6・9・22民録23輯1488頁）。また、受任者は、自己に代わって第三
者に事務を処理させること（復委任）もできない。ただし、任意代理の復代理
人に関する104条が類推適用され、委任者の「許諾を得たとき、又はやむを得
ない事由があるとき」には、復委任が認められる。この場合に、復受任者が委
任者に対して直接に権利を有し義務を負うか否かが問題となる。旧107条2項

（新106条2項）の類推適用を認め、これを肯定する見解もある。しかし、本人を代表する復代理とは異なり、復委任は、受任者と復受任者との間の内部的な委任関係にとどまる。そうだとすれば、復受任者は、委任者に対して直接の法律関係に立たないと解すべきである（多数説）。そして最高裁も、物品販売の委託を受けた問屋が他の問屋にこれを再委託し、委託者が再委託を受けた問屋に対して委託販売代金の請求をした事案につき、「民法107条2項（旧法—新106条2項）は、その本質が単なる委任であって代理権を伴わない問屋の性質に照らし再委託の場合にはこれを準用すべきでない」と判示して、これを否定した（最判昭和31・10・12民集10巻10号1260頁）。

　新法は、復代理に関する104条および106条2項と同趣旨の規律を委任にも新設した。すなわち、「受任者は、委任者の許諾を得たとき、又はやむを得ない事由があるときでなければ、復受任者を選任することができない」（644条の2第1項）とし、また、「代理権を付与する委任において、受任者が代理権を有する復受任者を選任したときは、復受任者は、委任者に対して、その権限の範囲内において、受任者と同一の権利を有し、義務を負う」（同2項）とする。復代理は、復代理人が第三者との間でした法律行為の効果が本人に及ぶかという外部関係に関する問題であるのに対し、復委任は、復受任者に事務を処理させることが委任者に対する債務不履行となるかどうかや、復受任者が委任者に対してどのような権利義務を有するかという内部関係に関する問題であるため（部会資料72A・9-10頁）、復代理の規定とは別に復受任者の規定が設けられたのである。

(2)　付随的義務

　民法は、事務処理に関連する具体的な義務を三つ定めている。第一は、報告義務であり、受任者は、委任が終了した後に、遅滞なくその経過および結果を報告するのみならず、中途においても、委任者の請求があるときは、委任事務の処理の状況を報告しなければならない（645条）。第二に、受任者は、委任事務を処理するに当たって受け取った金銭その他の物を委任者に引き渡す義務を負う。その収取した果実も同様であり（646条1項）、また、受任者は、委任者のために自己の名で取得した権利を移転する義務も負う（同2項）。第三に、

262　第2部　契約法各論

受任者は、委任者に引き渡すべき金額またはその利益のために用いるべき金額を自己のために消費したときは、その消費した日以後の利息を支払い、さらに損害がある場合には、その賠償責任を負う（647条）。金銭引渡義務を履行しない受任者に対する制裁であり、法定利息については損害の立証を要しない。さらに、委任者は、法定利息を超える損害の賠償を請求することもできる（419条の例外）。しかし、そのために委任者は、損害が生じたことを立証しなければならない。

2　委任者の義務

(1)　報酬支払義務

前述のように、民法は、無償の委任を原則とする（648条1項）。しかし今日では、委任は有償であることが多く、受任者が商人である場合には、委任者は、常に「相当の報酬」の支払義務を負う（商512条）。

有償委任における報酬の額は、契約によって定められる。ただし、その額が明示されていなくても、裁判所は、相当の報酬額を認めることができる。例えば、最高裁は、弁護士報酬の額につき、弁護士と依頼者との間に別段の定めがなかったとしても、「当事者間の諸般の状況を審査し、当事者の意思を推定して相当報酬額を定むべきである」とした（最判昭和37・2・1民集16巻2号157頁）。なお、報酬は、後払が原則である（648条2項）。

ところで、有償の委任契約には、①事務処理の労務に対して報酬が支払われる場合（履行割合型—原則）と、②事務処理の結果として、一定の成果が達成されたときに、その成果に対して報酬が支払われる場合（成果完成型—例えば、弁護士の成功報酬など）がある（部会資料72A・12頁）。そこで、新法（648条3項）は、①履行割合型の委任について、委任者の責めに帰することができない事由によって委任事務の履行をすることができなくなった場合（1号）、または、委任が履行の中途で終了した場合（2号）には、受任者は、「既にした履行の割合に応じて」報酬を請求することができるとした。また、②成果完成型の委任については、「その成果が引渡しを要するときは、報酬は、その成果の引渡しと同時に、支払わなければならない」とする（648条の2第1項）。成果完成の

委任は、請負契約に類似するため、請負の報酬に関する633条本文と同様の規律を設けたのである。なお、成果が引渡しを要しない場合は、後払の原則（648条2項）により、受任者は、成果が得られた後に、その報酬を請求することになる。

さらに、成果完成型の委任において、委任者の責めに帰することができない事由によって成果を得ることができない場合、または、委任が成果を得る前に解除された場合には、634条が準用され、受任者が既にした委任事務の履行の成果が可分であり、かつ、その成果によって委任者が利益を受けるときは、その部分を得られた成果とみなし、受任者は、委任者が受ける利益の割合に応じて報酬を請求することができる（648条の2第2項）。

(2)　その他の義務

委任が有償であるか無償であるかを問わず、委任者は、受任者に対して、何らの経済的負担をかけず、かつ、損失を被らせないようにする義務を負う。具体的には、委任者は、①費用前払義務（649条）、②立替費用償還義務（650条1項）、③債務の代弁済または担保供与義務（同2項）、および、④損害賠償義務（同3項）を負う。このうち、④は、受任者が委任事務を処理するため自己に過失なく損害を受けたときに委任者の負う義務であり、委任者が無過失責任を負うことに注意を要する。

第3節　委任の終了

委任は、契約一般の終了原因によって終了する。例えば、委任事務の終了や履行不能、期限の満了などである。このほか、委任に特有の終了原因が二つある。

264 第2部 契約法各論

1 任意解除権

(1) 問題の所在

委任契約の各当事者は、いつでもその契約を解除することができる（651条1項）。その趣旨は、委任が当事者の信頼関係を基礎にするものであり、信頼できない者に事務を処理させることはできず、また、信頼できない者の事務を処理することもできないことにある（梅・民法要義三751頁）。例えば、依頼者が弁護士を信頼できなくなったり、弁護士が依頼者を信頼できなくなった場合には、委任契約を継続させることに意味はなく、契約の解除を認めることが適当である。もっとも、651条1項は強行規定ではないから、解除権を放棄する旨の特約も有効である。しかし、この特約があっても、やむをえない事由がある場合には委任を解除することができる、と解されている（大判昭和14・4・12民集18巻397頁、我妻・V₃693頁）。

上記のように、委任契約の各当事者には任意解除権が認められる。ただし、旧法下においては、当事者の一方が相手方にとって不利な時期に委任を解除したときは、その損害を賠償しなければならないが、解除することにつきやむをえない事由があれば、損害賠償責任を負わない旨が定められていた（旧651条2項）。結局、旧651条によれば、損害を賠償すれば、当事者はいつでも委任を解除しうることとなる。この結論は、委任が主に委任者の利益のためになされると考えれば、委任者にとっては適切である。しかし、委任が受益者の利益にもなる場合には、委任者からの自由な解除を認めてよいか否かが問題となった。

(2) 判例の変遷

この問題につき、大審院は、委任が受任者の利益にもなる場合には、委任者からの解除を認めなかった。

> 大判大正9・4・24民録26輯562頁（受任者の利益と委任の解除）
> YとAとに対して債権を有するXが、Yに、XのAに対する債権の取立て

を委任して、取立額の1割をYの報酬とし、それをYのXに対する債務の弁済に充当すること、および、それまでYの債務の弁済期限を猶予することを約束した。にもかかわらず、Xは、Yが取立てを行う前に委任契約を解除し、Yに対して弁済を求めて訴えを提起した。原審は、Xの請求を認容し、Yが上告した。

大審院は、次のように判示して、原判決を破棄差戻しとした。すなわち、651条1項は、「受任者ガ委任者ノ利益ノ為メニノミ事務ヲ処理スル場合ニ適

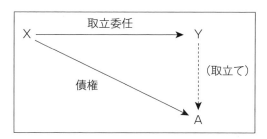

用アルモノニシテ、其事務ノ処理ガ委任者ノ為メノミナラズ、受任者ノ利益ヲモ目的トスルトキハ、委任者ハ同条ニヨリ委任ヲ解除スルコトヲ得ザルモノト解スルヲ相当トス」。なぜなら、受任者の利益をも目的とする委任を解除すると、「受任者ノ利益ハ著シク害セラルル」からである。

そして、昭和40年代の最高裁は、上記の大審院判例を踏襲しつつ、委任が「委任者の利益であると同時に受任者の利益でもある場合」であっても、委任は「当事者双方の対人的信用関係を基礎とする契約である」ため、「受任者が著しく不誠実な行動に出た等やむをえない事由があるときは、委任者は民法651条に則り委任契約を解除することができる」と判示した（最判昭和40・12・17裁判集民事81号561頁、最判昭和43・9・20裁判集民事92号329頁）。

しかし、次の最高裁判決は、「やむをえない事由」がなくても、委任者は、651条によって、委任契約を解除することができるとした。

最判昭和56・1・19民集35巻1号1頁（委任の任意解除）
Xは、その所有する共同住宅を一括してA会社に社宅として賃貸するとともに、Y会社に同建物の管理を委託した。このXY間の管理契約においては、

Yは、Aの差入れた保証金880万円を保管し、管理業務を無償で行うほか、月1分の利息をXに支払うが、その保証金を自己の事業資金として自由に利用できる旨が約束された。また、XA間の賃貸借の期間は2年であり、XY間の管理契約の期間は5年であって、両契約とも順次更新されて11年間が経過した。しかし、XとYの関係が悪化したため、Xは、本件管理契約を解除し、Yに対して保証金の返還を求めた。第一審・第二審ともに、本件管理契約がXY双方の利益を目的とするものであり、当事者間の信頼関係を破壊するような特段の事情がない限り、Xは契約を一方的に解除することができないとして、Xの請求を棄却した。X上告。

最高裁は、次のように判示して、原判決を破棄した。すなわち、本件管理契約のように、「単に委任者の利益のみならず受任者の利益のためにも委任がなされた場合であっても、委任契約が当事者間の信頼関係を基礎とする契約であることに徴すれば、受任者が著しく不誠実な行動に出る等やむをえない事由があるときは、委任者において委任契約を解除することができるものと解すべきことはもちろんであるが、……さらに、かかるやむをえない事由がない場合であっても、委任者が委任契約の解除権自体を放棄したものとは解されない事情があるときは、該委任契約が受任者の利益のためにもなされていることを理由として、委任者の意思に反して事務処理を継続させることは、委任者の利益を阻害し委任契約の本旨に反することになるから、委任者は、民法651条（旧法）に則り委任契約を解除することができ、ただ、受任者がこれによって不利益を受けるときは、委任者から損害の賠償を受けることによって、その不利益を塡補されれば足りるものと解するのが相当である」。そして、Xが「解除権自体を放棄したものとは解されない事情があるか否か」を審理させるべく、事件を原審に差し戻した。

(3) 若干の検討

　この判決の意義は、受任者の利益をも目的とする委任契約について、最高裁が初めて 651 条の任意解除を認めた点にある。その当否を検討するうえでは、以下の三点が問題となろう。

　第一に、委任が「単に委任者の利益のみならず受任者の利益のためにも」なされるのは、どのような場合かが問題となる。この問題につき注意を要するのは、有償の委任契約における受任者の報酬請求権は、ここにいう「受任者の利益」と異なることである。なぜなら、受任者が受けるべき報酬は、委任者が中途で契約を解除しても、履行の割合に応じて請求することができ（旧 648 条 3 項、新 648 条 3 項 2 号）、また、損害賠償によっても認められうるものだからである。そして判例も、単に報酬の特約があるだけでは、受任者の利益を目的とした委任ではないとする（最判昭和 43・9・3 裁判集民事 92 号 169 頁）。これを踏まえて、上記判決も、受任者である Y は、「本件建物の賃貸借契約及び本件管理契約が存続する限り、保証金を自己の事業資金として常時自由に利用することができる利益」を有するとした。

　第二に、判旨のいう「委任者が委任契約の解除権自体を放棄したもの」と解されるのは、どのような場合か。この点は必ずしも明確ではないが、例えば、債務者が、債権者に対し、自己の第三債務者に対する債権の取立てを委託し、それをもって自己の債務の弁済に充てる場合が挙げられる。この場合には、債権者（受任者）は、弁済を受けるという自己の利益のために委任事務を遂行するのであり、その意味では、受任者の利益（権利の保全）が主な目的となっている（内田・III 278 頁）。そうだとすれば、委任者が解除権を「放棄したもの」と解されるのは、個々の契約内容に応じて判断しなければならないが、「委任契約の目的の軽重」が第一に重視されうることとなる（浅生重機・最判解説 17 頁）。

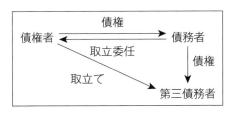

268 第2部 契約法各論

　第三に、「契約は守られなければならない」という原則が存在するにもかかわらず、651条が当事者に任意解除権を認めるのはなぜかという問題がある。この点につき通説は、前述のように、委任が当事者の信頼関係を基礎にするものであることを根拠とする。これに対しては、およそ継続的契約は当事者の信頼関係を基礎にするため、委任についてのみ任意解除権が認められる根拠とはならない、との批判が考えられる。そして学説では、651条が妥当するのは法的拘束力の弱い無償の委任についてであり、有償の委任には同条の適用がないとの見解が有力である。この見解によれば、有償の委任については、請負型と雇用型とが区別され、前者には641条が、また後者には627条と628条が準用されるとする（広中俊雄「委任と『解除』」契約法大系Ⅳ293頁）。この見解は、有償契約と無償契約とを区別することを前提とする。しかし、651条は両者を区別せず、また、請負型と雇用型とを明確に区別することができるかという問題がある。加えて、仮に請負型であるとされると、委任者からの解除権は641条の準用によって認められるが、受任者からの任意解除権を根拠づけることは難しい。しかし現実には、例えば、依頼者（委任者）を信頼できなくなった弁護士（受任者）からの、委任の解除を認める必要があろう。

　委任においては、当事者の意思に反して委任事務の処理を継続することは難しく、相手方の損害を賠償することにより、任意に契約を解除することができると解するのが妥当である。その意味では、委任は、他の継続的契約におけるよりも、当事者の信頼関係が重視される契約であり、このような理解は、民法の起草者の見解とも一致する。結論としては、判例が妥当であると考える。

　新法も、この判例法理を採用し、651条1項の規定により委任の解除をした場合において、「委任者が受任者の利益（専ら報酬を得ることによるものを除く。）をも目的とする委任を解除したとき」は、委任者は、受任者の損害を賠償しなければならないとした（651条2項2号）。

2　死亡・破産手続および後見の開始

(1)　委任の終了事由
　委任は、次の事由によって終了する（653条）。すなわち、①当事者の死亡、

②当事者が破産手続開始の決定を受けたこと、および、③受任者が後見開始の審判を受けたことである。委任が当事者間の信頼関係に基づく契約であるため、これらの事由によって委任は終了することとなる。代理権の消滅事由（111条1項）と共通する点が多く、とりわけ、任意代理権は、「委任の終了によって消滅する」（同2項）ため、653条と重複する。ただし、法定代理の場合には、被後見人（本人）の破産手続開始の決定によって法定代理権が消滅するのは不合理である。それゆえ、653条と異なり、111条1項1号では、本人の破産手続開始の決定が規定されていない。また、商行為の委任による代理権は、本人の死亡によっては消滅しない（商506条）。

(2) 当事者の死亡

委任は、委任者または受任者の死亡によって終了する（653条1号）。しかし、前述のような受任者の利益が主な目的である委任は、委任者の死亡によって終了しない。また、653条は任意規定であるから、これに反する特約も有効であり、事情によっては、委任者が死亡しても委任が終了しない旨の合意が認められる場合もある。

> **最判平成4・9・22金法1358号55頁（委任者の死亡と委任の終了）**
>
> 入院加療中のAは、預金通帳、印章および金員を友人Yに交付して、諸費用の支払やAの死後の葬儀費用、家政婦への謝礼金の支払等を委託した。Aの死後、Yがその委託の趣旨に従って諸経費を支払ったところ、Aの相続人であるXが、Yに対して、Aの死亡により委任契約が終了したとの理由で、預金通帳、印章および金員の返還を求めて訴えを提起した。原審はXの請求を認容し、Yが上告した。
>
> 最高裁は、Aの「死後の事務を含めた法律行為等の委任契約」は、「当然に、委任者Aの死亡によっても右契約を終了させない旨の合意を包含する趣旨のものというべく、民法653条の法意がかかる合意の効力を否定するものでない」として、委任の終了を認めた原判決を破棄し、事件を原審に差し戻した。

なお、訴訟代理権は、当事者（委任者）の死亡によっては消滅しない（民訴

58条1項1号)。

(3) 破産手続開始の決定

受任者が破産手続開始の決定(破30条)を受けても、委任は終了しない旨の特約は有効である。破産手続が開始されても、他人の事務を処理することはできるからである。これに対して、委任者が破産手続開始の決定を受けたときは、その委任者の「一切の財産」が破産財団となり(破34条)、破産財団に属する財産の管理および処分をする権利は破産管財人に専属する(破78条1項)から、委任事務の内容が委任者の財産と全く関係のない場合を除き、委任が終了しない旨の特約をしても無効である。ただし、受任者は、委任者についての破産手続開始の通知(民655条)を受けず、かつ、破産手続開始の事実を知らないで委任事務を処理したときは、これによって生じた債権を、破産債権者として行使することができる(破57条)。

(4) 後見開始の審判

受任者が後見開始の審判(7条)を受けたときは、委任は終了する。しかし、これに反する特約は有効であり、通常は受任者の後見人が代わって事務を処理することとなる。これに対して、委任者が後見開始の審判を受けても委任は終了しない。その場合にはむしろ、委任が必要とされよう。

3 委任の終了に際しての特別措置

民法は、委任の終了に際して、当事者に不測の損害が生じることを防ぐために、次の二つの特別措置を規定する。いずれも、委任が当事者間の信頼関係を基礎とすることを根拠とする。一つは、受任者の善処義務(654条)であり、委任が終了した場合において、急迫の事情があるときは、受任者は、委任者が委任事務を処理することができるようになるまで、必要な処分をしなければならない。もう一つは、委任の終了事由(653条)を相手方が知らない場合を考慮して、これを相手方に通知したとき、または相手方が知っていたときでなければ、委任の終了をその相手方に対抗することができないとした。

第9章　寄託・消費寄託

第1節　寄託

1　寄託の意義

　寄託は、当事者の一方（寄託者）がある物を保管することを相手方（受寄者）に委託し、相手方がこれを承諾することによって、その効力を生じる契約である（657条）。この寄託契約は、物の保管という限られた労働を目的とする点で、他の典型契約と区別される。もっとも、物の保管だけを目的とする契約は、①倉庫業者への商品の寄託と②銀行への預金を別とすれば、現実にはあまりない。そして、①については、商法（593条以下）の適用があり、また、②は消費寄託（666条）であるが、銀行取引約定書によって処理されている。そうだとすれば、寄託に関する民法の規定は、社会経済的には重要ではなく、以下では要点のみを説明する。

　寄託は、無償を原則とする（665条による648条の準用）ほか、旧法下においては、要物契約であるとされていた（旧657条）。しかし、今日では有償の寄託が通常であり、これについては旧法下でも、消費貸借と同様に、諾成的寄託が認められた。また、規定はないが、寄託の予約も認められていた。

　そこで、新法は、寄託を、要物契約から諾成契約へと変更した。すなわち、「寄託は、当事者の一方がある物を保管することを相手方に委託し、相手方がこれを承諾することによって、その効力を生ずる」とした（657条）。そして、寄託を諾成契約としたことに伴い、寄託者は、寄託が有償であるか否かを問わ

272 第2部 契約法各論

ず、受寄者が寄託物を受け取るまで、契約の解除をすることができるとする（657条の2第1項前段）。この場合において、受寄者は、その契約の解除によって損害を受けたときは、寄託者に対し、その賠償を請求することができる（同後段）。

また、無償寄託の受寄者は、寄託物を受け取るまで、契約の解除をすることができる。ただし、書面による寄託については、解除は認められない（同2項）。無償寄託に強い拘束力を認めるべきではないが、「書面による寄託」については、その拘束力を弱める必要がないからである（部会資料73A・11頁）。

さらに、有償寄託と書面による無償寄託の場合において、寄託物を受け取るべき時期を経過したにもかかわらず、寄託者が寄託物を引き渡さないときは、受寄者は、相当の期間を定めてその引渡しの催告をしたうえで、契約の解除をすることができる（657条の2第3項）。寄託者が寄託物を引き渡さず、解除もしない場合に、受寄者がいつまでも契約に拘束されるのは、妥当でないからである（同部会資料12頁）。

2　寄託の効力

(1)　受寄者の義務

受寄者の主な義務は、目的物保管義務である。無報酬の場合には、その義務が軽減され、受寄者は、「自己の財産に対するのと同一の注意」をもって保管すれば足りる（659条）。これに対して、有償の場合には、受寄者は善管注意義務を負う。ただし、商人は、無償でも善管注意義務を負い（商593条）、倉庫業者は、自己またはその使用人が受寄物の保管に関し注意を怠らなかったことを証明しない限り、その滅失・損傷につき損害賠償責任を負う（商617条）。また、受寄者は、寄託者の承諾なしに、寄託物を使用し、または第三者にこれを保管させることはできない（658条1項・2項前段）。さらに新法は、受寄者の自己執行義務を基礎に、「寄託者の承諾を得たとき」のみならず、「やむを得ない事由があるとき」にも再寄託できる旨を定めた（同2項後段）。そして、旧105条の削除に伴い、「再受寄者は、寄託者に対して、その権限の範囲内において、受寄者と同一の権利を有し、義務を負う」とする（同3項）。

そのほか、受寄者は、寄託物について権利を主張する第三者が受寄者に対して訴えを提起し、また、差押え、仮差押えないし仮処分をしたときは、遅滞なくその事実を寄託者に通知しなければならない。ただし、寄託者がすでにこの事実を知っているときは、通知しなくてよい（660条）。さらに、新法は、第三者が寄託物について権利を主張する場合であっても、受寄者は、寄託者の指図がない限り、寄託者に対しその寄託物を返還しなければならず（660条2項本文）、受寄者はその第三者に対して引渡しを拒絶することができるとした。そして、受寄者は、この場合において、寄託者にその寄託物を引き渡したことによって第三者に損害が生じたとしても、その賠償の責任を負うことはない（同3項）。なお、受寄者については、受任者の付随的義務が準用される（665条）。

(2) 寄託者の義務

寄託者は、有償の寄託においては、報酬支払義務を負う（665条・648条）。このほか、寄託者は、寄託物の性質または瑕疵によって生じた損害を受寄者に賠償しなければならず（661条）、また、委任者と同様に、費用の前払等の義務を負う（665条・649条-650条2項）。

3 寄託の終了

寄託は、契約一般の終了原因によって終了するほか、二つの特別な規定を有する。一つは、当事者が寄託物の返還の時期を定めていても、寄託者がいつでもその返還を請求できることである（662条）。これは、正確には、寄託者が契約を解除（解約）し、その結果契約が終了して、返還請求権が発生するのである。このような寄託者の任意解除権は、寄託が寄託者の利益のためにあり、保管の必要のなくなった物を強いて寄託させる理由がないことに基づく。ただし、新法は、寄託者がその時期の前に返還を請求したことによって受寄者が損害を受けた場合には、寄託者に対し、その賠償を請求することができるとする（662条2項）。

もう一つは、受寄者の解除権であり、返還の時期の定めのないときは、受寄者はいつでも寄託物を返還することができる（663条1項）が、その定めのあ

るときは、やむをえない事由がなければ、期限前に返還をすることはできないとされる（同2項）。

寄託が終了したときは、受寄者は寄託者に対して目的物の返還義務を負う。その返還の場所は、保管すべき場所であるが、受寄者が正当な事由によって物の保管場所を変更したときは、その現在の場所で返還すればよい（664条）。

なお、新法は、使用貸借（600条）および賃貸借（622条）の規律に合わせて、「寄託物の一部滅失又は損傷によって生じた損害の賠償及び受寄者が支出した費用の償還は、寄託者が返還を受けた時から1年以内に請求しなければならない」とし（664条の2第1項）、この損害賠償請求権については、「寄託者が返還を受けた時から1年を経過するまでの間は、時効は、完成しない」（時効の完成猶予）とした（同2項）。

第2節　消費寄託・混合寄託

1　消費寄託

(1)　旧法の規律

消費寄託とは、受寄者が寄託物を消費でき、同種・同等・同量の物を返還する旨の契約である（666条1項）。そして、旧法下においては、この消費寄託には、消費貸借の規定が準用されていた（旧666条1項）。ただし、消費貸借では、当事者が返還の時期を定めなかったときは、貸主が相当の期間を定めて返還の催告ができる（591条1項）のに対して、消費寄託においては、契約に返還の時期を定めなかったときは、寄託者が、いつでも返還を請求することができるとしていた（旧666条2項）。この違いは、消費貸借が借主の利益のためのものである（591条2項参照）のに対して、消費寄託は、寄託者の利益のためになされることに基づく。例えば、消費寄託の典型は、銀行・郵便局等への預金契約である。これは主に預金者の利益のためになされ、定期でない普通預金においては、預金者はいつでも払戻しを受けることができる。もっとも、預金契約

は、約款、慣習および行政上の取締規定によって規律され、とりわけ都市銀行においては、全国銀行協会の作成した統一約款である銀行取引約定書が用いられている。それゆえ、民法の規定は重要ではない。

(2) 民法（債権関係）の改正

新法は、消費寄託と消費貸借がその性質を異にしているため、消費寄託に消費貸借の規定を準用するのではなく、消費寄託については、原則として寄託の規定を適用することにした（部会資料81-3・25頁）。すなわち、666条1項は、「受寄者が契約により寄託物を消費することができる場合には、受寄者は、寄託された物と種類、品質及び数量の同じ物をもって返還しなければならない」とし、消費貸借の規定を準用しない。ただし、消費寄託と消費貸借は、寄託物および目的物の処分権が移転する点で共通することから、その限度で消費貸借の規律を準用することにし、具体的には、「貸主の引渡義務等」（590条）と借主の「価額の償還」義務（592条）の規定を準用する（666条2項）。

さらに、預貯金契約は、受寄者が預かった金銭を運用することを前提とする契約類型であり、受寄者にとっても利益がある契約である点で、他の消費寄託契約とは違いがある。そこで、受寄者に一方的に不利な663条2項の適用は相当ではなく、591条2項と3項を準用することにした（666条3項）。すなわち、借主は、返還の時期の定めの有無にかかわらず、いつでも返還をすることができ（591条2項）、また、当事者が返還の時期を定めた場合において、貸主は、借主がその時期の前に返還をしたことによって損害を受けたときは、借主に対し、その賠償を請求することができる（同3項）。

2　混合寄託

代替物の寄託において、受寄者が複数の者から預かった同種の物を混合して保管し、後に同量の物を返還する場合を、混合寄託（混蔵寄託）という。穀物や油の寄託が例に挙げられるが、実際には、株券の保管振替機関への預託において混合寄託が利用されていた。すなわち、「株券等の保管及び振替に関する法律」は、保管振替機関が、預託株券を、「参加者又は顧客ごとに分別しない

で保管する」とした（混蔵保管—23条）。しかし、同法は2004年に廃止され、同年に改正された「社債、株式等の振替に関する法律」では、証券の電子登録制度を前提に、株券を発行しない株式で振替機関が取り扱うものについては、「振替口座簿の記載又は記録」によってその権利の帰属が定まることとなった（128条）。社債や国債等も同様であり、結局、証券に関して、混合寄託は不要である（内田・II 287-288頁）。

　新法は、この混合寄託について明文を設けた（665条の2）。まず、混合寄託においては、複数の者が寄託した種類・品質の同一の物を混合して保管するためには、「各寄託者の承諾」が必要とされる（1項）。その場合に、寄託者は、その寄託した物と同じ数量の物の返還を請求することができる（2項）。そして、寄託物の一部が滅失したときは、そのリスクは各寄託者が按分して負うものとし、「混合して保管されている総寄託物に対するその寄託した物の割合に応じた数量の物の返還を請求することができる」とした（3項）。

第10章　組合・終身定期金・和解

第1節　組合

1　組合と組合契約

　組合契約とは、各当事者が出資をして共同の事業を営むことを約することによって効力を生じる（667条1項）ものであり、この組合契約によって成立する団体が「組合」である。ここにいう「出資」は、財産的価値のあるものであれば足り、労務をその目的とすることもできる（667条2項）。また、共同の「事業」にも特に限定はなく、継続的なものでも一時的なものでもよく、その目的も、営利でも公益でもよい。親睦を目的とするものでもよく、後掲の判例（最判平成11・2・23）のように、ヨットを利用して航海を楽しむことを目的とするヨットクラブを結成する契約も組合契約とされる。ただし、積極的に事業を営むことが必要であるから、土地の共有者が共同でその土地を使用するだけでは、共有物の利用であって、組合とはならない（最判昭和26・4・19民集5巻5号256頁）。

　また、事業は「共同」して行われなければならず、各当事者が少なくとも、組合の「業務及び組合財産の状況を検査する」（673条）権限を有していなければならない。さらに、利益を分配する組合においては、全員がこれを受けなければならず、一部の者のみが利益を受けるものは組合ではない。

　組合契約は、諾成契約ではあるが、組合という団体を設立する行為であり、契約総則の規定の適用が適切でない。すなわち、同時履行の抗弁（533条）の

適用はなく、すでに出資した組合員から出資義務の履行を請求された者は、他に未履行の者が存在することを理由にこれを拒むことはできない。また、危険負担（536条）や解除（541条以下）の適用もないとされている。新法も、このことを明文化する（667条の2第1項）。また、旧法下における判例は、契約の解除に関する規定も組合契約には適用されない、と解していた。なぜなら、①組合員の一人の債務不履行により組合契約全部が解除されるのは、組合の団体性に反するのみならず、②組合契約の終了に関する特別な規定として、脱退、除名および解散請求が認められ、これらに加えて解除を認める必要がないからである（大判昭和14・6・20民集18巻666頁）。そこで、新法はこれを明文化し、「組合員は、他の組合員が組合契約に基づく債務の履行をしないことを理由として、組合契約を解除することができない」とした（667条の2第2項）。さらに、組合員の一人について意思表示の無効または取消しの原因があっても、他の組合員の間においては、組合契約は、その効力を妨げられないとする（667条の3）。その意味では、組合契約は、双務契約ではなく、合同行為であるといえよう。

2　社団と組合の区別

民法は、人の団体として、組合のほかに社団法人（33条、「一般社団法人及び一般財団法人に関する法律」参照）を予定している。そこで、組合と社団の違いが議論され、従来の通説はこれを次のように区別する。すなわち、「社会関係において、団体が全一体として現れ、その構成分子たる個人が全く重要性を失っているもの」が社団であり、そのような「全一体としての色彩が比較的淡く、その構成員個人の色彩が強く現れるもの」が組合である（我妻・I 128頁）。この区別は、具体的には、①対外関係と②財産関係とに反映する。

まず、①社団の対外的な活動は、その機関によってなされ、法律効果も団体自体に帰属する。社団の構成員は、総会を通じて、多数決原理によって、機関の行動を監督し、社団の運営に参画することとなる。これに対して、組合では、その団体としての行動は、構成員全員または全員から代理権を与えられた者によってなされ、その法律効果も全員に帰属する（670条）。

また、②社団では、団体の資産も債務も団体のみに帰属し、構成員は、資産から配当を受け、団体の設備を利用しうるに過ぎず、すでに引き受けた出資や会費を支払う債務を負う以外には、団体の債務について責任を負わない（有限責任）。これに対して、組合では、団体の資産は構成員全員が共有し（668条）、団体の債務も全員が共同に負担する（674条・675条2項―無限責任）。

　さらに、現行法上、社団は法人とされるが、組合は法人ではない。ただし、通説は、上記の社団と組合の区別が理念的なものであり、合名会社（持分会社）のように、その本質が組合でありながら、法人とされるものもある（会社575条以下）とする。また、組合であっても、各種の協同組合のように、特別法によって法人格が認められるものもある。

　以上の通説に対しては、社団と組合とを区別する基準が明確ではなく、また、両者を区別すべき理由もない、との批判がなされている（星野・後掲247頁以下）。この批判によれば、社会学的な見地から社団と組合を区別することは難しい。すなわち、通説は、団体の「全一体」性（単一性）の有無を基準とするが、その意味は不明確であり、基準となっていない。しかも、民法上は、組合がどのような団体であるかを明らかにしていないため、現実には、構成員の数が多く、団体としての独立性が強いものも組合とされることがある。また、組合の業務は、原則として組合員全員が執行する（670条2・3項）が、業務執行者を定めなかったときは、多数決原理に従い、その過半数で決することとなる（670条1項）。そして、組合の規定の多くは任意規定であるため、特約によって異なる規律をすることもできる。そうだとすれば、法律論としても、社団と組合とを二分するのは適切ではない。

　ところで、近時は、組合であっても有限責任を導入する特別法（投資事業有限責任組合に関する法律）が存在する。それゆえ、現実には、法人格の有無と有限責任であるか否かは、論理必然的な関係にはなく（大村・後掲195頁以下）、社団法人と組合とを区別することは難しい。ただし、脱退した組合員はその持分の払戻請求をすることができ（681条）、また、各組合員が組合の解散請求をすることができる（683条）など、組合に特有の規定も存在する。そうだとすれば、社団と組合とを区別し、「組合」と性質決定された団体に組合の規定の適用を認めるのではなく、むしろ、組合の規定と同じ規約を有する団体が「組

合」であり、他の組合に関する規定も適用される（星野・後掲261頁）と考えるのが妥当である。

3　組合の財産

(1)　組合財産の共有

　組合がその目的を達成するためには、財産（組合財産）を必要とする。この組合財産につき、民法は、「総組合員の共有に属する」と規定する（668条）。

　まず、組合財産としては、各組員によって出資された動産や不動産など、各種の財産がある。組合員が組合契約によって出資をすることを約束したが、それを履行しない場合には、組合の全員が、その組合員に対して、出資請求権を有する。そして、金銭を出資の目的とした場合に、その出資を怠ったときは、当該組合員は、利息を支払うだけでなく、損害の賠償もしなければならない（669条）。これは、組合財産の充実を図るため、通常の金銭債務の不履行責任（419条）よりも重い責任を課すものである。

　また、組合財産は、組合員の共有に属し、原則として物権の共有の規定（249条以下）が適用される（最判昭和33・7・22民集12巻12号1805頁）。ただし、次の二つの重大な制限が加えられている。

　一つは、持分処分の制限であり、組合員は、組合財産についてその持分を処分したとしても、これを組合および組合と取引をした第三者に対抗することができない（676条1項）。持分の処分を認めると、組合の目的を達成させるための手段である組合財産が減少し、組合の活動に支障を来すおそれがあるからである。なお、ここにいう「持分」とは、組合財産に属する個々の財産に対する持分を意味し、包括的な組合財産に対する持分は、組合員の地位の譲渡（組合員の変動）として捉えるべきである。

　もう一つは、分割請求の禁止であり、組合員は、清算前に組合財産の分割を求めることができない（676条3項）。この趣旨も、組合財産の減少を防ぐことにある。もっとも、組合員全員の合意があれば、組合財産の一部を分割することも認められる（大判大正2・6・28民録19輯573頁）。

　持分処分の自由と分割請求権とは、共有の本質をなすものである。にもかか

わらず、組合財産に関してはこの二つの要素を欠くため、多数説は、組合財産の共同所有形態を「共有」ではなく「合有」であると解している。しかし、「合有」の内容も必ずしも明らかではなく、組合財産については、物権の「共有」（249条以下）と異なる点を明確にしておけばよい。

(2) 組合の債権債務

(ア) **組合の債権** 組合の有する債権も組合財産を構成するため、「総組合員の共有に属する」こととなる。そして、多数当事者の債権債務の規定によると、別段の意思表示がないときは、分割債権となる（427条）。そうだとすれば、分割された債権は組合員個人のものとなり、組合の債務者は、その債務と組合員個人に対して有する債権とを相殺することができよう。しかし、それでは、組合の共同事業のための財産を組合員個人のために用いることとなり、その趣旨に反する。そこで、旧法は、組合の債務者が、その債務と組合員に対する債権とを相殺することができないとした（677条）。

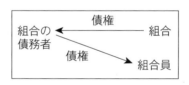

新法は、旧677条を、「組合員の債権者は、組合財産についてその権利を行使することができない」と改めた（677条）。そして、上記の相殺の禁止も、「組合財産についてその権利を行使することができない」に含め、相殺のみならず、より広く組合員の債権者が組合財産に対し、その権利を行使することを禁じている。また、「組合員は、組合財産である債権について、その持分についての権利を単独で行使することができない」との規律を追加した（676条2項）。

(イ) **組合の債務** 組合の債権者は、組合財産のほか、組合員個人の財産に対しても執行することができる（無限責任）。その額は、原則として、組合員が損失分担の割合を定めたときはそれに応じ、それを定めなかったときにも、各組合員の出資の価額に応じることとなる（674条1項）。しかし、組合の債権者が債権発生の時に組合員の損失分担の割合を知らなかったときは、各組合員

に対して平等の割合で権利を行使することができる（旧675条）。新法は、次のようにこれを明確化した。まず、「組合の債権者は、組合財産についてその権利を行使することができる」とする（675条1項）。そして、「組合の債権者は、その選択に従い、各組合員に対して損失分担の割合又は等しい割合でその権利を行使することができる。ただし、組合の債権者がその債権の発生の時に各組合員の損失分担の割合を知っていたときは、その割合による」とする（同2項）。なお、損失分担の割合は、利益の分配の割合と共通のものと推定される（674条2項）。

4　組合の業務執行

(1)　対内的業務の執行——業務の決定と執行

　組合は、その目的を達成するために、①業務の執行に関する組合の意思を決定し（業務の決定）、②それに基づき具体的な業務を執行し（業務の執行）、また対外的には、第三者との間で契約を結ぶ（組合の代理）必要がある。

　もっとも、旧法は、①業務の決定と②業務の執行とを明確に区別していなかった。そこで、新法は、①と②を区別し、かつ、業務執行者がない場合と業務執行者がある場合とを区別して、以下のように、業務の決定および執行に関する基本的な規律を設けている。

　まず、業務執行者がない場合には、組合の業務は、組合員の過半数をもって決定し、各組合員がこれを執行する（670条1項）。

　これに対して、670条2項から5項は、業務執行者がある場合に関する規律である。このうち、670条2項は、組合の業務の決定・執行は、組合契約の定めるところにより、一人または数人の組合員、または第三者に委任することができる旨を規定する。この場合における委任を受けた者が、「業務執行者」である。そして、業務執行者は、組合の業務を決定し、これを執行する（670条3項前段）。また、業務執行者が数人あるときは、組合の業務は、業務執行者の過半数をもって決定し、各業務執行者がこれを執行する（同後段）。

　ただし、業務執行者がある場合であっても、組合の業務については、総組合員の同意によって決定し、または総組合員が執行することは妨げられない

（670条4項）。また、組合の「常務」は、各組合員が単独で行うことができる（5項本文）。常務とは、日常の軽微な事務をいう。しかし、常務であっても、その完了前に、他の組合員または業務執行者が異議を述べたときは、各組合員が単独で行うことはできない（5項ただし書）。

(2) 対外的業務の執行――組合の代理

　組合には法人格がない。それゆえ、組合と第三者との対外関係については、組合員が代理によって法律行為を行うこととなる。もっとも、旧法下においては、組合の代理に関する規定は存在しなかった。そこで、判例は、旧670条1項が、組合の代理にも適用されると解していた（最判昭和35・12・9民集14巻13号2994頁）。

　新法は、このような判例を明文化し、組合の代理に関する規定を新設した。
①　業務執行者がない場合において、各組合員が組合員の過半数の同意を得たときは、その組合員は、他の組合員を代理することができる（670条の2第1項）。
②　業務執行者がある場合には、業務執行者のみが組合員を代理することができる。この場合において、業務執行者が数人あるときは、各業務執行者は、業務執行者の過半数の同意を得たときに限り、組合員を代理することができる（670条の2第2項）。
③　組合の常務は、各組合員または各業務執行者が、単独で組合員を代理して行うことができる（607条の2第3項）。

　なお、②に関連して、旧法下においては、組合規約等によって業務執行者の代理権を制限しても、その制限は内部的なものであるから、善意無過失の第三者に対抗できない、とした判例がある（最判昭和38・5・31民集17巻4号600頁）

5　組合員の変動

(1) 加入・組合員の地位の移転

旧法に規定はなかったが、組合員が新たに加入することも認められていた。

新法は、これを明文化した。すなわち、「組合員は、その全員の同意によって、又は組合契約の定めるところにより、新たに組合員を加入させることができる」とする（677条の2第1項）。そして、組合の成立後に加入した組合員は、その加入前に生じた組合の債務については、これを弁済する責任を負わないとした（同2項）。

　また、組合員の地位の移転も、他の組合員の承諾があれば認められる。これは、契約上の地位の移転（539条の2→債権総論）の一例である。

(2)　脱退

　民法は、組合員の脱退につき、その意思に基づく場合（任意脱退）と意思によらない場合（非任意脱退）とを区別している。

　(ア)　任意脱退　　組合員は、組合の存続期間の定めの有無にかかわらず、やむをえない事由があれば、組合を脱退することができる（678条―任意脱退）。問題となるのは、同条が強行規定か否かである。

> **最判平成11・2・23民集53巻2号193頁（任意脱退を許さない旨の組合契約）**
>
> 　XらとYらは、一口100万円の出資をして共同でヨットを購入し、それを利用して航海を楽しむことを目的とするヨットクラブを結成する旨の組合契約（存続期間の定めはない）を締結した。XらとYらは、同契約に基づき、ヨット一隻を1400万円で購入した。ところで、本件クラブの規約には、会員の権利は「オーナー会議で承認された相手方に対して譲渡することができ」、譲渡した月末に退会する旨の規定がある。これは、本件クラブに出資金の払戻しをする財源がなく、かつ、会員数が少ないと会費や作業の負担が増えるので、会員数を減らさないための規定である。Xらは、Yらに対し、クラブから脱退する旨の意思表示をしたとして、ヨットの時価額を出資割合に応じて案分した額の組合持分の払戻金を請求した。第一審は、Xらの請求を認容した。しかし原審は、上記規定が本件クラブから任意に脱退するには、会員の権利を譲渡しなければならない旨を定めたものであるが、公序良俗には反しないとして、Xらの請求を棄却した。Xらが上告した。
>
> 　最高裁は、次のように判示して、原判決を破棄差戻しとした。すなわち、

「民法 678 条は、組合員は、やむを得ない事由がある場合には、組合の存続期間の定めの有無にかかわらず、常に組合から任意に脱退することができる旨を規定しているものと解されるところ、同条のうち右の旨を規定する部分は、強行法規であり、これに反する組合契約における約定は効力を有しないものと解するのが相当である。けだし、やむを得ない事由があっても任意の脱退を許さない旨の組合契約は、組合員の自由を著しく制限するものであり、公の秩序に反するものというべきだからである」。

本件規約は、組合員の地位の譲渡による脱退は認めるが、その譲受人が現れない限り、やむをえない事由があっても組合員の脱退を認めない（矢尾渉・最判解説 124 頁）。それゆえ、同規定は、678 条に反し、無効であると解される。

(イ)　非任意脱退　　非任意脱退について、民法は、①死亡、②破産手続開始の決定を受けたこと、③後見開始の審判を受けたこと、および、④除名の四つの事由を挙げている（679 条）。このうち、除名は、当該組合員の不利益が大きいため、厳格な要件が定められ、正当な事由がある場合に限り、他の組合員の一致によってすることができる（680 条）。

(ウ)　脱退した組合員の責任　　脱退によって組合員としての資格が失われ、脱退した組合員と他の組合員との間で持分の清算が行われる。具体的には、持分があればこれを金銭で払戻し（681 条 2 項）、負債があればこれを払い込ませることとなる。

また、新法は、脱退した組合員の責任に関する規律を設けた。すなわち、「脱退した組合員は、その脱退前に生じた組合の債務について、従前の責任の範囲内でこれを弁済する責任を負う」とした。そして、この場合において、債権者が全部の弁済を受けない間は、脱退した組合員は、組合に担保を供させ、または、組合に対して、自己に免責を得させることを請求することができるとする（680 条の 2 第 1 項）。さらに、脱退した組合員が上記の組合の債務を弁済したときは、組合に対して求償権を有するものとした（同 2 項）。

6 組合の解散・清算

旧法下においては、組合は、その目的である事業の成功またはその不能によって解散する（旧682条）ほか、やむをえない事由があるときは、各組合員が解散請求する（683条）ことによって解散する旨が規定されていた。このほか、存続期間の満了、組合契約で定めた解散事由の発生、組合員全員の合意、組合員が一人となることなども、解散事由となると解されていた。

新法は、これらの解散事由を明記した（682条）。ただし、組合員が一人となることが解散事由になるか否かは、解釈に委ねられている。

解散の効果は、遡及しない（684条による620条の準用）。そして、組合が解散すると、清算手続（685条以下）が開始される。

【参考文献】 星野英一「いわゆる『権利能力なき社団』について」『民法論集第一巻』（有斐閣、1970年）227頁、大村敦志「法技術としての組合契約」『特別法と民法法理』（有斐閣、2006年）193頁。

第2節 終身定期金

1 意義

終身定期金契約とは、当事者の一方（終身定期金債務者）が、自己、相手方または第三者の死亡に至るまで、定期に金銭その他の物を相手方または第三者（終身定期金債権者）に給付することを約することによって、その効力を生じるものである（689条）。これは、自己の財産を他人に譲渡し、その代金を取得する代わりに、終身の間、定期に定額の給付を受けることによって、安楽に余生を送る（梅・民法要義三829頁）ための契約である。しかし、わが国では、一方で親族による扶養の意識が強く、他方では、社会保障制度としての公的年金

の発達が著しかったため、老後の生活を維持するために終身定期金契約を利用することはない（星野・IV 325頁）。これに対して、欧米では、終身定期金契約が頻繁であるとされる。ここでは、689条以下の母法であるフランス法の状況を概観しよう。

2 フランスにおける終身定期金契約

フランスでは、終身定期金契約（contrat de rente viagère—フ民1968条以下）は、射倖契約（contrat aléatoire）の一つとされ、実務では、終身定期金と引換えになされる不動産の売買が多い。その目的は、老後の生活保障と投機の二つであり、定期金債権者が長期にわたって生存すれば、定期金債務者は、目的物の価格以上の定期金を支払うこともあるが、定期金債権者が契約締結後の早い段階で亡くなれば、定期金債務者は、ほとんど金銭を支払う必要がない（Ph. Malaurie et L. Aynès, Les contrats spéciaux, 2e éd. par Y. Gautier, 2005, p. 569）。「終身」という不定期間の給付を目的とする点で、射倖性の強い契約類型であるといえよう。

もっとも、近年は、フランスにおいても、平均寿命の延長を背景に、終身定期金契約が減少している。その一つの象徴となったのが、1997年8月のジャンヌ・カルモン（Jeanne Calment）のケースである。彼女は、90歳の頃、そのアパートを公証人に売却し、月額2500フランの定期金を終身受け取る旨の契約を締結した。このような場合に、買主は、5年間ほど定期金を支払えば足りると考えるのが通常であろう。ところが、ジャンヌは、ギネスブックに掲載される世界一の長寿となり、1997年に122歳で亡くなった。その結果、買主はすでに亡く、その相続人と併せて、30年以上の長期にわたって定期金を支払い続けた。このケースは、当時のフランスでは新聞・テレビ等のメディアで大きく報じられ、「人生では、損な取引（mauvaise affaire）をすることもある」とのジャンヌの言葉が引用された（当時、筆者はパリ第2大学に留学中であり、これらの報道に接した）。そして現在では、終身定期金契約の付された不動産の売買は、年間5000件ほどに過ぎず、保険会社による終身の間定期金を支払う旨の契約が多い（P.-H. Antonmattei et J. Raynard, Droit civil, Contrat spéciaux, 5e

288　第2部　契約法各論

éd., 2007, p. 406）。その意味では、射倖性の強い終身定期金契約は、フランスで
も衰退していると解される。

第3節　和解

1　意義

　和解とは、当事者が互いに譲歩をして、その間に存する争いをやめる旨の契
約である（695条）。民事に関する紛争が生じた場合には、自力救済が禁じられ
ている半面、当事者は、裁判制度を利用して紛争を解決することができる。こ
の「裁判」は、裁判所が主宰し、当事者が合意しなくても、裁判所が判断（判
決）を下すことに特色がある。そして、判決によって、当事者の一方の権利が
認められ、相手方が不服（上訴）を申し立てない場合には、判決が確定し、相
手方はその内容に服する。しかし、裁判では、時間と費用がかかり、また、当
事者間に感情的な怨恨やしこりが残るおそれがある。そこで、当事者は、裁判
所に紛争を持ち込む前に、その自主的な解決として、和解（裁判外の和解）を
行うことができる。日常用語では、「示談」という語も用いられるが、示談に
は、民法上の和解のほか、「互いに譲歩」せずに、一方のみがその主張を放棄
または減殺して紛争を解決する場合も含まれる（大判明治41・1・20民録14輯
9頁）。

　また、和解は、紛争が裁判所に持ち込まれた後にも試みられる（裁判上の和
解）。この裁判上の和解には、起訴前の和解と訴訟上の和解とがある。まず、
起訴前の和解は、訴えを提起する前に、当事者が簡易裁判所に和解の申立てを
することによって試みられるものである（民訴275条）。これに対して、訴訟上
の和解は、訴訟の係属中に、裁判所によって試みられるものである（民訴89
条）。そして、訴訟上の和解は、それを調書に記載したときは、その記載が確
定判決と同一の効力を有することとなる（民訴267条）。

　以上の裁判上の和解も、当事者の合意に基づくものであるから、その意思表

示に瑕疵がある場合（96条）や意思の不存在の場合（95条）には、民法総則の規定が適用される（大判大正6・9・18民録23輯1342頁）。また、和解調書の解釈においても、その文言に拘泥せず、意思表示の解釈の基準が適用される（最判昭和31・3・30民集10巻3号242頁）。

　和解のほか、当事者の合意に基づいて紛争を解決する制度として、調停と仲裁がある。まず、調停とは、第三者が当事者を仲介し、合意による紛争の解決をめざす手続であり、民事に関する民事調停、家事事件についての家事調停のほか、労働争議の調停や国際商事調停などがある。そして、調停が成立した場合には、これを調書に記載すると、その記載が裁判上の和解と同一の効力を有することとなる（民調16条、家審21条1項本文）。また、仲裁とは、民事上の紛争の解決を第三者（仲裁人）に委ね、その判断（仲裁判断）に服する旨の当事者の合意（仲裁合意）に基づく手続をいう（仲裁2条1項参照）。この仲裁判断は、確定判決と同一の効力を有し（仲裁45条1項）、当事者を拘束する点において、和解・調停と異なっている。

2　要件

　和解の成立要件は、695条によれば、①当事者間に「争い」が存すること、②「互いに譲歩」すること、および、③争いを「やめる」旨の合意をしたこと、の三つである。

　まず、①当事者が法律関係の存否、範囲または態様に関して、その主張を異にする場合には、「争い」があることに異論はない。問題となるのは、そのような争いがなく、単に不明確な法律関係を確定するための合意も和解となるか否かである。判例は、これを否定する（大判大正5・7・5民録22輯1325頁―傍論）。しかし、現実には、当事者が不明確な法律関係を確定する場合にも、その主張にはくい違いがあり、妥協の結果として一定の関係を確認することも少なくない（我妻・V₃870頁）。そうだとすれば、「争い」を厳格に解するのではなく、当事者の理解にくい違いのあるときは、争いがあると解してよい。

　また、②和解には、当事者双方の譲歩が必要とされ、一方のみが譲歩するのは和解ではない。なぜなら、相互に不利益を被ることによって、たとえ真実に

290　第2部　契約法各論

反しても合意に従う旨の義務を認めることができるからである。

　③和解は、諾成契約であって、特別な方式を要しない。そして、和解の意思表示にも、錯誤（95条）や詐欺・強迫（96条）の規定が妥当することは、前述の通りである。

3　効果

(1)　和解の確定効

　和解によって、当事者間の争いは解決する。もっとも、和解の後に、和解の内容と異なる事実が明らかとなった場合には、争いが再燃する可能性がある。しかし、紛争の蒸し返しを認めたのでは、和解の意味がない。そこで民法は、「当事者の一方が和解によって争いの目的である権利を有するものと認められ、又は相手方がこれを有しないものと認められた場合において、その当事者の一方が従来その権利を有していなかった旨の確証又は相手方がこれを有していた旨の確証が得られたときは、その権利は、和解によってその当事者の一方に移転し、又は消滅したものとする」（696条）と規定した。この規定は、和解の結果に反する確証が後に現れても和解の効力が覆らない旨の、和解の確定効を前提とする。そして、和解の内容が真の権利に対応している場合には、和解によって権利が確認されたものとする（認定的効力）が、真の権利に対応していない場合には、和解によって権利が創設されることとなる（創設的効力）。例えば、①AとBとの間で甲不動産の所有権の帰属が争われ、和解によりBの所有と決めた後に、Aの所有権を裏付ける確証が現れた場合にも、甲の所有権は、和解によってAからBに「移転」したものとされる。また、②CがDに対して100万円の代金債権を有するか否かが争われ、和解によりCが60万円の代金債権を有すると決めた後に、100万円の債権の存在を裏付ける確証が現れた場合には、40万円の債権は、和解によって「消滅」したことになる。

　ただし、公序良俗に反して無効な法律関係（90条）が和解によって有効なものとなるかは、別の問題である。かつての判例は、賭博によって生じたか否かについて争いのある債務につき和解が成立し、その債務が合意された場合には、和解の確定効によって、「後日其ノ権利ガ初ヨリ存在セザリシ確証出デタルト

キト雖モ、之ガ為メニ」和解を無効とすることはできないとした（大判昭和 13・10・6 民集 17 巻 1969 頁）。しかし、この結論は不当である（我妻・V₃ 871 頁）。賭博行為は公序良俗に著しく反するものであり、「賭博債権が直接的にせよ間接的にせよ満足を受けることを禁止すべきことは法の強い要請であって」（最判平成 9・11・11 民集 51 巻 10 号 4077 頁参照）、この要請は、和解による解決の確定性の要請を上回ると解すべきであろう。

(2) 錯誤との関係

上記のように、和解には確定効があり、和解の内容が真の権利関係に合致しなくても、当事者はそれを覆すことはできない。しかし、和解契約にも錯誤（95 条）の適用があり、和解に際して当事者に錯誤があった場合には、和解の取消しを主張できるかが問題となる。

まず、和解によってやめることを約した「争いの目的である権利」または事項について錯誤があっても、95 条の適用はなく、和解の取消しを主張することはできない。なぜなら、和解は、その内容が真の権利関係に合致しなくても、「争いをやめる」旨の合意であり、かつ、この場合に錯誤取消しの主張を許すと、和解の意味がなくなるからである。例えば、借地権の期間満了による建物収去土地明渡しの調停において、「期限後における借地権の消滅が合意せられた以上」、法定更新の制度を知らなかったとしても、「民法 696 条により、和解の効力を争うことは許されない」（最判昭和 36・5・26 民集 15 巻 5 号 1336 頁）。

しかし、「争いの目的」ではない事項であって、「和解ノ要素ヲ為スモノニ付キ錯誤アリタル場合」には、696 条の適用はなく、95 条が適用される。例えば、債権者の得た転付命令が無効であるにもかかわらず、これを有効であると誤信した第三債務者が、その債権者との間で弁済方法について裁判上の和解をした場合に、錯誤無効（旧 95 条）の適用が認められた（前掲大判大正 6・9・18）。また、仮差押えの目的であるジャムが一定の品質を有することを前提に、その一定量を代物弁済として交付する旨の和解契約が締結されたところ、それが粗悪品であった場合には、当該和解は錯誤により無効（旧 95 条）であるとされた（最判昭和 33・6・14 民集 12 巻 9 号 1492 頁）。

(3) 示談と後遺症

交通事故などの不法行為においては、被害者と加害者との間で「示談」がなされることが多い。この示談は、前述のように、当事者が「互いに譲歩」している場合には、和解と認められる。しかし、被害者に、示談の時には予想できなかった後遺症が発生する場合がある。このような場合に、被害者は、加害者に対して、損害賠償を請求できるか否かが問題となる。

最判昭和43・3・15民集22巻3号587頁（示談と後遺症）

Aは、昭和32年4月16日、Y運輸会社の被用者Bの運転する普通貨物自動車に接触され、左前腕骨複雑骨折の傷害を受けた。その直後における医師の診断は全治15週間の見込みであり、Aも比較的軽微な傷害であると考え、同月25日、AY間において、Yが自動車損害賠償保険金10万円をAに支払い、Aは今後本件事故による治療費その他慰藉料等の一切の要求を申し立てない旨の示談契約が成立した。ところが、事故後1ヶ月以上経ってから、Aの傷は予期に反する重傷であることが判明し、Aは再手術を余儀なくされ、手術後も左前腕関節の用を廃する程度の機能障害が残り、約77万円の損害を被った。Aは、Yに損害の填補を請求したが、Yがこれに応じないため、X（国）に対して労災保険金を請求し、約40万円の保険給付を受けた。そこでXは、Yに対し、AのYに対する損害賠償請求権を代位したとして、その支払を求めて訴えを提起した。これに対し、Yは、示談によってAの損害賠償請求権が消滅していると主張した。第一審・第二審ともにXの請求を認容し、Yが上告した。

最高裁は、まず、「一般に、不法行為による損害賠償の示談において、被害

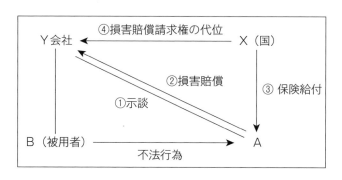

者が一定額の支払をうけることで満足し、その余の賠償請求権を放棄したとき
は、被害者は、示談当時にそれ以上の損害が存在したとしても、あるいは、そ
れ以上の損害が事後に生じたとしても、示談額を上廻る損害については、事後
に請求しえない趣旨と解するのが相当である」とする。

　しかし、本件のように、「全損害を正確に把握し難い状況のもとにおいて、
早急に小額の賠償金をもって満足する旨の示談がされた場合においては、示談
によって被害者が放棄した損害賠償請求権は、示談当時予想していた損害につ
いてのもののみと解すべきであって、その当時予想できなかった不測の再手術
や後遺症がその後発生した場合その損害についてまで、賠償請求権を放棄した
趣旨と解するのは、当事者の合理的意思に合致するものとはいえない」と判示
した（上告棄却）。

　この判決は、当事者の合理的な意思の解釈という契約解釈の一般理論による
ものであり（星野・IV 334 頁）、妥当であろう。

294　第2部　契約法各論

第11章　典型契約の意義

1　典型契約・非典型契約

　前章までが民法典の規定する契約類型であり、具体的には13の契約が列挙されている。これらの契約を、典型契約または有名契約という。この典型契約は、「社会に行われる千差万別の契約を内容の共通点に従って分類して作られた型」であり、「ローマ以来の学者の努力によってなされた」ものである（我妻・V₂219頁）。そして、典型契約は、その順序に従って、次のように四つに分類することができる。

　第一は、財産権を相手方に移転することを目的とする契約（移転型の契約）であり、贈与、売買および交換がこれに該当する。

　第二は、財産権を一定期間のみ相手方に移転して、その利用をさせる契約（貸借型の契約）であり、消費貸借、使用貸借および賃貸借がある。本書では独立の項目として取り上げた消費寄託も、ここに含まれる。

　第三は、雇用、請負、委任および寄託という、他人の労働の利用を目的とする契約である（労務型の契約）。

　そして、第四に、その他の特殊な契約として、組合、終身定期金および和解がある。

　典型契約以外の民法典に列挙されていない契約を、非典型契約または無名契約という。また、一つの典型契約と他の典型契約または非典型契約の内容とを組み合わせた契約を混合契約という。そして、これらの非典型契約や混合契約も、契約自由の原則によって、異論なく認められる。例えば、非典型契約としては、出版契約、ラジオ・テレビへの出演契約、プロ野球・サッカーの専属契

約、ホテル・旅館の宿泊契約、旅行業者との旅行契約、リース契約などが挙げられよう（谷口＝五十嵐・新版注民(13) 18 頁以下）。

2　典型契約の意義

　では、非典型契約が自由に認められるとすれば、典型契約を認める意味はどこにあるのか。この問題につき、従来の学説は、やや否定的であったと解されている（大村・後掲4頁）。例えば、我妻栄博士は、典型契約が「主要な契約を網羅し」、実際に締結された契約の内容が「不明瞭・不完全な場合に、これを明瞭・完全なものにする解釈の基準を与える作用をなす」とする（我妻・V₂ 219-220 頁）。しかし、社会が進歩し、取引関係が複雑になるに従って、典型契約の規定が必ずしもすべての場合にあてはまるとは限らなくなる。それゆえ、契約の解釈に際しても、「民法の規定に対して不当に強い効果を与えないように」しなければならず、ある契約が典型契約の一つに当たるか否かの認定は、慎重になされなければならないとする（我妻・V₁ 48 頁）。

　さらに、来栖三郎博士は、ある契約がどの典型契約に該当するかということは、「その契約より生ずる法律関係を処理する上にたいして意味がない」とする。そして、まず契約の内容となる「具体的な事実」を確定し、その事実が典型契約の規定の前提とする事実に合致すればその規定を適用するが、そうでなければ、仮に典型契約に該当してもその規定を適用すべきではないとする（来栖・契約法 739 頁）。結局、来栖博士によれば、ある契約が典型契約か非典型契約かを論ずることには大した意味がなく、その契約につき個々の民法の規定を適用すべきか否かを考えればよいということになる（来栖・契約法 743 頁）。

　このような、典型契約の意義に対する消極的ないし否定的な理解に対して、近年の研究は、認知科学のカテゴリー論を用いて、典型契約に積極的な意義を見出そうとする。すなわち、典型契約の類型は、「契約に関する中心的なカテゴリー」であり、「民法典その他に用意された典型契約類型に従い、当事者は契約を締結し、裁判官は契約を解釈する」。換言すれば、典型契約類型は、「経験と歴史の中で培われたものであり、そこには、人々が妥当なものだと考えてきた契約内容が詰め込まれている」。そして、もし典型契約がなければ、すべ

296 第2部 契約法各論

ての契約は白紙の状態から作られなければならず、裁判官もその理解や解釈が困難となろう。そうだとすれば、典型契約類型は、個々の契約活動を「支援するための道具」であり、「人々は、これを自由に使いこなすことによって、自己の追求する契約目的を達成することができる」こととなる（大村・後掲351-352頁）。

　本書も、上記のような典型契約の有する重要性に鑑み、個々の典型契約をやや詳しく取り上げてきた。そして、民法（債権法）の学習でも、典型契約を学ぶことが基本であり、そこから、実際の社会における多様な契約を考察する力（応用力）を養うことができると考える。

【参考文献】　大村敦志『典型契約と性質決定』（有斐閣、1997年）。

事 項 索 引

あ

アメリカ統一商法典 ························126
安全配慮義務 ·····························237

い

意思の実現による契約の成立 ···············49
意思表示································50
遺贈 ····································112
委任 ································235, 259
違法性論 ·····························46
違約罰 ································116

う

ウィーン売買条約 ··············81, 127, 129
請負 ····································242
請負人帰属説 ·····························249
売主の担保責任 ······················123, 124

え

永小作権 ···························182, 222

か

解雇権濫用法理 ·····················237
開示義務·····························19
解除 ····································76
　契約の―― ·····················23
　合意―― ·····················77
　停止条件付――の意思表示·········91
解除契約 ·····························77
解除権 ·····························141
　任意―― ·····················264
　法定―― ·····················76
　約定―― ·····················76
解除権の不可分性·····················92
解除条件·····························77

か（右欄）

買戻し ····························76, 114
解約告知 ·····························78
学納金返還請求訴訟 ·····················259
瑕疵 ································124, 135
　――修補義務 ·····················62
　――担保責任 ········124, 126, 128, 250
貸金業法 ·····························162, 172
果実 ····································97
過失責任主義 ·····························4
仮登記 ····································114
仮登記担保契約に関する法律 ···········115
間接効果説·····························93

き

危険負担 ························60, 67
基準割合 ·····························169
起訴前の和解 ·····················288
寄託 ································236, 271
客観的解釈·····························10
客観的起算点·····························146
給付危険 ·····························68
狭義の契約の解釈·····················10
強制執行 ·····························164
業務執行者 ·····························283
銀行取引約定書·····················29, 271
金銭信用 ·····························161
禁反言 ·····························40

く

クーリング・オフ ·····················78
組合 ····································277
組合契約 ·····························277
グレーゾーン金利 ·····················170

け

競売 ····································158

形成権······90
継続的契約 ······259
契約自由の原則 ······3, 163
契約締結時主義······69
契約締結上の過失 ······35, 44
契約上の地位の移転 ······284
契約内容の改訂······23
契約の解釈······10
契約の解除······23
契約の自由 ······4
契約の熟度······40
契約の相対的効力······25
契約は守られなければならない ······268
契約費用 ······113
契約不適合責任 ······123, 124, 126, 135
軽微······81
原契約変容説······94
現実売買······113
原始的一部不能 ······126
原始的不能 ······35, 60
懸賞広告······57
原状回復義務 ······62, 76
建築工事請負契約 ······242
権利金 ······192
権利資格保護要件 ······101
権利の瑕疵 ······124
権利濫用 ······208

こ

行為基礎の喪失······21
後遺症 ······292
交換······113
行使効果説······67
交叉申込み······49
更新請求 ······224
更新料 ······224
公正証書 ······164
合同行為 ······3, 278
合意解除（解除契約）······77
後発的不能 ······35, 67
国際商事契約原則······81
固定利率 ······168
誤振込み······12
雇用 ······235
混合契約 ······294
混蔵寄託 ······275

混蔵保管 ······276

さ

債権者主義······68
再交渉義務······23
催告によらない解除······81
催告による解除······81
最低賃金法 ······236
再売買の予約 ······115
裁判上の和解 ······288
債務者主義······68
債務不履行責任説 ······123, 126, 128
債務法を現代化するための法律 ······127
債務名義 ······164
先取特権
　動産売買―― ······244
　不動産工事の―― ······248
錯誤 ······147, 191, 291
サブリース ······200

し

死因贈与 ······112
敷金 ······191, 216
　――返還債務 ······63
事業用定期借地権 ······188
自己責任の原則 ······41
事情変更の原則······21, 200
示談 ······292
失権約款 ······91
私的自治（意思自治）の原則 ······4
事務管理 ······258
事務処理義務 ······260
借地借家法 ······187
社団 ······278
社団法人 ······278
就業規則 ······237
終身定期金契約 ······287
修正的解釈······10
修繕義務 ······193
重大な契約違反 ······81
周知義務 ······20
主観的起算点 ······146
受信契約 ······6
出資法 ······162, 169
受領遅滞 ······160
準委任 ······258

準消費貸借 ……………………162, 167
準法定相殺 ……………………………30
使用収益権 …………………………197
承諾 ……………………………50, 53
　——の発信主義 …………………56
使用貸借 ……………………161, 176
　——の予約 ………………………176
状態債務 ……………………………210
譲渡担保 ……………………………115
消費寄託 ……………………………274
消費者契約法 …………………………42
消費貸借 ……………………………161
　——の予約 ………………………162
情報提供義務 …………………………41
消滅時効 ……………………………145
使用利益 ………………………………97
書面によらない贈与 ………………108
所有権移転時主義 ……………………69
所有権者が物の危険を負担する ……73
信用取引 ……………………………161
信頼関係法理 ………………78, 198, 220
信頼利益 ………………………………36
心理的瑕疵 …………………………140

す

数量の不適合 ………………………151
数量超過 ……………………………153

せ

成果完成型 …………………………262
制限的解釈 ……………………………14
製作物供給契約 ……………………242
製造物責任 …………………………243
成立上の牽連関係 ……………………60
折衷説 …………………………………94
説明義務 ………………………………41
善管注意義務 ………………108, 180, 237

そ

相殺 ……………………………………66
　——予約 ……………………………29
造作買取請求権 …………………63, 229
双務契約 ………………………60, 114, 176
　停止条件付—— ……………………71
双務予約 ……………………………114
贈与 …………………………………107

訴訟上の和解 ………………………288
損害賠償額の予定 …………………116
存在効果説 ……………………………67
存続上の牽連関係 ………………60, 68

た

対価危険 ………………………………69
代金減額請求権 …………………125, 142
代金支払拒絶権 …………………150, 156
代金増額請求権 ……………………153
第三者のためにする契約 ……………26
諾成契約 …………………163, 271, 277
諾成的使用貸借 ……………………176
諾成的消費貸借 ……………………162
建物買取請求権 …………………63, 226
建物譲渡特約付借地権 ……………189
他人の権利の売買 ………………99, 149
短期賃貸借 …………………………191
単独行為 ………………………………3
単独行為説 ……………………………57
担保責任 ……………………………123
担保責任免責特約 …………………159

ち

地上権 ……………………………182, 222
中間試案 ………………………………10
仲裁 …………………………………289
注文者帰属説 ………………………248
調停 …………………………………289
直接効果説 ………………………93, 101
賃借権の譲渡 ………………………215
賃貸借 ……………………………161, 182
賃貸人の地位の移転 ………………209
賃料減額請求 ………………………200

つ

追完請求権 ………………………125, 141
追奪担保責任 ………………………149
通常損耗補修特約 …………………194

て

定期借地権 …………………………187
定期借家権 …………………………189
定期贈与 ……………………………112
定型取引 ………………………………16
定型取引合意 …………………………17

300 事項索引

定型約款‥‥‥‥‥‥‥‥‥‥‥‥16
定型約款準備者‥‥‥‥‥‥‥‥‥17
停止条件付解除の意思表示‥‥‥‥91
停止条件付双務契約‥‥‥‥‥‥‥71
逐次供給契約‥‥‥‥‥‥‥‥‥‥86
撤回‥‥‥‥‥‥‥‥‥‥‥‥‥‥58
手付‥‥‥‥‥‥‥‥‥‥‥‥‥116
　違約──‥‥‥‥‥‥‥‥‥‥117
　解約──‥‥‥‥‥‥‥‥117, 119
　証約──‥‥‥‥‥‥‥‥‥‥117
　損害賠償額の予定としての──‥‥116
典型契約‥‥‥‥‥‥‥‥‥‥‥294
電子商取引‥‥‥‥‥‥‥‥‥50, 56
転貸‥‥‥‥‥‥‥‥‥‥‥‥‥215
填補賠償‥‥‥‥‥‥‥‥‥‥‥‥68

と

同時履行の抗弁‥‥‥‥‥60, 158, 230, 248
到達主義‥‥‥‥‥‥‥‥‥‥51, 56
特定物‥‥‥‥‥‥‥‥‥‥‥‥126
　──のドグマ‥‥‥‥‥‥126, 128

な

内縁‥‥‥‥‥‥‥‥‥‥‥‥‥179
何人も不能な債務に拘束されない‥‥‥‥69

に

任意脱退‥‥‥‥‥‥‥‥‥‥‥284

は

ハーグ国際動産売買統一法‥‥‥126
配偶者短期居住権‥‥‥‥‥‥‥178
発信主義‥‥‥‥‥‥‥‥‥‥‥51
販売信用‥‥‥‥‥‥‥‥‥‥‥161
売買は賃貸借を破る‥‥‥‥‥‥184

ひ

引換給付判決‥‥‥‥‥‥‥‥‥66
引渡時移転主義‥‥‥‥‥‥‥‥69
必要費‥‥‥‥‥‥‥‥‥‥180, 195
非典型契約‥‥‥‥‥‥‥‥‥‥294
費用償還義務‥‥‥‥‥‥‥193, 195
費用償還請求権‥‥‥‥‥‥‥‥157

ふ

不安の抗弁‥‥‥‥‥‥‥‥‥‥64

不意打ち条項‥‥‥‥‥‥‥‥‥18
不可抗力免責‥‥‥‥‥‥‥‥125
不完全履行‥‥‥‥‥‥‥‥‥‥90
複合的契約‥‥‥‥‥‥‥‥‥‥87
復代理‥‥‥‥‥‥‥‥‥‥‥261
付合契約‥‥‥‥‥‥‥‥‥‥‥8
付随的義務‥‥‥‥‥‥‥‥‥‥86
不代替的特定物‥‥‥‥‥‥‥126
負担付贈与‥‥‥‥‥‥‥‥60, 111
普通契約条款‥‥‥‥‥‥‥‥‥8
物権的効力‥‥‥‥‥‥‥‥‥100
物上代位権‥‥‥‥‥‥‥‥‥245
不動産小口化商品‥‥‥‥‥‥211
不当利得返還義務‥‥‥‥‥‥‥75
不特定物‥‥‥‥‥‥‥‥‥‥126
不法原因給付‥‥‥‥‥‥‥‥174
不明確準則‥‥‥‥‥‥‥‥‥‥14

へ

弁済に要する費用‥‥‥‥‥‥113
変動制‥‥‥‥‥‥‥‥‥‥‥168
片務契約‥‥‥‥‥‥‥60, 114, 161
片務予約‥‥‥‥‥‥‥‥‥‥114

ほ

忘恩行為‥‥‥‥‥‥‥‥‥‥108
報告義務‥‥‥‥‥‥‥‥‥‥261
報酬減額請求権‥‥‥‥‥‥‥252
法定更新‥‥‥‥‥‥‥‥‥‥225
法定重利‥‥‥‥‥‥‥‥‥‥169
法定責任説‥‥‥‥‥‥‥126, 128
法定解除権‥‥‥‥‥‥‥‥‥‥76
法律行為‥‥‥‥‥‥‥‥‥‥‥3
補充的解釈‥‥‥‥‥‥‥‥‥‥10

み

みなし合意‥‥‥‥‥‥‥‥‥‥17
みなし弁済‥‥‥‥‥‥‥‥‥172
民法（債権関係）の改正‥‥‥‥‥10

む

無償契約‥‥‥‥‥‥‥107, 176, 268
無名契約‥‥‥‥‥‥‥‥‥‥294

も

申込み‥‥‥‥‥‥‥‥‥‥‥49, 53

事項索引　*301*

申込証拠金 ……………………………117
申込みの誘引 …………………………53
持分 ……………………………………280
物の瑕疵 ………………………………124

や

約款 ……………………………………9, 29
　期限の利益喪失── ………………166
　失権── ……………………………91
　──の第三者効 ……………………31
約定解除権 ……………………………76

ゆ

有益費 ……………………………180, 195
有償契約 ……………………61, 107, 113, 268
優等懸賞広告 …………………………57
有名契約 ………………………………294
ユニドロワ国際商事契約原則 ………81, 127

よ

要式契約 ………………………………107
要物契約 …………………………61, 162, 271
預金契約 ………………………………274
余後効力 ………………………………48
予備的合意 ……………………………40
予約 ……………………………………115
　──完結権 …………………………115
ヨーロッパ契約法原則 ………………81, 127

り

履行拒絶権 ……………………………73

履行上の牽連関係 ……………………60
履行遅滞 ………………………………83, 90
履行の着手 ……………………………119
履行の提供 ……………………………83
履行不能 ………………………………83, 89
履行補助者 ……………………………36
履行利益 ………………………………36
履行利益の賠償 ………………………94
履行割合型 ……………………………262
利息債権 ………………………………168
利息制限法 ……………………………169
留置権 ……………………61, 196, 230, 248

れ

レセ・フェール ………………………5
連鎖契約 ………………………………28

ろ

労働関係調整法 ………………………236
労働基準法 ……………………………236
労働組合法 ……………………………236
労働契約法 ……………………………237
労働者災害補償保険法 ………………236
ロックアウト …………………………238

わ

和解 ……………………………………288

判 例 索 引

大審院

大判明治 29・4・14 民録 2-57 …………168
大判明治 38・12・6 民録 11-1653 ………164
大判明治 41・1・20 民録 14-9 …………288
大判明治 41・3・18 民録 14-295 ………153
大判明治 42・2・15 民録 15-102 ………223
大判明治 44・12・11 民録 17-772 ………67
大判大正 2・1・24 民録 19-11 …………167
大判大正 2・6・28 民録 19-573 ………280
大判大正 2・7・5 民録 19-607 ………245
大判大正 3・12・1 民録 20-999 …………64
大判大正 3・12・26 民録 20-1208 ………247
大判大正 4・12・24 民録 21-2182（約款の
　法的性質）……………………………………9
大判大正 5・2・19 民録 22-320 ………153
大判大正 5・5・22 民録 22-1011 ………195
大判大正 5・7・5 民録 22-1325 ………289
大判大正 5・11・27 民録 22-2120 …248, 249
大判大正 5・12・13 民録 22-2417 ………247
大判大正 6・6・27 民録 23-1153 ………84
大判大正 6・7・10 民録 23-1128 ………80
大判大正 6・9・18 民録 23-1342 ………289
大判大正 6・9・22 民録 23-1488 ………260
大判大正 6・11・14 民録 23-1965 ………102
大判大正 6・12・27 民録 23-2262 ………95
大判大正 7・3・27 民録 24-599 ………191
大判大正 7・11・1 民録 24-2103 ………113
大判大正 9・4・7 民録 26-458（解除の
　遡及効と相殺）………………………………95
大判大正 9・7・4 民録 23-1965 ………102
大判大正 9・4・24 民録 26-562（受任者
　の利益と委任の解除）……………………264
大判大正 9・11・15 民録 26-1779 ………85
大判大正 10・1・18 民録 27-79 頁参照 …96

大判大正 10・2・19 民録 27-340 ………117
大判大正 10・4・23 民録 27-757 ………260
大判大正 11・5・11 民集 15-808 …………96
大判大正 10・5・30 民録 27-1013 …209, 210
大判大正 10・6・21 民録 27-1173 ………117
大判大正 10・7・11 民録 27-1378 ………184
大判大正 10・12・15 民録 27-2160（瑕疵担
　保責任と錯誤）……………………………148
大判大正 13・9・24 民集 3-440 ………124
大判大正 14・2・19 民集 4-64 …………86
大判大正 14・3・13 民集 4-217（タービン
　ポンプ事件）…………………………viii, 131
大判大正 14・12・12 民集 4-710 ………91
大判大正 15・7・12 民集 5-616 ………192
大判大正 15・11・25 民集 5-763 …………90
大判昭和 2・2・2 民集 6-133 …………84
大判昭和 2・4・25 民集 6-182 ………216
大判昭和 2・12・27 民集 6-743 ………230
大判昭和 3・7・11 民集 7-559 ………191
大判昭和 3・12・22 新聞 2824-9 …………10
大判昭和 4・12・16 民集 8-944（賃借権と
　不法占有の事案）…………………………204
大判昭和 5・1・29 民集 9-97 …………167
大判昭和 5・3・10 民集 9-253 ………192
大判昭和 5・11・27 民録 22-2120 …248, 249
大判昭和 5・12・24 民集 9-1197 ………164
大判昭和 7・1・26 民集 11-169 ………226
大判昭和 7・3・3 民集 11-274 ………124
大判昭和 7・5・9 民集 11-824 ………247
大判昭和 8・1・14 民集 12-71 ……137, 138
大判昭和 8・3・6 民集 12-325 ………164
大判昭和 8・5・9 民集 12-1123 ………214
大判昭和 9・3・7 民集 13-278 ………221
大判昭和 10・5・13 民集 14-876 ………196
大判昭和 11・5・11 民集 15-808 …………97
大判昭和 11・6・16 民集 15-1125 ………164

大判昭和 12・11・16 民集 16-1615 ………195
大判昭和 13・3・1 民集 17-318 ………229
大判昭和 13・10・6 民集 17-1969 ………291
大判昭和 13・11・1 民集 17-2089 ………200
大判昭和 14・4・12 民集 18-397 ………264
大判昭和 14・4・15 民集 18-429 ………150
大判昭和 14・6・20 民集 18-666 ………270
大判昭和 15・11・17 新聞 4646-13 ………229
大判昭和 16・9・30 民集 20-1233 ………27
大判昭和 16・11・18 法学 11-617 …………43
大判昭和 18・7・20 民集 22-660 ………247
大判昭和 19・12・6 民集 23-613（事情の
変更による解除）………………………22

最高裁判所

最判昭和 24・10・4 民集 3-10-437（違約
手付と解約手付）………………………117
最判昭和 25・11・30 民集 4-11-607 ……224
最判昭和 26・2・6 民集 5-3-36 …………23
最判昭和 26・4・19 民集 5-5-256 ………277
最判昭和 27・4・25 民集 6-4-451 ………86
最判昭和 28・9・25 民集 7-9-979（信頼関
係法理による解除権の制限）…………219
最判昭和 28・12・18 民集 7-12-1515（二重
賃貸借の事案）…………………………205
最判昭和 29・1・14 民集 8-1-16 ……63, 230
最判昭和 29・1・21 民集 8-1-64 ………117
最判昭和 29・1・28 民集 8-1-234 ………22
最判昭和 29・3・11 民集 8-3-672 ………229
最判昭和 29・6・25 民集 8-6-1224 ……193
最判昭和 29・7・22 民集 8-7-1425 …63, 230
最判昭和 30・4・5 民集 9-4-431 ………205
最判昭和 30・5・13 民集 9-6-698 ………216
最判昭和 30・11・22 民集 9-12-1781 ……102
最判昭和 31・3・30 民集 10-3-242 ……289
最判昭和 31・10・5 民集 10-10-1239 ……216
最判昭和 31・10・12 民集 10-10-1260 …261
最判昭和 31・11・16 民集 10-11-1453 …191
最判昭和 31・12・6 民集 10-12-1527 ……84
最判昭和 32・3・8 民集 11-3-513 ………96
最判昭和 32・3・28 民集 11-3-610 ………84
最判昭和 32・5・21 民集 11-5-732 ……112
最判昭和 32・12・3 民集 11-13-2018 …233
最判昭和 33・1・14 民集 12-1-41 ………220
最判昭和 33・6・5 民集 12-9-1359 ……122

最判昭和 33・6・14 民集 12-9-1446 ……100
最判昭和 33・6・14 民集 12-9-1492
………………………………………148, 291
最判昭和 33・7・22 民集 12-12-1805 …280
最判昭和 34・5・14 民集 13-5-609 ………64
最判昭和 34・9・17 民集 13-11-1412 ……36
最判昭和 34・9・22 民集 13-11-1451
………………………………………94, 95, 97
最判昭和 35・2・9 民集 14-1-108 ……226
最判昭和 35・4・12 民集 14-5-817 ……177
最判昭和 35・4・26 民集 14-6-1091 ……228
最判昭和 35・9・20 民集 14-11-2227 …226
最判昭和 35・11・29 民集 14-13-2869 …101
最判昭和 35・12・9 民集 14-13-2994 …283
最判昭和 35・12・20 民集 14-14-3130 …226
最判昭和 36・2・24 民集 15-2-304 ……200
最判昭和 36・5・25 民集 15-5-1323 ……259
最判昭和 36・5・26 民集 15-5-1336 ……291
最判昭和 36・11・21 民集 15-10-2507（公
租公課の負担と解除）…………………87
最判昭和 36・12・15 民集 15-11-2852（塩
釜声の新聞社事件）……………Ⅷ, 131
最判昭和 36・12・21 民集 15-12-3243 …221
最判昭和 37・2・1 民集 16-2-157 ……262
最大判昭和 37・6・13 民集 16-7-1340 …170
最判昭和 37・6・26 民集 16-7-1397 ……26
最判昭和 38・2・21 民集 17-1-219 ……77
最判昭和 38・5・21 民集 17-4-545 ……227
最判昭和 38・5・24 民集 17-5-639 ……208
最判昭和 38・5・31 民集 17-4-600 ……283
最判昭和 38・11・28 民集 17-11-1477 …195
最判昭和 38・12・24 民集 17-12-1720 ……97
最判昭和 39・2・4 民集 18-2-233 ……227
最判昭和 39・2・25 民集 18-2-329（共有
物の賃貸借の解除）……………………92
最判昭和 39・5・26 民集 18-4-667 ……109
最判昭和 39・6・26 民集 18-5-968 …84, 209
最判昭和 39・7・28 民集 18-6-1220 ……78
最判昭和 39・8・28 民集 18-7-1354
………………………………………209, 210
最判昭和 39・10・13 民集 18-8-1578 …233
最大判昭和 39・11・18 民集 18-9-1868 …171
最大判昭和 40・3・17 民集 19-2-453
………………………………………206, 207
最判昭和 40・3・26 民集 19-2-526 ……109
最判昭和 40・5・4 民集 19-4-811 ……216

最大判昭和 40・11・24 民集 19-8-2019（履
　行の着手の意義）······················119
最判昭和 40・12・17 裁判集民事 81-561
　····································265
最判昭和 41・1・21 民集 20-1-65 ········121
最判昭和 41・1・27 民集 20-1-136
　·······························148, 220
最判昭和 41・4・14 民集 20-4-649 ······138
最判昭和 41・4・21 民集 20-4-720（増改
　築禁止特約と信頼関係法理）········78, 198
最大判昭和 41・4・27 民集 20-4-870 ···207
最判昭和 41・10・7 民集 20-8-1597 ······109
最判昭和 41・10・27 民集 20-8-1649 ······177
最判昭和 42・2・21 民集 21-1-155 ······233
最判昭和 42・7・20 民集 21-6-1601 ······227
最判昭和 43・1・25 判時 513-33 ·········193
最判昭和 43・2・16 民集 22-2-217 ······167
最判昭和 43・2・23 民集 22-2-281（付随
　的な特約違反と解除）················87
最判昭和 43・3・15 民集 22-3-587（示談
　と後遺症）·························292
最判昭和 43・6・21 民集 22-6-1311 ······122
最判昭和 43・8・20 民集 22-8-1692
　·······························140, 152
最判昭和 43・9・3 民集 22-9-1767 ······208
最判昭和 43・9・3 民集 22-9-1817 ······208
最判昭和 43・9・3 裁判集民事 92-169
　····································267
最判昭和 43・9・20 裁判集民事 92-329
　····································265
最大判昭和 43・11・13 民集 22-12-2526
　····································171
最判昭和 43・11・21 民集 22-12-2741 ······86
最判昭和 44・1・31 判事 552-50 ·········107
最判昭和 44・7・17 民集 23-8-1610 ······210
最判昭和 44・9・12 判時 572-25 ·········247
最判昭和 44・11・25 民集 23-11-2137 ···171
最大判昭和 45・6・24 民集 24-6-587 ······30
最判昭和 45・9・18 判時 621-57 ·········192
最判昭和 45・12・11 民集 24-13-2015 ···220
最判昭和 46・2・19 民集 25-1-135 ······196
最判昭和 46・3・5 判時 628-48 ·········248
最判昭和 46・4・23 民集 25-3-388 ······215
最判昭和 46・7・16 民集 25-5-749 ······196
最判昭和 47・6・22 民集 26-5-1051 ······207
最判昭和 47・9・7 民集 26-7-1327 ······62

最判昭和 48・2・2 民集 27-1-80 ···210, 231
最判昭和 49・3・19 民集 28-2-325 ·····214
最判昭和 49・9・2 民集 28-6-1152（敷金
　の返還と建物の明渡し）··········63, 231
最判昭和 50・2・13 民集 29-2-83 ·········206
最判昭和 50・4・25 民集 29-4-456 ·····328
最判昭和 50・4・25 民集 29-4-481 ·····328
最判昭和 50・4・25 民集 29-4-556 ·····196
最判昭和 51・2・13 民集 30-1-1（他人物
　売買の解除と使用利益の返還）··········98
最判昭和 51・3・4 民集 30-2-48 ·········66
最判昭和 51・6・15 裁判集民事 118-87 ···91
最判昭和 51・10・1 判時 835-63 ·········224
最判昭和 51・12・17 民集 30-11-1036 ······91
最判昭和 52・2・22 民集 31-1-79 ·····250
最判昭和 52・3・15 判時 852-60 ·········224
最判昭和 53・12・22 民集 32-9-1768 ·····216
最判昭和 54・3・20 判事 927-184 ·········251
最判昭和 56・1・19 民集 35-1-1（委任の
　任意解除）·························265
最判昭和 56・2・17 金法 967-36 ·········250
最判昭和 56・10・8 判時 1029-72 ·········109
最判昭和 57・1・21 民集 36-1-71（数量指
　示売買と履行利益の賠償）···········152
最判昭和 58・7・5 判時 1089-41 ·········100
最判昭和 59・4・20 民集 38-6-610 ·····224
最判昭和 59・9・18 判時 1137-51（契約交
　渉の不当破棄）······················39
最判昭和 60・11・29 民集 39-7-1719（贈与
　の意思と書面）······················109
最判昭和 62・2・13 判時 1228-84 ·········168
最判昭和 62・3・24 判時 1258-61 ···77, 221
最判平成 2・1・22 民集 44-1-332 ······172
最判平成 2・7・5 裁判集民事 160-187
　·····································39
最判平成 3・4・2 民集 45-4-349（土地
　賃借権の瑕疵）······················139
最判平成 4・9・22 金法 1358-55（委任者
　の死亡と委任の終了）··············269
最判平成 4・10・20 民集 46-7-1129 ······145
最判平成 5・3・16 民集 47-4-3005
　·······························121, 122
最判平成 5・3・30 判時 1489-153（約款
　条項の制限的解釈）··················15
最判平成 5・10・19 民集 47-8-5061（下請
　負と所有権の帰属に関する特約の効力）

　　　　　　　　　　　　　　……28
最判平成 6 ・ 3 ・ 22 民集 48-3-859 ……119
最判平成 6 ・ 7 ・ 18 判時 1540-38 …28, 221
最判平成 6 ・ 10 ・ 25 民集 48-7-1303 ……225
最判平成 7 ・ 6 ・ 23 民集 49-6-1737 ……34
最判平成 8 ・ 4 ・ 26 民集 50-5-1267（誤振
　込みと普通預金契約の成否）…………12
最判平成 8 ・ 10 ・ 14 民集 50-9-2431（経営
　者の交代と賃借権の譲渡）…………217
最判平成 8 ・ 11 ・ 12 民集 50-10-2673（複
　合的契約の解除）………………………88
最判平成 8 ・ 12 ・ 17 民集 50-10-2778（遺
　産に関する使用貸借の成否）…………177
最判平成 9 ・ 2 ・ 14 民集 51-2-337（請負
　の報酬債権と損害賠償債権の同時履行）
　……………………………………65, 253
最判平成 9 ・ 2 ・ 25 民集 51-2-398 …65, 221
最判平成 9 ・ 7 ・ 1 民集 51-6-2452（事情
　変更の原則の適否）……………………23
最判平成 9 ・ 7 ・ 15 民集 51-6-2581 ……66
最判平成 9 ・ 7 ・ 17 民集 51-6-2882 ……219
最判平成 9 ・ 11 ・ 11 民集 51-10-4077 …291
最判平成 10 ・ 2 ・ 26 民集 52-1-255 ……179
最判平成 10 ・ 4 ・ 30 判時 1646-162（運送
　約款の第三者効）…………………31, 33
最判平成 10 ・ 6 ・ 11 民集 52-4-1034（到達
　の意義）…………………………………52
最決平成 10 ・ 12 ・ 18 民集 52-9-2024
　……………………………………52, 245
最判平成 11 ・ 1 ・ 21 民集 53-1-98 ……172
最判平成 11 ・ 2 ・ 23 民集 53-2-193（任意
　脱退を許さない旨の組合契約）……6, 284
最判平成 11 ・ 3 ・ 25 判時 1674-61（賃貸人
　の地位を旧所有者に留保する旨の合意の
　効力）…………………………………211
最判平成 12 ・ 2 ・ 29 民集 54-2-582 ………46
最判平成 13 ・ 11 ・ 27 民集 55-6-1311（瑕疵
　担保責任の消滅時効）…………………145
最判平成 13 ・ 11 ・ 27 民集 55-6-1380（数量
　超過と代金増額請求）…………………154
最判平成 14 ・ 9 ・ 24 判時 1801-77 …253, 254
最判平成 15 ・ 10 ・ 21 民集 57-9-1213（サブ
　リースと借地借家法 32 条の適否）……202

最判平成 15 ・ 10 ・ 21 判事 1844-50 ………202
最判平成 15 ・ 10 ・ 23 判時 1844-54 ……202
最判平成 15 ・ 12 ・ 9 民集 57-11-1887 ……46
最判平成 16 ・ 11 ・ 8 判時 1883-52 ………202
最判平成 16 ・ 11 ・ 18 民集 58-8-2225（住宅
　販売値下げ訴訟）……………………44
最判平成 17 ・ 7 ・ 19 民集 59-6-1783（取引
　履歴の開示）…………………………172
最判平成 17 ・ 12 ・ 15 民集 59-10-2899（17
　条書面の交付）………………………172
最判平成 17 ・ 12 ・ 16 裁時 1921-61（通常損
　耗補修特約の成否）……………………194
最判平成 18 ・ 1 ・ 13 民集 60-1-1 ………174
最判平成 18 ・ 1 ・ 19 判時 1926-17 ………174
最判平成 18 ・ 1 ・ 24 民集 60-1-319 ……174
最判平成 18 ・ 11 ・ 27 民集 60-9-3437 ……259
最判平成 18 ・ 2 ・ 7 民集 60-2-480 ……116
最判平成 19 ・ 2 ・ 27 判時 1964-45 ………40
最判平成 20 ・ 6 ・ 10 裁時 1461-20 ………175
最判平成 22 ・ 6 ・ 1 民集 64-4-953 ……136
最判平成 23 ・ 4 ・ 22 民集 65-3-1405 ……47
最判平成 24 ・ 9 ・ 13 民集 66-9-3263 ……190
最判平成 29 ・ 12 ・ 6 民集 71-10-1817 ……7

高等裁判所

東京高判平成 3 ・ 11 ・ 28 判時 1414-51 …12
東京高判平成 5 ・ 12 ・ 24 判時 1491-135 …32
東京高判平成 11 ・ 9 ・ 8 判時 1710-110 …43
東京高決平成 12 ・ 3 ・ 17 判時 1715-31 …245
東京高判平成 16 ・ 12 ・ 22 判タ 1170-122
　………………………………………203
大阪高判平成 18 ・ 12 ・ 19 判時 1971-130
　………………………………………140
東京高判平成 20 ・ 9 ・ 25 金商 1305-36 …137

地方裁判所

東京地判昭和 56 ・ 12 ・ 14 判タ 470-145 …39
横浜地判平成元 ・ 9 ・ 7 判時 1352-126 …140
東京地判平成 2 ・ 10 ・ 25 判時 1388-80 …12
東京地判平成 10 ・ 9 ・ 16 判タ 1938-226 …43

野澤正充（のざわ・まさみち）

1983 年　立教大学法学部卒業
1985 年　司法試験合格
1991 年　立教大学法学研究科博士後期課程修了
1993 年　博士（法学）
現　在　立教大学法学部教授

【主要著書】
『債権引受・契約上の地位の移転』（一粒社、2001 年）
『契約譲渡の研究』（弘文堂、2002 年）
『ケースではじめる民法〔第 2 版〕』（共編著、弘文堂、2011 年）
『Step up 債権総論』（編著、不磨書房、2005 年）
『はじめての契約法〔第 2 版〕』（共著、有斐閣、2006 年）
『債権総論〔NOMIKA〕』（共著、弘文堂、2007 年）
『民法学と消費者法学の軌跡』（信山社、2009 年）
『瑕疵担保責任と債務不履行責任』（編著、日本評論社、2009 年）
『新基本法コンメンタール　借地借家法〔第 2 版〕』（編著、日本評論社、2019 年）
『債権総論――セカンドステージ債権法Ⅱ〔第 3 版〕』（日本評論社、2020 年）
『事務管理・不当利得・不法行為――セカンドステージ債権法Ⅲ〔第 3 版〕』（日本評論社、2020 年）

けいやくほう
契約法　第 3 版［セカンドステージ債権法Ⅰ］
　　　　　　　　　　　　　　　　　さいけんほう

2009 年 1 月 25 日　第 1 版第 1 刷発行
2017 年 4 月 15 日　第 2 版第 1 刷発行
2020 年 4 月 25 日　第 3 版第 1 刷発行

著　者――野澤正充
発行所――株式会社日本評論社
　　　　　〒 170-8474　東京都豊島区南大塚 3-12-4
　　　　　電話　03-3987-8621（販売：FAX―8590）
　　　　　　　　03-3987-8592（編集）
　　　　　https://www.nippyo.co.jp/
　　　　　振替　00100-3-16
印刷所――株式会社精興社
製本所――株式会社難波製本
装　幀――レフ・デザイン工房

［JCOPY］〈（社）出版者著作権管理機構　委託出版物〉
本書の無断複写は著作権法上での例外を除き禁じられています。複写される場合は、そのつど事前に、
（社）出版者著作権管理機構（電話 03-5244-5088、FAX 03-5244-5089、e-mail: info@jcopy.or.jp）の許諾
を得てください。また、本書を代行業者等の第三者に依頼してスキャニング等の行為によりデジタル
化することは、個人の家庭内の利用であっても、一切認められておりません。

検印省略　Ⓒ 2020　NOZAWA Masamichi
ISBN 978-4-535-52428-6　　Printed in Japan

日本評論社の法律学習基本図書

※表示価格は本体価格です。別途消費税がかかります

日評ベーシック・シリーズ
NBS Nippyo Basic Series

憲法Ⅰ 総論・統治　憲法Ⅱ 人権
新井 誠・曽我部真裕・佐々木くみ・横大道 聡［著］　●各1,900円

行政法
下山憲治・友岡史仁・筑紫圭一［著］　●1,800円

民法総則［補訂版］
原田昌和・寺川 永・吉永一行［著］　●1,800円

物権法［第2版］　●1,700円
秋山靖浩・伊藤栄寿・大場浩之・水津太郎［著］

担保物権法［第2版］
田髙寛貴・白石 大・鳥山泰志［著］　●1,700円

債権総論
石田 剛・荻野奈緒・齋藤由起［著］　●1,900円

家族法［第2版］　●1,800円
本山 敦・青竹美佳・羽生香織・水野貴浩［著］

民事訴訟法
渡部美由紀・鶴田 滋・岡庭幹司［著］　●1,900円

労働法［第2版］　●1,900円
和田 肇・相澤美智子・緒方桂子・山川和義［著］

［新版］法学の世界
南野 森［編］　●2,200円

憲法論点教室［第2版］　●2,200円
曽我部真裕・赤坂幸一・新井 誠・尾形 健［編］

基本憲法Ⅰ 基本的人権
木下智史・伊藤 建［著］　●3,000円

基本行政法［第3版］
中原茂樹［著］　●3,400円

基本刑法Ⅰ 総論［第3版］　●3,800円
基本刑法Ⅱ 各論［第2版］　●3,900円
大塚裕史・十河太朗・塩谷 毅・豊田兼彦［著］

■法セミ LAW CLASS シリーズ

セカンドステージ債権法［第3版］
Ⅰ 契約法
Ⅱ 債権総論
Ⅲ 事務管理・不当利得・不法行為
野澤正充
※Ⅰ＝4月中旬刊●予価2,800円●Ⅱ、Ⅲ＝2,800円

スタートライン民法総論［第3版］
池田真朗［著］　●2,200円

スタートライン債権法［第7版］
池田真朗［著］　●2,400円

■法セミ LAW CLASS シリーズ

基本事例で考える民法演習
基本事例で考える民法演習2
池田清治［著］　●各1,900円

ケーススタディ刑法［第5版］
井田 良・丸山雅夫［著］　●3,100円

新法令用語の常識
吉田利宏［著］　●1,200円

〈新・判例ハンドブック〉　●物権法：1,300円
憲法［第2版］ 高橋和之［編］　●ほか：各1,400円

債権法Ⅰ・Ⅱ　●Ⅰ：1,400円　●Ⅱ：1,500円
潮見佳男・山野目章夫・山本敬三・窪田充見［編著］

民法総則 河上正二・中舎寛樹［編著］

物権法 松岡久和・山野目章夫［編著］

親族・相続 二宮周平・潮見佳男［編著］

刑法総論／各論　●総論1,600円
高橋則夫・十河太朗［編］　●各論1,500円

商法総則・商行為法・手形法
鳥山恭一・高田晴仁［編著］

会社法 鳥山恭一・高田晴仁［編著］

日本評論社
https://www.nippyo.co.jp/